Тайви Тум

ИСПОВЕДЬ

Книга Вторая

IGRULITA Press, USA

IGRULITA Press
© 2011 Тайви Тум (Tajvi Tum)
ISBN: 978-1-936916-04-7

Licensing rights by IGRULITA Press
For information address the Publisher at:
igrulita@vfxsystems.com

Paperback edition by IGRULITA Press   2011

Моему мужу Петру, дочери Елене и подруге Вере - первым читателям, сумевшим вселить в меня веру,
что труд мой нужен. Всем.

Бояться любви - бояться жизни, а кто боится жизни, тот уже мёртв на три четверти.
Bertrand Russell.

Самое большое счастье, это познать причины своего несчастья.
Ф. Достоевский.

То, что мы называем Случаем, есть и не может быть ничто другое, как неизвестное следствие известной причины.
Voltaire.

Если я увидел дальше, то смог это сделать, стоя на плечах Великих.
I.Newton.

Книга, недостойная второго прочтения, недостойна и первого.
C.Dossi

Посвящение.

Безумству тех, кто полюбил,
Кто на Олимп к Вселенной взмыл,
Бессмертьем сердце напоил --
Со светом душу породнил!

Им в помощь Солнце призову!
И ниц, молясь, пред ним паду,
И даст он власти мне соху!
И за их слёзы отомщу!

Эй, ты! Вместилище сил зла!
Посторонись, безмолвствуя!
Они над пропастью парят,
Как звёзды души их горят!

Так сгинь же, слышишь? Прокляну!
Твоих холуев изведу!
Бескормицей пустых могил
Лучами света Высших сил!

Гангреной зло я награжу,
Любовью ненависть убью,
С сумою по миру пущу
Неверье, зависть и тоску!

Все чувства вымою, протру,
Помои пламенем сожгу!
И пепел намертво запру
С тобою вместе, там – в аду!

Что же такое любить?
Это не ждать жизнь, а жить!
Тайви Тум

ИСПОВЕДЬ

18

На следующий день, после занятий, я встретилась с Ленкой. Как всегда, в курилке. И как всегда, она ждала Бергера.

— Вот, жду его, может, придёт... Кстати, поздравляю. Тебе крупно повезло. Думала, что погонят. Как там всё произошло?

В который раз пришлось пережёвывать вчерашнее утро. Она не перебивала, но слушала рассеянно, как слушают то, что уже давно знают.

—Ничего неожиданного в поведении комсомольцев я не вижу, а вот позиция первого секретаря меня удивила. Значит, есть ещё коммунисты. Странно.

Она повторила мои собственные мысли. Но мусолить одно и то же не хотелось, и я перевела разговор на другую тему:

— Пойдём вместе сегодня на шахматы? Я так давно туда не заходила. Хочешь?

— Можно. Подожду ещё Володю, а потом приду. Там и встретимся.

— Договорились. А как у тебя с ним?

— С ним-то всё нормально, но... В общем, его семья подала документы на выезд в Израиль.

— Ух ты! Как это? Так они уедут? И он?

— Ну конечно! Ждать только долго. Ну, разрешения. А когда получат...

Ясно. Он уедет, а она останется. И всё кончится. В любом случае. И вдруг я подумала: "Интересно, а как Ленка любит Бергера? По какой степени?". Но не смогла ответить.

— Лена, а что ты думаешь теперь делать?

— А ничего. Я всегда знала, что он никогда не будет моим. Наверное, так даже лучше. Уедет, и всё. Никаких ненужных надежд и ожиданий. Как отрежет.

Почему-то её последнее слово вызвало ассоциацию с гильотиной. И тут началось непонятное. Я задумалась вот о чём. Ленка уже точно знала, что этот нож упадёт, даже предполагала в какой день, а всё равно сидела под ним, не вставала и даже не думала из-под него уходить. И даже считала, что такая жизнь — счастье.

И это было непонятно. Я всегда думала, что любовь — имеется в виду чувство высшей степени — не может жить без надежды, пусть даже микроскопической. Она просто задохнётся без неё, как задохнулся бы космонавт, оказавшийся в космическом безмерье без кислорода. Тогда что за чувство она испытывала? А он? Может, это был редкий дуэт первой степени? Бери, пока ещё можно брать? К полному и взаимному удовлетворению. Идиллия, как сказал бы Кокошкин. Нет, это объяснение меня не удовлетворило. Я видела и чувствовала мою подругу и понимала, что она любит. Просто любит. Наперекор всему и вся. И... даже ножу гильотины?

Тогда я подумала о себе, о моём чувстве к нему. У меня ведь тоже не было никакой надежды. Даже микронной. Но я точно знала, что люблю его. А как же тогда насчёт надежды?

И тогда-то меня и осенило! Не у меня не было никакой надежды! Не у меня! Это у мозга моего её не было! У мозга! Это он понимал тщету и неминуемые похороны этой любви. А сердце верило! Верило, не смотря ни на что, не глядя и не оглядываясь, глухо-немо и безрассудно! А любовь живёт только в сердце, верит только ему и питается им! И чем огромнее это сердце, глубина его озера, тем сильнее и выше рождаемая им любовь! И пока будет верить сердце — любовь не умрёт!

"Но сможет победить, только если и мозг будет с ним в унисон. И совесть. Не наш с Ленкой случай", — итог размышлений. Логичный, как холодная сталь гильотины...

В шахматной секции было, как всегда, полно народу, но Ленка не пришла. Тренер Розенберг был рад нашей встрече:

— Где же ты пропадала? Садись, хочу с тобой серьёзно поговорить.

Я немного удивилась такому началу и с любопытством на него посмотрела. Мы отошли в дальний угол комнаты, где было чуть потише, и он начал:

— Послушай меня внимательно. Я давно за тобой наблюдаю, и пришёл к выводу, что у тебя настоящий талант. Но если ты не будешь заниматься системно, постоянно и каждый день — далеко не уедешь. Максимум, до чего доберёшься — до кандидата в мастера спорта. Но на мастера на одних способностях, без тяжёлого ежедневного труда — нечего и замахиваться. Что будем делать?

Это было неожиданно. Шахматы были для меня, прежде всего, радостью и огромным, ни с чем не сравнимым удовольствием. Но тяжёлым трудом?

— А сколько часов в день надо заниматься?

— Дорогая моя! Каждую минутку! Даже в метро. Любой успех — это прежде всего труд. И чем больше вложишь, тем большего достигнешь. Короче, они, и только они, должны стать твоим богом. Ясно? Иначе...

Ясно-то ясно, но...

— А вы в самом деле уверены, что у меня талант? Ну, в смысле такой, что могу даже чемпионкой мира стать? Если, конечно, заниматься по-настоящему буду.

— Если будешь заниматься под чётким моим руководством, без "не могу" и "не хочу", без прогулов, отлыниваний и лени — сделаю тебя чемпионкой. Даже выбью для тебя свободный график посещений занятий в институте. Но с одним условием — шахматы и только шахматы. Ну, как?

Это было очень заманчиво. Очень! И я согласилась. Начиналась зачётная неделя, потом сессия, потом стройотряд, поэтому мы договорились, что моя новая жизнь начнётся с октября, когда закончатся каникулы и обязательная сентябрьская картошка. Мы распрощались, и я погнала домой. Мысль, как бы он гордился мною, ещё сильнее вскружила голову и шумно наполнила лёгкие молодым весенним кислородом.

Но надо было позвонить маме. Дойдя до ближайшего к общаге телефона-автомата, прозванного студентами "дежурным", я остановилась. Я теперь всегда останавливалась, прежде чем зайти в кабинку — ждала волну удушья, её неминуемого прихода и ухода. Морской вал неизменно рвал меня, окатывал головокружением, оглушал и на короткое время сдавливал горло. Но потом уходил, послушный законам морской стихии, оставляя в душе, как на песке, промоины и слабый пенистый след. Иногда эта волна била сильнее, иногда слабее, но била всегда, ни разу не промахнувшись...

Мама сообщила, что сотрудница тети Мани любезно согласилась сдать нам комнату в коммунальной квартире — маленькую и в очень запущенном состоянии. Кроме того, женщина потребовала предоплату за целый месяц. Мама вынуждена была согласиться — другого варианта не предвиделось. Договорились, что комнату займём с конца мая, то есть через неделю. Потом она спросила, когда же я приеду к родне.

— Мам, завтра — суббота, мы едем с Валерой за город. Я давно ему это обещала. Когда вернёмся, тогда и приеду. Хорошо?

Так и договорились. Потом я позвонила Ольге. Мне повезло, её позвали.

— Хотела только убедиться, что у тебя всё хорошо.

— Да. Знаешь, на летние каникулы Гриф поедет ко мне домой. Познакомлю его с родителями.

Голос у неё был отсутствующий, как у человека, который по горло купается в счастье. Впрочем, счастье всегда эгоистично: не воспринимает ничего инородного, с другой, отличной от него, частотой.

Я была рада за Олю. Но чувство беспокойства за неё не испарилось, лишь притупилось и смазалось.

Вечером ко мне зашёл Валера. Договорились, что встретимся с ним ровно в 9 утра, прямо у вахты. А когда он ушёл, влетела Алка. Я её кучу времени не видела. С тех пор, как рассказала ей о той истории с КГБ. Но не о нём.

Кстати, её реакция была, как всегда, нестандартной: "Я так и знала, что ты куда-нибудь вляпаешься. Ты слишком доверчивая. И всех любишь. Но не вешай нос! Всё обойдётся. Вот увидишь. Я даже представить себе не могу, чтобы ты куда-нибудь от меня уехала. Нет! Это просто нереально. Значит, обязательно обойдётся!"

А сейчас, сходу поздравив меня с благополучным исходом комсомольского собрания, весело затараторила:

— Я же говорила тебе! Вот видишь! А ты переживала. Мне Волжанова уже всё рассказала. Представляешь, я её в метро встретила, когда к вам бежала. Девчонки! Я только на минутку! Ужас, как соскучилась. Начинается сессия, потом лето, разбежимся, кто куда, и кто его знает, когда увидимся. На всякий случай, всем счастливой сдачи экзаменов и отличного отдыха! А где вы его проведёте?

— В стройотряде. Здесь недалеко, в Ленинградской области. А ты?

— С родителями на море, наверно. Но один месяц поработаю, заработаю на наши будущие шампанские! Тайка, не вешай нос, всё отлично!

На следующий день, по дороге на вокзал, мы с Валерой почти не разговаривали. Он всё время отмалчивался. Чувствовалась какая-то напряжённость. Я не понимала, чем она вызвана, но допытывалась, уверенная, что всё и так скоро разъяснится. Хорошо ещё, что хоть с погодой тогда повезло. Было холодно, градусов 15, не больше. Но яркое новорождённое солнце и чистое, отмытое небо поднимали настроение.

— Скорее бы весна... — уронила я.

— Да ты что? Скорее бы лето! Весна уже давно кончилась! — Валера искренне удивился.

А я остолбенела. Он был прав! Весна уже давно кончилась. Вот это да! Вот тебе и весна! Пришла и ушла по-пластунски. Без очков и не заметишь, причём, с самыми сильными диоптриями. "Как жизнь, — вдруг подумала я. — Бывает же такая жизнь, что как придёт — так и уйдёт. Никто и не заметит. Как там у Толстого? Пустоцвет. Это он про Соню так сказал. Да, пустоцветы. Родились, жили, состарились и умерли, а как и не были. Что были, что не были — никакой разницы. Никому, даже им самим. Да, как у Есенина: "Жизнь моя, иль ты приснилась мне?" Но его-то жизнь заметили, ещё как заметили!" Я повернулась к Валере и спросила:

— Валерка, а зачем пустоцветы в природе? Ведь есть же! Значит, нужны?

Он оторвался от окна электрички и удивлённо на меня посмотрел:

— Это ты о чём? О каких пустоцветах?

Стало неприятно. И ты, и он поняли бы меня с полуслова. Пришлось разжевать весь предыдущий ход мыслей. Наконец, он понял:

— Не знаю, но раз они есть, значит точно нужны. Природа не ошибается.

— Ну, хорошо, а люди? Я имею в виду люди-пустоцветы. Они зачем?

— Ну, тут другое. Никто не хочет стать только трубой, коптящей небо. У каждого изначально все шансы стать плодовым цветком. Это уж от человека зависит, кем он станет. Я, во всяком случае, так думаю.

— Не совсем так. Подумай, ведь Соня изначально не была на одной стартовой линии с Наташей. Приёмыш, бесприданница. Разве могла она стать личностью?

— Это когда было-то? А в наше время у всех одинаковые возможности. Ну, или почти одинаковые.

— Наверное, ты прав, только... Знаешь, как подумаю, что... В общем, задай себе такой вопрос — а если бы тебя не было? Ну, вообще бы на свет не появился. Что бы изменилось? Я уж не говорю в целом мире. Хотя бы в жизни отдельных людей? Чья бы жизнь из-за твоего непоявления на свет не была бы спасена, или изменена в лучшую сторону? Не будем говорить о рождении детей, о папашах и мамашах. Ясно — понарожали детей и, благодаря этому, новые жизни появились. Смотри, какое достижение! Но чем они отличаются от кошек? Более того, кошки за своих котят никогда краснеть не будут: все зверюшки — Божьи создания. Нет, ты подумай, ведь некоторым мамашам и папашам лучше уж вовсе на свет не появляться! Таких деточек понарожали да повыращивали! Ведь и у Гитлера мама с папой были! Сами-то пустым местом были, ни холодно от них, ни жарко. А детка их, взял, да и сэволюционировал, из пустоцвета злоцветом стал. Да и вообще, даже если такие чада станут такими же примитивными оплодотворителями и самками, как и их родители, честно выучатся, на работу пойдут, пустоцветов понарожают, небо закоптят. А если в корень заглянуть, то что были они, что нет... Вот я и спрашиваю, зачем они нужны? И кому?

— Нужны и они. Не всем же быть эйнштейнами, есениными и толстыми! И простые работяги нужны, и хлебопашцы, и уборщицы. И даже рядовые инженеры и доктора. Чтобы те, которые плодотворящие, смогли спокойно выносить и родить свой плод, оставить человечеству след.

— Ну, хорошо. Это как сеять, да? Бросаешь в землю миллионы семян, а только пару штук из них золото даёт. Да?

— Ну, что-то вроде того.

—Естественный отбор. Ладно, только я, например, никак не хочу быть пустоцветом или, в лучшем случае, подставкой-трамплином для других, плодовых веток. Вот.

—Эй, ты многого хочешь! Тебе только 18! Другие всю жизнь живут, а пустоцветами помирают. А ты сразу хочешь! След ей подавай! И потом, о смысле жизни человек с тех пор, как себя помнит, думает, а всё ответ не нашёл. А тебе сразу подавай! Вечно тебя тянет в сторону! Даже эта история с КГБ! А забастовка на картошке? Это — только ты! Всё правду ищешь, ответы копаешь. А спокойно, как все, не можешь жить?

Тогда я вспомнила и побег со всех уроков. Но упрямо повторила:

— Не хочу, как все. Я — не все!

— Знаю. Потому и полюбил тебя. Как никогда и никого больше любить не буду.

Пока разговаривали и спорили, электричка доехала до места, и теперь мы уже неторопливо шли по нагретой солнцем пустынной просёлочной дороге, приближаясь к молодой, ослепительно блестящей лесопосадке. Той самой.

Валеркин перескок был настолько неожиданным, что я чуть не споткнулась и сильно растерялась. А он спокойно продолжал шагать дальше, даже не взглянув на меня. Неожиданно в памяти всплыла моя утренняя встреча с его Светой. Тем самым утром, когда я бежала на переговоры с мамой. Меня передёрнуло. Отравленным голосом я заметила:

— Но не теряешься. Время даром не тратишь.

Он остановился и непонимающе посмотрел на меня:

— Не понял. Ты о чём?

—Ладно, скажу. Я видела, как Света выходила в 5.30 утра из твоей комнаты. Полуголая. Чуть не столкнулась с ней на лестнице. Так что...

Но он перебил меня. Облегченно вздохнув и весёлым голосом:

— А! Ты вот про что? Она часто ко мне в такую рань заходит. Я будильника не слышу. (Как мы свой!) А когда встать позарез надо, прошу её меня разбудить и обязательно стащить с постели. Вот и всё.

Но тут до него дошло. Он снова остановился, взял меня за руку и жёстко развернул к себе. Глядя мне в глаза, странным, изумлённым голосом прошептал:

— Так ты это подумала? Как... как ты могла? Ведь ты же знаешь меня! Как же так? При первом же сомнении ты сразу подумала о самом плохом? И всё это время так обо мне думала? Даже не спросила, не попыталась понять?

Я настолько была ошеломлена, настолько опешила, что просто растеряла все буквы! А он и не ждал ответа. Отпустил меня и зашагал дальше. А я осталась стоять. Раздавленная и уничтоженная.

Стыдом. Ноги буквально приросли к земле. А Валерка всё шагал и шагал, не замедляя хода и не оглядываясь. Только когда он скрылся в глубине лесопосадки, до которой оставалось метров 70, я смогла, наконец, медленно, побитой собакой, заковылять за ним.

Пройдя весь лесок, я удовлетворённо отметила, что все наши саженцы прекрасно прижились и радостно провозглашали об этом всему миру молодой зеленью. Когда же я догнала Валеру, он уже сидел на каком-то полене. Но... это уже был не Валера. Вернее, был не тот Валера, которого я знала и с которым только что говорила и шагала рядом. Папироса нервно дрожала в его пальцах, глаза неотрывно смотрели в землю, а побледневшее лицо казалось маской. Он весь как-то съёжился, став вдруг маленьким и потерянным. Первый раз я видела его таким. Это было настолько неожиданно, настолько ужасно, что я окончательно потеряла почву под ногами. Замерла, онемев от растерянности и абсолютного непонимания происходящего.

И вот тогда-то я и увидела это. Как фальшивый, режущий уши аккорд, посреди звенящей жизнью песни, стояли два чёрных мертвеца, растопырив тощие веточки-ручонки и глядя в синее, зовущее небо безжизненными почками-глазами. Что-то непосильно-тяжело бухнуло в груди — это был мёртвый памятник его любви.

Господи, Ленка! До сих пор он стоит в моей памяти — фигура, сжавшаяся в комок, раздавленная в неосязаемую бесплотность. Та самая, которая была большой и тёплой, как телёнок. Теперь это была только тень. Жалкая тень двух чёрных обелисков, немо стоявших в двух шагах от него. И ничего я не могла сделать. Ничего! Только подойти, присесть на корточки, скрестить руки на его коленях и опустить на них мою, вдруг опустевшую, голову. Жгуче жаль было его, тупой жалостью — себя и монастырским смирением -- всех, кто познал потерю...

Вот и всё. Ты молчишь, я молчу.

Мы сегодня друг друга хороним.
Ты не плач, а то я закричу!
Этот день мы навеки запомним.
Отторжения боль! Хлыщет стон
С мёртвых веток погибших деревьев.
По стволам, как по телу топор,
И последнее пламя поленьев...

Весело пели птицы, монотонно-сонно гудели шмели, ласково грело солнце и вселенской надеждой дышало небо...

Он заговорил первым:

— Пойдём.

Голос был сдавленный и бесцветный — чужой. Мы встали и молча пошли к электричке. Только в поезде Валера заговорил:

— Я женюсь на Свете. Знаю теперь, что такое потерять любовь, — он помолчал. — Нет, так её ударить... Она любит меня. И как любит! — он опять помолчал. — Так, как я любил тебя (любил...). Кстати, к вопросу о смысле жизни. Если хоть одного человека сделаешь счастливым — ты не зря жил. Всё просто.

Он не удивил меня. Ни тем, что решил жениться на Свете, ни своим выводом о смысле жизни. Всё действительно просто. Ведь ни один пустоцвет никогда и никого не сделает счастливым — пустота может родить только пустоту.

Но... Появилось ощущение, что эта истина была только малой частью другой, огромной и вечной. Но, увы, как ни пыталась я её прощупать и осознать, ничего не получилось. Она ускользала и оставалась недоступной. После нескольких безрезультатных попыток, я сдалась. Отложила партию, которая оказалась выше моих возможностей. Пока. Потом вспомнился по-собачьи преданный взгляд Светы, и я сказала:

— Может, ты и прав. Тебе будет с ней удобно. Всё простит, на всё глаза закроет, лишь бы ты был рядом.

— О! Тут ты ошибаешься! Ещё как ошибаешься. Ты её не знаешь. Сейчас она просто любит. Сейчас. Прощать-то мне нечего! Я свободен и ни в чём не уронил своего достоинства перед ней. Я не сказал ей "да". Ничего не обещал, не лгал, ничего у неё не отнял. Но если я дам слово! Предательство, обман, мерзкое выкручивание она никогда не простит. Ни себе, ни мне. Потому, что любит.

— Как это?

—Ох, Тайви, да ведь именно за это я её и уважаю, за то, что она такая. Понимаешь? Станет другой — сам же от неё и уйду. Неужели не понятно? Да и не женился бы на ней, другой, никогда!

"Вот это да! Вот тебе и амёба!" — опять я ничего не понимала, — "Мало тебе было? Получай ещё одну проблему, которую ты не в силах разрешить. Почему она ничего не простит, если так любит, по третьей, высшей степени?" Но её победа подтверждала твой вывод — мозг, сердце и совесть. Да, её любовь, — такая любовь, — победила.

Я была рада за неё и даже легко, мечтой, позавидовала. Ведь кто со счастьем на "Вы" — завидуют тем, кто с ним в дружбе. Разница только, как.

Был и ещё один вопрос, который застрял в голове занозой — неужели деревца чувствовали конец Валеркиной любви и поэтому погибли? Или это была простая случайность? Нет, очень натянуто. Было не менее 300 саженцев, а погибли, насколько я видела, только два. И оба — наши. "Кошмар, тут и в самом деле сдуреешь", — подумала я, вспомнив и про его гвоздику. Она простояла свежей, будто едва сорванной, 25 (!) дней.

В тот же день, пообедав, мы с мамой поехали смотреть квартиру, где нам предстояло жить. Это была маленькая, плюгавенькая и грязненькая комнатушка, которая и сама не помнила, когда последний раз мылась. Кроме того, в этой коммуналке жили две старые, одинокие и, наверное, поэтому на весь свет обозлённые бабки. Они очень недружелюбно нас встретили. Явно были недовольны, что их интим нарушится на целый месяц.

— Ничего, нам с ними детей не крестить. Главное, чтобы они не мешали нам заниматься. А первое, что я здесь сделаю — отдраю полы.

Мама была права.

Зачётная неделя — это неделя расплаты за полгода неслышания будильников, за ночные танцы и шампанские, за мысли о любви, вместо теорем и логарифмов, и за хождения по театрам и картинным галереям вместо сидения в учебках. Но это — только одна неделя! Цена — прямо скажем мизерная, а потому никем и никогда не оспоренная. Общага вымерла, музыка заглохла, а гитары стали покрываться пылью. Мозги просили пощады, а память трещала по извилинам. Но я обладала значительным преимуществом перед другими — она у меня была шахматная! Тренированная и привычная к нагрузкам, она смиренно заглатывала поступаемые байты информации и исправно выдавала их на встречах с преподавателями. Задействованы были все типы памяти — и зрительная, и слуховая, и мозговая.

Экс-чемпион мира по шахматам Таль, шутя, прочитывал страницу любого текста и тут же, закрыв книгу, цитировал её по памяти. Представляю, как ему было легко сдавать зачёты и экзамены! У него перед глазами всегда были шпаргалки. У меня, конечно, не было такого уровня, но всё равно происходило примерно то же — надо было вспомнить, на какой странице описан искомый вопрос, сконцентрироваться, дать памяти сфокусироваться и... списать. Всё!

Но был один минус — такая память была разовая. Информация хранилась в ней ровно столько, сколько в ней была нужда, то есть пока она была жёстко востребована. И едва подавался сигнал к отбою, — память неудержимо распрямляла натруженную спину и беззастенчиво сбрасывала ненужный ей больше груз. Может, поэтому среди студентов гуляло выражение: "сдал — забыл"? В общем, мы трудились, как проклятые и зарабатывали себе пропуски на приближающуюся летнюю сессию.

С первого понедельника июня мы с мамой переселились на квартиру. Какими-то колдовскими чарами она сумела превратить её из вонючей норы в очень даже приятное жилище. И началось изнурительное по своей скучности и бесполезности изучение истории КПСС. Я мужественно зубрила программы съездов, а по вечерам ходила гулять с Кокошкиным. Мама это коментировала так:

— Пришёл твой парень, чтобы вывести тебя на прогулку.

Как засидевшуюся собаку. Но было невозможно приятно проветрить мозги и поболтать с ним о мелочах.

Однажды он пришёл не один, а со своим другом, сразу прозванным мною Серёжа №2. Чтобы не путаться. Помню, как я удивилась, когда его увидела. Невозможно представить себе двух людей более непохожих друг на друга. Насколько один был смугл и черняв, настолько другой — белокож и светел, некрасив и неизменно неунываем -- первый, и прекрасен, как Иван-царевич и всегда задумчиво грустен, -- второй.

Что их соединяло? Скажешь, противоположности сходятся? Согласна, но только если они дополняют друг друга. В противном случае у них нет шансов соединиться. Как у двух параллельных линий — разные пространства и разные уровни. И мне очень захотелось понять, что же у них было общего.

— Серёжа, а тебе что больше нравится, рассвет или закат?

Вопрос вылетел из меня, как продолжение мыслей, как начало теста. Он ответил быстрее, чем успел удивиться:

— Закат. А почему ты спрашиваешь?

— А ты — единственный сын у родителей?

— Не-ет, у меня младшая сестрёнка есть... Любимица родителей. А поче...

Слова о сестрёнке прозвучали так, будто он на секунду забылся и вслух заговорил сам с собой. Но я перебила его. Мне надо было побыстрее всё понять. Серёжка №1 не вмешивался, молча шёл рядом.

— А девушка у тебя есть? Или была?

Он явно смутился. Но не мог же он послать меня ни с того и с сего, да ещё и при своём лучшем друге? Да и за что? Я очень доброжелательно говорила с ним. Очень!

— Была, — он помолчал. — Полгода назад замуж вышла. За директора завода. С машиной, зарплатой и квартирой.

— Ты её очень любил?

— Я и сейчас её люблю.

— Он до сих пор ей письма пишет, -- сочувствующе вставил Кокошкин, -- Правда, не отправляет, складывает. Лично даст, когда на каникулы домой поедет.

— Но если она предпочла машину и квартиру, неужели такую можно любить?

№1 опешил. А мой Серёга, сильно обрадовавшись, весело затараторил:

— Вот-вот! Я то же самое ему твержу! Не слышит! Может, тебя хоть услышит?

— Это не она такая, это её мамаша воду мутит, ясно?

— А сколько ей лет, что ею мамаша командует?

№1 промолчал. Мой удар попал в цель. Ответил Кокошкин:

— Да 21! На год его даже старше! Ни от кого не зависела, работала, зарабатывала, жила отдельно, в общежитии.

"Ясно! Никому он не был нужен, дома любили не его, а сестрёнку, попалась одна, пригрела, обласкала и он втюрился, как дурак, а птичка нашла кого-то с карманом потолще и упорхнула!" Я легко просчитала всю цепочку. "Ленка, это оказывается, так интересно, — узнавать людей! И легко! Ты права. Люди охотно говорят о себе. Дай только им внимательного слушателя! Всё выложат. Слушай только и мотай на ус!"

— Я тебе говорил, что от Таи так легко не отделаешься? Вся она — сплошной вопрос. Только попадись ей в руки!

— А я ничего, я с удовольствием. Только вы всё равно ничего не поймёте.

Настаивать было опасно, мог обидеться, и какое-то время мы прошагали в тишине. Но... по другой планете, где всё дышало волшебством. Да, в Ленинграде начались белые ночи. Зыбкое, бессолнечно-безнебное освещение, придававшее всему окружающему какую-то неземную бестелесность и пространственность, создавало ощущение прикосновения к чему-то из другого, нереального, чужого мира, и властно подчиняло себе твоё сознание. Невольно забывался и холод, и сырость, и даже то, где ты находился. Хотелось молчать и писать стихи.

— Какая же это прелесть — белые ночи! Как перемирие между закатом и рассветом!

№2 посмотрел на меня внимательно, но странно, а Кокошкин пришёл в восторг.

— Здорово ты сказала! Знал, что ты ходячий вопросительный знак, так сказать, воплощённая любознательность, но что ты ещё и поэт! Прям, как мой друг. Да, ты ведь ещё не знаешь, что он пишет стихи!

Это было удивительно, но не очень. Влюблённые в закат, как правило, пишут стихи. Почему? Этот вопрос остался без ответа. Я стала клянчить:

— Прочитай что-нибудь, а? Ну, хоть одно-единственное! Ну, пожалуйста!

Серёга сдался и мы долго слушали его стихи. Жаль, что я не запомнила ни одного, но не забыла, какие они были грустные и беспросветные, как редкая трава на свежей могиле первой любви.

В постели я думала о двух Серёжках, о том, какие они были разные и, всё-таки, совершенно одинаковые. Оба как из одного куска. Без швов и заплаток. И ещё. Я никак не могла понять, почему Кокошкин не боится ходить с таким другом. Это — как водить породистого коня на прогулку вместе с крестьянской ломовой лошадью. Неужели он не боится, что девчонки вообще его не заметят? И почему он не беспокоился, что и мне мог понравиться его друг? Я тоже любила закат, а не рассвет. Стихи? Тоже писала, но втихаря, никому в этом не признаваясь. Сочинялась музыка, разучивались аккорды, и под ожившую гитару, запоем, начинала петь душа. Невыплаканной печалью о нём…

19

Хорошо, что всему приходит конец. Наступил день экзамена, и моя зубрёжка дат и программ съездов закончилась. С огромным сочувствием я думала о студентах будущего, которым придётся изучать их штук 100 или 200. Во где будет кошмар! Интересно, это вообще возможно? А если нет, то зачем тогда мучили нас?

Мне оказали особый почёт — принимать экзамен пришёл сам зав. кафедрой. Вытащенный экзаменационный билет оказался лёгким, но я знала, что он послужит только короткой прелюдией к настоящему концерту.

Подготовившись, я подошла к преподавателям. Они глянули на билет и закивали головами. Но уже после первых трёх-четырёх фраз, убедившись, что заданная тема мне знакома, они остановили меня и, явно оживившись, приступили к допросу. Началось что-то очень смахивающее на фехтование. Выпад-парирование, обманное движение — и опять выпад. Но неизменно моя шпага оказывалась на месте и легко отбивала их удары.

Так-то оно так, но на душе опять стало мерзко — вновь игра была нечестной: их-то было двое. Видимо, тот, кто находится на неправой стороне, не может играть честно — проигрыш заранее обеспечен. Но и играя грязно он, в лучшем случае, только посмакует запах победы! Даже если и руками до неё дотронется, всё равно до рта не донесёт — выскользнет!

Они явно теряли самообладание, и растущее раздражение стало красить их физиономии в помидорный цвет. Время шло, шпаги натыкались друг на друга, заминки и паузы увеличивались, удары становились всё реже, замедлялись и, в конце концов, наступила тишина.

— Что ж! Вижу, вы старательно подготовили материал. Но... (он не смотрел мне в глаза). Учитывая ситуацию... В общем... вы сами всё понимаете... Три балла.

И я получила ещё один плевок в душу. Можно ли к ним привыкнуть? Да и есть ли в мире честные люди? Или стали такой же редкостью, как кости мамонтов?

Придя домой, я не удержалась и расплакалась. Мама же оказалась мудрее:

— Радоваться надо, а не плакать! Тебя должны были завалить!

— Так обидно же! Нечестно!

— Конечно, обидно. Но ты смотри выше! Это их совести дело, их проблема, а не твоя. Ты честно выиграла. И гордись этим. Не зря мы трудились. Ясно?

Вечером пришли оба Серёжи. Они теперь часто приходили вдвоём. Реакция Кокошкина мало чем отличалась от маминой, а вот №2 меня поддержал:

— Тая права. Они не имели права поставить ей тройку. Я вот тоже "три" получил, но разве можно сравнить? Я даже на билет не ответил!

— Но ты не был замешан в антисоветчине, — резонно заметил Кокошкин.

— Но два раза наказывать за одно и то же?, —№2 не сдавался.

— В жизни, бывает, за одну-единственную ошибку всю жизнь расплачиваешься!

— Её ошибка только в том, что она попалась!

—Согласен, но если бы ей поставили пять, отпала бы сама причина её антисоветчины! Ничего, будет теперь знать, как друзей выбирать.

Кокошкин был прав. Но всё равно было обидно.

Мама через несколько дней закончила курс лечения и уехала. Так как квартира была оплачена за целый месяц, я пригласила Ирку Лепову пожить со мной. И в тот же день, она с радостью переехала.

А на носу был ещё один ужасный экзамен. Правда, политика тут была ни при чём. Рыльце в пушку имел наш будильник — первая пара хронически просыпалась, а этот предмет был всегда с утра. Назывался он химией. Преподавательница нас с Иркой очень "любила", даже официально в этом призналась:

— Как вы старательно портили мне нервную систему все эти полгода, так и я вам обещаю испортить всё лето. Сразу настраивайтесь сдавать экзамен не раньше осени. А сейчас лучше и не тратьте своё драгоценное время.

Сама понимаешь, нам вовсе не хотелось омрачать себе наступающее лето, а особенно оставаться без стипендии. Получить или не получить в сентябре 110 рублей за целых два летних месяца — это была бо-ольшая разница! Тут уж, и дохленькая троечка была бы за счастье. Но вырвать её из химички было ох, как не просто! Нужно было знать химию, как минимум, на пять с минусом. История с КПСС повторялась. Но в другом варианте.

Это были прекрасные дни вдвоём. Как нам было хорошо! Мы учили, зубрили, не спали ночами, помогая друг другу разобраться во всей этой тарабарщине, но наслаждались дружбой и покоем. По вечерам приходили Серёжки, мы пили знаменитый чай по-кокошкински, болтали о чепухе и о серьёзном, гуляли по Ленинграду, во власти белых ночей, и даже тоска о нём, засевшая во мне глубоко и прочно, как в трясине, не омрачала эти дни. Но она только отступила. Затихла, чтобы опять начать атаку. Когда? Это было неизвестно.

Однажды я спросила Ирку, какой из двух Серёжек ей больше нравился.

— Кокошкин. Он трезвее. Стоит на земле двумя ногами.

— А мне — второй. Он такой, — я запнулась, подбирая слово, — воздушный, что ли? И стихи пишет, знаешь?

— Мужики-романтики — это красиво, но не очень-то надёжно. Впрочем, я тоже предпочитаю романтиков. Они мне ближе.

— Так ты же сказала, что Кокошкин тебе нравится больше?

— Да, но я имела в виду, что Кокошкин практичнее, лучше для жизни. А вот для души... Короче, легче влюбиться в №2, чем в №1. Но замуж надо выходить за первого.

Замуж никто не собирался, но мысли Леповой совпали с моими. Мне определённо нравился №2.

До экзамена оставалось два дня, а мы даже близко не были готовы. Тогда было принято мужественное решение не спать по ночам. Заварили крепчайший чай, испортив целый пакет, выпили по стакану этой вонючей бурды и... через два часа преспокойно заснули. Сейчас бы нам с Иркой такой чайчик! Всю ночь, как косули бы пробегали. Юность...

Химичка чуть не потирала руки от удовольствия, лицезрея свои жертвы. Но так думала она, мы же пришли сражаться. Взяли билеты и расселись по местам, успев красноречивыми взглядами дать понять друг другу, что всё хорошо. Первой на ринг попала Ирка. После двух-трёх раундов она положила мегеру на обе лопатки и выскочила из аудитории с честно заработанной стипендией. Теперь очередь была моя. Как и на истории КПСС, мой билет её вовсе не заинтересовал. Упустив первую жертву, она ещё больше обозлилась и, естественно, решила отыграться на мне.

Надо сказать, что нам с Иркой пришлось выучить всю четырёхмесячную программу по химии всего за 10 дней. Хорошо ещё, что многие темы первого курса были практически повторением школьной программы. Но и нового хватало с избытком. Удивительно и сегодня, как можно было суметь поднять весь этот огромный материал за такой короткий срок, причём так плотно и добросовестно, что память не сбросила полученную информацию, а срослась с нею намертво, создав мне отличный фундамент на будущее по этому предмету. Правда, удивительно! Но думаю, тут зарыт один секрет. Дело в том, что мне, в самом деле, очень захотелось понять то, что я учила. Стало интересно и появился зуд любопытства познания. И случилось чудо. Химия стала интереснейшей наукой, а моя злюка-преподавательница растерянно моргала глазами. Да, тогда я впервые прикоснулась к тайнам человеческой психики. И открыла, что возможности памяти и мозга находятся в самой прямой от неё зависимости!

Время спустя открылась и ещё одна истина — эта зависимость была и обратная. Не только психика влияет на возможности мозга, но и мозг может повлиять на психику, получив искомый эффект! А если попроще, то для глубокого изучения какого-либо вопроса вовсе не обязательно, чтобы он тебя интересовал. Достаточно думать, что он тебе интересен! То есть, сознательно воздействовать на психику! И тогда в твоей памяти сами собой откроются все двери и люки, и подаваемая информация усвоится ею легко и быстро, как сухая губка впитывает влагу. Более того, мозг просто не даст тебе покоя, без устали требуя ещё и ещё! И куда подевается скука и усталость?

Помню, как в 10 классе меня заинтересовал мир микрочастиц. Я корпела и пыхтела над всеми этими мезонами, протонами и нейтронами, и за уши меня было от них не отодрать. Передо мной открывался поразительный невидимый мир, как в фантастическом романе. Но с одной, очень существенной разницей -- он существовал! Везде! И во мне самой! До сих пор удивляюсь моей усидчивости и настойчивости. А попробовали бы меня заставить это выучить! Да я бы умерла от скуки и бессмыслицы читаемой обязаловки!

Химичка допрашивала с пристрастием и долго. И не переставая, удивлялась. Впрочем, и я тоже. Даже не подозревала, что так чётко отложился в памяти проштудированный материал.

В конце концов, с явным разочарованием и большой дозой недоумения она сдалась. Я выбежала на свежий воздух с летом и стипендией в кармане!

Вечером пришли Сережки, и мы устроили праздник. Кокошкин принёс даже настоящий цейлонский чай и свежие аппетитные бублики. А Серёжка №2 мне явно нравился. Впрочем, насколько вообще мог нравиться мне какой-либо парень.

Два остававшихся экзамена были сданы без приключений. За них ни я, ни Ирка не переживали.

Практически каждый вечер к нам приходили ребята. Мы так к этому привыкли, что когда они почему-то не появлялись, очень удивлялись и даже обижались. А на следующий день они оправдывались, будто без разрешения удрали в самоволку.

Сессия закончилась. За целых полтора месяца, начиная с комсомольских собраний, можно было, наконец, расслабиться. Но сразу такое не бывает. Нужно время, чтобы до нельзя сжатая пружина распрямилась. Или -- сильная встряска, как и произошло на самом деле. Вечером, после последнего экзамена.

Начало нашей свободы мы отпраздновали с Серёжками. На этот раз они притащили даже бутылку шампанского. Мы болтали, шутили, и ничто не предвещало приближающейся грозы. Но когда мы остались одни, Ирка огорошила замечанием, которое и послужило тем самым "душетрясением"...

— Тайка, перестань заигрывать с №2. Он и так с тебя уже глаз не спускает. А дальше, что будет? И перед Кокошкиным нехорошо. Думаешь, он не замечает?

Меня так удивили её слова, что я даже растерялась.

— И перестань делать вид, что ты меня не понимаешь!

Нет, я ничего не понимала.

— Ир, мне просто интересно с ним. Ну... — я хорошенько порылась в самой себе и добавила. — Ну, и как спор! Хочется доказать ему, что я лучше, чем та девица, по которой он сохнет. Понимаешь? Ну, спортивный интерес, что ли...

— Тайка, ну что ты говоришь! Ну, какие спортивные интересы, когда речь идёт о живом человеке! И потом, тебе Кокошкина не жалко?

Что-то мощно и тёмно дёрнулось у меня под сердцем, и я резко выкрикнула:

— Я ничего плохого не делаю! Даже очень хорошее дело делаю! Спасаю отличного парня от его идиотского чувства к той сволочи! Клин клином! Твои же слова!

Разговор опасно накренился в сторону ссоры. Ирка тоже уже закричала:

— Если он не дурак, и сам излечится! Со временем! Найдёт себе хорошую девушку, полюбит её и станет счастливым! А что делаешь ты? Добьёшься своего, влюбишь его в себя, а потом бросишь! И измучаешь, ни за что ни про что, Кокошкина! И дружбу их разрушишь! Хорошее дельце она творит! Мало того, что окончательно его добьёшь, ещё и друга лишишь! Оставь №2 в покое! Пожалей его хоть чуть-чуть!

И то самое, что так тяжело и грозно шевельнулось под моим сердцем, взорвалось...

— А меня хоть кто-то пожалел?! Хоть чуточку пощадил?! Со всех сторон били! Только поворачиваться успевала! Плевать я хотела и на одного, и на второго! Ясно?! На всех плевать! Оставьте меня все в покое! Ничего не хочу! Повернуться бы зубами к стенке и никого больше не видеть! Ясно теперь?!

Меня трясло и било, как в лихорадке. Ураган так долго сжимаемых и подавляемых в себе чувств, поглотил и отключил мозг.

— Ты с ума сошла! Да ты хоть соображаешь, что говоришь-то?

Ирка была потрясена не меньше меня. Она просто испугалась. А я стояла, как изваяние, и с трудом сдерживалась, чтобы не схватить первый же попавшийся стул и не шмякнуть им о стенку. Только испуганно-круглые глаза Ирки меня ещё сдерживали...

И она первая всё поняла.

— Господи, Тайка! Ты так его любишь?

Меня как подкосило. Я свалилась на кровать и завыла. Нет, не так, как тогда у тебя. Нет. Тогда я мучилась от разлада с собой, от растягивания себя в разные стороны, от потери понимания собственного я. Сейчас же ударило воссоединением с собой, с той, которая перестала стоять в стороне и, сжалившись, возвратилась в меня...

Я не плакала, глаза оставались сухие, просто хрипом выплёскивала из горла, под

аккомпанемент ударов кулаками по подушке, вызревшее во мне отчаяние:

— Не могу я больше! Не могу!! Ирка, ну что мне делать?!

А Ирка молча сидела рядом и пыталась влить в меня хоть каплю холодной воды.

Все эти недели, с тех пор как я пришла в себя после нашей встречи, были до отказа забиты событиями, потребовавшими от меня все силы, все мысли, всё, что во мне ещё оставалось живого. Не было ни одной минутки, чтобы хоть мыслью побыть с ним, хоть мечтой к нему прикоснуться. Я была, как на войне, на самой её передовой, сражаясь до последней нервной клетки за право жить своей жизнью. И когда бой закончился, когда затихли его последние отзвуки, тут и догнала меня эта страшная, мёртвая бессмыслица — быть без него...

— Ну, ладно, ну, успокойся. Ну, позвони ему, повидайся. Что ж себя гробить так? Знала я, что ничего хорошего из этого не получиться, предупреждала тебя. Не послушалась. Эх!

Она замолчала. Но её слова пробили выход из чёрного, склизкого туннеля и превратили телефон-автомат в светлый выход из него.

— Ир, ты, это... прости меня... ну,... за то, что я тут наговорила. Я тебя очень люблю, правда, просто...

— Перестань, — она перебила мои всхлипывания.

— Я тоже хороша. Как слепая ходила. Ничего не видела. Думала, что у тебя всё прошло. Ведь два с половиной месяца пролетело. И ты такая ровная была, спокойная...

— Знаешь, вспоминаю сейчас все эти недели и... ну, как не со мной всё это было, будто не я ходила, занималась, разговаривала, ну... как робот, понимаешь?

— Ага, у меня тоже так было. Когда Денис уехал. Сама не своя ходила. Но потом прошло.

"А у меня не проходит", — тоскливо-равнодушно подумала я, а вслух сказала:

— А насчёт №2, ты права. Больше не буду. И Кокошкина жалко. Знаешь, он даже целоваться ко мне больше не лезет. Только тогда, в походе. И всё.

— Он любит тебя. Чувствует, наверно. Может, расскажешь ему всё?

— Расскажу, только не хочу его ударить. Хороший он.

— А я думаю, лучше сразу, резко, а не тянуть, как кота за хвост. Знаешь, как ножом. Раз — и всё. Отболит и заживёт.

— Нет, не всегда так можно. Не все могут выдержать удар ножа. И потом, не зря же говорится — лежачего не бьют? Даже очень сильный человек, когда он уже лежит, может не выдержать, вовсе не поднимется. И твой лечащий нож просто добьёт его.

Я вспомнила, как он подарил мне слово "прощай". Да, тогда я лежала.

— Согласна, но Кокошкин — не лежачий. Он прекрасно всё выдержит. А вот если затянешь, можешь и правда подкосить его.

— Ладно, я подумаю. А как у тебя с Денисом?

— Знаешь, чем больше проходит времени, тем менее реальным он кажется. Ну, будто приснилось мне всё. Пишу письма, получаю ответы, а... как по привычке, что ли? Не знаю почему, но знаю, что люблю его.

— Это нормально. Много времени прошло. А как вернётся, как обнимет, так вновь реальным станет. Ещё как реальным!

Заснули мы поздно. Закрыв глаза, я вновь видела его озёра. И вновь было тихо и мирно на душе. Я знала, что завтра услышу его голос и может быть... Нет, об этом я запретила себе думать. Категорически. Иначе бы не заснула. А до отъезда в стройотряд оставалось 4 дня. И это тоже наполняло сердце нетерпеливой радостью.

На следующий день мы перебрались в общагу. Странно, но было ощущение, что мы вернулись домой. Всё было своим, привычным. Да, не зря говорят, что везде хорошо, а дома — лучше.

Где-то около 11 утра я направилась к нашему телефону-автомату. Громко волновалось сердце, почти полностью заглушая все звуки. Но возле кабинки, ноги наотрез отказались идти дальше. После долгой упорной борьбы — вынужденная сдача.

Нет, я не смогла заставить себя в неё зайти. Но не смогла от неё и отойти. Потерянно и глупо стояла я возле телефона. И наконец, решила позвонить со следующего. Ноги задвигались, а сердце нещадно толкнуло, жалуясь.

Медленно, восстанавливая дыхание, зрение и слух я приближалась к очередной кабинке. Но у цели сценарий повторился. Только теперь, ко всему прочему, добавили свою лепту и руки, и горло. Первые задрожали, а второе перехватило спазмом. Тогда я взбесилась и дала себе слово, что уж со следующего телефона обязательно позвоню. Даже если начнётся землетрясение! Не зная, где подстерегало неминуемое испытание, я решительно, не давая себе расслабиться, пошагала дальше.

Телефон оказался сразу за поворотом улицы. Удар был сильным, но я, не давая себе даже секундной паузы, сходу забежала в кабинку и, бросив монетку, набрала номер. Злость на себя была настолько большой, что даже руки перестали трястись, хотя и покрылись влажным, липким потом.

Но его "Да!" нокаутировало. Я пошатнулась и опёрлась спиной о кабинку. Ответить не смогла. Он ещё раз повторил:

— Я слушаю!

И слепой, животный испуг, что он сейчас положит трубку, вмиг восстановил сломанную речь. Я прессом выдавила из себя два слова:

— Это... я.

Не было даже секундной заминки:

— Я знал, что ты позвонишь. Сегодня, там же, в шесть. Хорошо?

Громкий выдох, похожий на "да".

Я не вышла, я отковыляла из кабинки. Ни сил, ни мыслей не было. Было жарко и холодно одновременно...

А вокруг бежали люди, по-доброму пригревало солнце, шелестели шинами машины, и синее небо смотрело на меня его глазами. Страх, что он просто поздоровается, поболтает о чепухе и распрощается, или, что он уже ушёл в отпуск, и я опоздала, или, что он просто вежливо-холодно попросит ему больше не звонить, медленно уходил, а на его место возвращалась живая радость. Такая тёплая, такая ясная и чистая, как это иссиня синее небо над моей головой!

В общагу я влетела, как вихрь, перепрыгивая через две ступеньки. Ворвавшись в комнату, я повисла у Ирки не шее.

— Я увижу его сегодня! Понимаешь? Ирка, а можно сойти с ума от радости?

—Задушишь! Да отпусти ты меня! Не знаю, как там насчёт ума, но удушить человека можно! Караул!

Я отпустила бедную Лепову, но чувствовала, что если не вылью на что-то или на кого-то избыток моего счастья, то точно свихнусь. Тогда схватила гитару и громко запела студенческие частушки. Через минуту и Ирка не выдержала и стала подпевать. Помню только отдельные строки из этого студенческого фольклора — из знаменитого марша на слова стариков-стройотрядовцев:

В ж.. пу клюнул жареный петух!
Не целуй ты меня под подмы-ышку!
Дай подмышке моей отдохнуть!
Не клади свои потные но-оги

На мою волосатую грудь!
Не плач, не горюй
Напрасно слёз не лей
Лишь крепче поцелуй,
Когда вернёмся с лагерей!

Хватит и этого, чтобы доказать, что поэты водились и среди студентов.

В самый разгар пения открылась дверь, и в комнату вошёл Серёга №2. Один, без Кокошкина. Это было странно, даже очень. Мы прекратили издевательство над ушами, и он сразу же, извиняющимся голосом, сказал:

— Я стучал, да вы не слышали.

— Проходи, садись. А где Кокошкин? — спросила я, ничего ещё не подозревая.

— Я один. Я... завтра уезжаю, домой. Вот. Проститься заскочил. А Серёга сегодня на работу устраивается. Зайдёт завтра.

Ясно! А так как подходило время обеда, мы пригласили его составить нам компанию. У нас намечались пельмени. Естественно, покупные, мороженые. Мы их очень любили. Почти как картошку. Но он отказался.

— Да я только на минутку. Я — он запнулся, — Мне с тобой поговорить надо.

И посмотрел на меня. А на лице у Ирки красноречиво высветились следующие слова: "Ну вот! Допрыгалась? Я тебе говорила! Теперь расхлёбывай сама!"

— Говорите, не буду мешать. Я пошла на кухню, — мило заявила она и удрала.

Наступило неловкое молчание. Я уже догадывалась, что сейчас произойдет, и заранее готовилась к этому. Но такого я не ожидала.

— Я... это... -- заговорил Сергей, толчками и не очень складно, -- Вчера все свои письма... ну, те, что... В общем, все порвал и выбросил. Ты была права. И ещё... Я должен тебе это сказать. Я... полюбил тебя. Вот, — он помолчал и тяжело сглотнул. А я почувствовала себя сволочью. — Но... никогда не перейду дорогу моему другу. Никогда... ты больше меня не увидишь. Я и Сергею всё сказал. Он знает, зачем я к тебе пришёл. Вот...

Он тяжело встал, а я осталась сидеть побитая, потерянная и сгорающая от стыда. За эти несколько секунд мне многое стало ясным. И в себе, и в отношениях этих двоих. Себя я возненавидела, а этим парням искренне позавидовала. Силе их дружбы. Я впервые встречала настоящую дружбу, — живьём, воочию! — и склоняла перед ней голову...

Уже подойдя к дверям, Серёга, вдруг, остановился и решительно вернулся:

— Ты только одно скажи. Только одно. Если бы мы встретились раньше, ещё до того, как ты познакомилась с Кохой, ты... — он опять сглотнул и с силой выплеснул из себя последнее, — ты смогла бы меня полюбить?

Ну, что я могла ему ответить? Ведь не могла же я ему сказать, что не до Кохи нам надо было встречаться! Не до Кохи, а до него! Я мучительно искала ответ, чтобы не ударить его ещё больнее, не добить, не оказаться последней каплей. Но вдруг, как откровение, стало тихо и спокойно на душе...

— Я хочу... нет, я должна сказать тебе правду. Не могу лгать и придумывать цветные украшения. Я слишком уважаю и тебя, и Серёгу. А сейчас ещё больше, чем раньше. Никогда не думала, что моя дружба, моя радость видеть вас, может так .. что может вызвать такое чувство в ответ. Но... — я остановилась. Стало трудно говорить. Никому ещё, никому кроме тебя и Ирки, я не говорила об этом. Сделав над собой усилие, я тихо закончила. — Я люблю другого. Он никогда не будет моим, но я принадлежу только ему. Вся, без остатка.

Стало легче. №2 не был лежачим. А правда — за белым. Всегда.

Он долго смотрел мне в глаза, прежде чем заговорить:

— Вот за это я тебя и полюбил. За то, что ты такая. Мало таких. И... завидую ему. Хотел бы я на него посмотреть. Да. Уверен, что он достоин твоего чувства. Ты мразь не полюбишь. Точно. И ещё. Теперь я уверен, что никогда не потеряю моего друга. И тебя. Будем хорошими друзьями. Согласна?

Я обрадовано кивнула, и он уже другим, более лёгким тоном, закончил:

— И спасибо тебе за прозрение. Это я насчёт той... в общем, моей бывшей. Дурак я был, каких мало. А Серёге я ничего не скажу. Ты... ты лучше сама, ладно? Только не сразу. Он очень верит. Живёт тобой. Вот. Ну, я пошёл.

В дверях он оглянулся. И, уже улыбаясь, добавил:

— А если тот, твой, тебя обидит, ты только скажи. Хоть раз для хорошего дела моё самбо применю. Ладно?

Я тоже уже улыбалась. Опять кивнула ему, и он ушёл. За обедом я подробно рассказала Ирке о случившемся, и она весёлым голосом заметила:

— Какие парни задарма пропадают! Днём с огнём таких не найдёшь, а она нос воротит. Ох, и дура ты!

Мы поели, помыли посуду, а было только два часа. Стрелки никак не хотели двигаться быстрее, и я изнывала от ожидания. Почему когда ждёшь, время практически останавливается? Потому, что ты просто ждёшь. Никаких событий, никаких мыслей. Ты просто ждёшь. И время становится пустым и голым, точно таким, каким оно и есть на самом деле в своём нормальном, абсолютном виде. Но стоит заполнить его событиями, как оно оживает и начинает идти или лететь, в зависимости от полноты и глубины его заполнения.

Но самое уникальное в том, что только в этом случае время становится растянутым и долгим. И за одну и ту же минуту ты проживаешь столько, сколько, оставаясь в нормально-пустом времени, ты прожил бы за часы, а то и дни, а то и годы! Поэтому и кажется, что за те неповторимые, мгновенные два или три часа абсолютного времени прошли, как минимум, две или три недели. Время становится, как на космическом корабле, идущем с релятивисткой скоростью, а точнее, с ускорением на таких скоростях. Вне его — улиткой тянутся столетия, а на самом звёздолёте — только минуты. Столетия, вмещённые в минуты...

Космонавты за считанные часы проживают десятки жизней нормальных, идущих размеренным шагом людей. Чем не теория относительности, за познанием законов которой вовсе не обязательно лезть в головоломные формулы и летать в космос? Мы ищем секреты времени, заглядывая в просторы вселенной и уравнения Эйнштейна, а разве не достаточно оставаться на земле, чтобы раскрыть его тайны?

Всё просто. Когда в одно и то же абсолютное количество времени происходит огромное количество событий, и по значимости, и по плотности, нам кажется, что мы прожили в 5, 10, 20 раз больше времени, чем показывают стрелки часов. Это испытал каждый из нас. Кто чаще, кто реже. Словом, как на звездолёте. Мы мчимся по событиям с огромной скоростью, а вокруг нас, вне нас, вне нашего корабля, идёт нормальная жизнь, заполненная событиями ровно настолько, насколько сдвинулись стрелки часов. Почему на огромных скоростях в космосе время замедляется? Да потому, что, проходя во Вселенной немыслимые расстояния за считанные мгновения, корабль неминуемо проходит и немыслимое количество событий, произошедших на его пути. Он становится их немым участником. Ведь он касается их! А астронавты проживают 10, 20, сотни жизней за время одной — той, которая отпущена таким же людям, как и они, но только спокойно шагающим по своей жизни. Если же увеличить свою скорость перемещения по земле, схватить и прожить не менее огромное количество эмоций и событий, можно тоже за одно и то же абсолютное время прожить кучу жизней.

Как видишь, вовсе не обязательно быть в звездолёте. Наша жизнь, длина её и полнота зависит только от нас, — сесть на кукурузник или на звездолёт...

И я изнывала от нормального тиканья часов в ожидании старта моего корабля. Чтобы не мучиться и быстрее приблизить время встречи, я взяла книгу по шахматам и стала заниматься. Шахматы — прекрасное лекарство от абсолютно всех мыслей. И я очнулась только тогда, когда что-то внутри подало сигнал к побудке.

Взгляд на часы — и толчок в сердце. Наконец-то! Я вскочила и в лихорадочном возбуждении побежала к метро. Меня шатало и сильно кружилась голова. Ноги стали не мои. Но они бежали и бежали, а я со всё возрастающим испугом отсчитывала последние секунды до встречи с собой.

Паровозик, на котором Ленин приехал в Петроград, стоял на своём месте. Как и в прошлый раз, сновали бесконечной толпой люди, подходили и уходили поезда, но всё было, как в немом кино. Ноги отяжелели, дыхание затормозилось, а глаза заслезились от напряжения, пытаясь разглядеть нос паровозика сквозь плотную, хаотически движущуюся пёструю массу.

Наконец они нашли то, что искали. Ожидая и надеясь, но всё равно, неожиданно, когда до цели оставалось всего несколько метров. Вновь обдало горячей, удушающей волной. Ноги сами остановились и отказались подчиняться командам.

Он опять стоял ко мне спиной, в форменных брюках и рубашке. Но, без плаща. Помню, как поразило это отсутствие верхней одежды и даже пиджака. Как... без защиты. Да. Именно так — без защиты. Я стояла и не могла справиться с ощущением, будто он сбросил все заборы и ширмы, словом всё, что так хорошо и надёжно прикрывает душу. Стал открытым, близким и таким... беззащитным! Уверена, что ударило именно это — сознание, что достаточно прикоснуться к этой тонкой серой рубашке, чтобы дотронуться до его души и... до его тела.

И я почувствовала его родным.

Это было неожиданно. Это было странно и мощно. И стоило неимоверного усилия воли, чтобы тут же не броситься ему на шею.

Знаешь, никогда раньше не думала, что лето — это прежде всего забытый в шкафу камуфляж. Оголяет не только тело, но и сердце. Может, поэтому влюбляются значительно чаще, когда ярко и щедро греет солнце?

Не знаю, сколько бы я так простояла, приклеенная к асфальту. Но он вновь почувствовал моё присутствие, оглянулся, и наши глаза встретились. Сразу появились силы и вернулась способность владеть телом. Мы подошли друг к другу. Он улыбался. Его протянутая рука встретилась с моей.

— Здравствуй! Странно видеть тебя такой, как бы это сказать, раздетой!

— Здравствуйте. Я тоже об этом подумала. Вы тоже... как без защиты.

Мы тонули друг в друге, а языки продолжали разговор:

— Без защиты? Интересное наблюдение! Мне понравилось. Впрочем, от тебя плащами не защитишься!

Он широко улыбался, а я пила его радость, захлёбываясь от счастья быть с ним.

— Пойдём? — голос его тоже улыбался, как солнце над нами.

Я кивнула, и мы пошли вдоль поездов. По-прежнему было удивительно тихо и безлюдно вокруг. Как это возможно?

— Предлагаю такую программу. Сядем вот на эту электричку и через несколько минут будем среди птиц, цветов и в целом море солнца. Согласна?

Это было так невообразимо много, что я даже не смогла что-то вразумительно ответить, а только несколько раз кивнула головой.

— Прекрасно! Билеты уже у меня. Пошли.

В электричке он сидел напротив, и мы молча беседовали глазами. Он не отводил взгляда, открыто и мягко отвечая на мои вопросы. И чем больше приходило ответов, тем больше удалялась и расплывалась действительность.

Не спрашивай меня, куда мы ехали — не имею ни малейшего представления. С таким же успехом можно было бы расспрашивать слепого.

После целого столетия бытия в другом измерении, он спросил:

— Прошло больше двух с половиной месяцев. Расскажи обо всём, что с тобой произошло за это время, — потом улыбнулся и добавил, — вслух.

Как легко дышалось и как ласково щемило в груди! Как давно я не была самой собой, без ран и сквозняков от пришитых на живую нитку заплат! Вновь всё было просто и ясно. Вновь окружающий мир приобрёл смысл и перестал быть зарослями колючего шиповника, а спину не холодило одиночество. Спокойно, будто разговор шёл не обо мне, а о какой-то другой, той, которая не имеет никакого отношения ко мне, я сказала:

—Я плохо помню первый месяц. Сразу после нашего расставания. Почти ничего не помню. А! Выиграла все остававшиеся партии и подтвердила первый разряд. Вот!

— Поздравляю, не сомневался!

—А мой тренер сказал, что у меня настоящий талант, и что я могу стать чемпионкой мира. Только надо очень много заниматься.

— Уверен, если ты чего-то захочешь, то обязательно добьёшься. Если, конечно, не свернёшь куда-нибудь в сторону.

— А вы... Вы гордились бы мною... ну... Вы бы хотели, чтобы у меня получилось?

Если бы он тогда сказал "да" — я бы стала чемпионкой мира. Точно. Но он ответил по-другому:

—Я и так горжусь тобой. Даже если ты станешь рядовым инженером, не это главное. Главное, чтобы ты всегда оставалась такой, как сейчас.

— Какой?

— Такой, какой сидишь сейчас напротив меня. Такой, какой я тебя и ... уважаю.

Его заминка перед словом "уважаю" бросила в жар. А он, отвернувшись к окну, неожиданно, словно про себя, добавил:

— У моего любимого поэта Бориса Пастернака есть такие строчки:

За что тебя я полюбил?
За то, что пожелтевший белый свет
С тобой — белей белил.

Он не смотрел мне в глаза. А у меня вновь неудержимо кружилась голова, и удары сердца расходились кругами в глазах. Я понимала, что это были только строчки стихов, но он прочитал их мне.

Электричка доехала, и мы вышли на перрон. У меня всё ещё стучало в висках, и я очень плохо осознавала реальность происходящего. Не помню, как и куда мы шли. Очнулась уже на маленькой лесной поляне. Я стояла, а он рвал цветы. Никогда не думала, что так мало нужно для счастья. Стоять, слушать дыхание лесного лета и смотреть, как он срывает краски радуги с земли.

Солнце, ветер синь простора
Незабудковой любви!
Запах счастья и пролога
Вечной жизни впереди!

Как роскошны клич той рощи,
Мат поставившей зиме,
И покой вулканной мощи
Тот, что там, внутри, во мне!

А безмолвные хоралы
Звёзд ночных, а плач росы?
А лесов бессмертных залы,
А услада тишины?

Тот, кто этого не видит,
Мёртв и сгнил уже давно,
И, конечно, не услышит
Ни моих слов, ни Его!

Здесь секрет: жизнь может видеть
Только тот, кто сам живой.
Но и смерть так ненавидеть

Может лишь любовь, родной!

Ох, как рвётся крик из горла!
Ох, как хочется взвопить
От безумного восторга
Так любить, а значит, жить!

— Держи. Жаль только, что пока доедешь до дому, они уже наверняка завянут. Полевые цветы, в отличие от полевых людей, очень нестойкие. И пойдем, посидим. Я приметил маленький пенёк, как раз для тебя. Я-то в брюках, могу и на траве примоститься, а ты, в своей неизменно слишком мини-юбке, нуждаешься в пеньке.

Через минутку, я очень удобно на нём устроилась. Оценила его такт — он сел так, чтобы не стеснять меня по причине моей очень короткой юбки.

— А теперь рассказывай.

— Про комсомольское собрание?

— Это я знаю. Про всё остальное — нет. Ну, например, как сдала сессию?

— Хорошо, на стипендию. А откуда вы знаете про собрание? — этому я очень удивилась.

Он странно посмотрел на меня. Ну, как на маленького ребёнка. Потом улыбнулся и неожиданно спросил:

— С кем-нибудь уже целовалась?

Наверное, я покраснела, потому что он засмеялся. Просто и хорошо.

— Угадал. Кто же этот счастливчик?

Пели птицы, шелестел листьями летний ветерок, крепко, как анисом, до отключения сознания, пахло выдержанной на цветах, разнотравье и прелых прошлогодних листьях лесной землёй. И до крика ошеломляла радость быть и ощущать себя вновь одним неразрывным целым. Всей кожей, до последней клеточки я чувствовала его рядом и всё, что произошло за эти недели, — страшные, пустые, разорванные памятью на драные куски, — отдалялось, становилось призрачным, как даже не мой, а чужой сон. И мне уже ничего не стоило спокойно рассказывать ему обо всём. И о вакууме одиночества, и о бреши, пробитой в нём Кокошкиным, и о походе, и о рассвете и о том поцелуе, и даже о нашем последнем разговоре с Серёгой №2.

Он стал серьёзен:

— Запомни, от себя не убежишь. Ты пыталась спрятаться, как страус, засунув голову в песок. Закрыла глаза и думала, что и тебя никто не видит. Но на тебя смотрела та, которая и есть твоя совесть. Плохо, если расплачиваться за такие попытки приходится кому-то другому. И №2 — тоже жертва. Кстати, он больнее переживёт случившееся, чем Кокошкин. На Кокошкине всё заживёт, как на собаке. Ты читала "Маленького принца"?

Это я читала: "Мы навсегда в ответе за тех, кого приручили". Но мне не было стыдно. Всё это происходило не со мной.

— Да, читала. Но это была не я. Я никогда бы так не поступила. Просто не могла больше без вас. Даже дышать. От меня оставались только ошмётки. Но это я сейчас понимаю. А тогда я просто сходила с ума.

Я не поднимала глаз. Рассматривала маленький фиолетово-синий кусочек неба у меня под ногами. И было удивительно легко говорить. Более того, я хотела вот так, открыто, не сдерживаясь и не подбирая слова, рассказать ему о своих чувствах к нему. Нет, не хотела, а должна была. Иначе, в самом деле рисковала свихнуться.

— Когда вы тогда ушли... Знаете, я... ну, как умерла. Наверное, это даже хорошо. А то действительно могла потерять рассудок. Зато теперь я знаю, кто вы для меня. Как земное притяжение. Да. Пока оно есть — живёшь, ходишь, смеёшься, работаешь, в общем, можешь жить и дышать, творить и думать. А попробуй, убери его. И всё. Вся жизнь просто станет невозможной. Улетишь в космос и задохнёшься, если ещё раньше не окоченеешь и не превратишься в сосульку. Вы не знаете, как я вам благодарна, что вы просто есть. Ну, и... я теперь знаю, что могу любить по третьей степени.

Он молчал. Я не видела его лица — он смотрел в сторону, теребя в руках травинки. Но на последних словах перебил:

— Что ты сказала? Третья степень?

Я обрадовалась, как ребёнок, которого похвалил очень взрослый и сильный человек. Всё-таки, ну хоть что-то, он не знал. И всё подробно ему объяснила.

Он задумался, а я не мешала ему. Мой рассказ о Гольдернесе глубоко поразил его. Я не ожидала такого эффекта. Совсем.

— Интересно., -- как бы приняв решение, заговорил он, -- Но такая любовь возможна только в юности.

— Почему?

—С возрастом мы обрастаем, как водорослями, обязательствами и ответственностями. И разорвать их — не всегда признак силы. Чаще — даже наоборот. Легче всего думать о себе, о своём личном счастье. Значительно труднее не забывать Маленького принца, — он помолчал. — И ещё. Мы живём не на необитаемом острове. Общество имеет свои, независящие от нас законы. И очень часто они нам не позволяют сделать любимого человека счастливым. Третья степень, в таком случае, — это уйти и дать жизнь или возможность жизни любимому человеку. Даже если это для нас самих было бы равносильно самоубийству.

Я очень внимательно слушала его, чувствуя, что он говорил очень важное и очень взросло-глубокое. Но, как и тогда с тобой, не смогла его понять. Просто запомнила дословно его мысли и отложила их на потом, когда дорасту. И конечно, даже не заподозрила, что он говорил про нас. Нет, этого я тогда не поняла.

— Ладно, давай сменим тему, — он вновь посмотрел на меня. Голос стал веселее и раскрепощённее, словно он скинул давивший его груз. — Расскажи ещё о себе. Мне всё интересно, даже малые мелочи. Даже если будешь говорить чепуху!

Он задорно смотрел на меня, а я вновь тонула в его озёрах...

Вспомнила о Валерке и подробно рассказала о нашей поездке к саженцам.

— Всё в природе живое и всё взаимозависимо. Уверен, что деревья чувствовали ваши руки и немой вопрос Валеры. И по-своему ответили на него.

— Тогда ваша гвоздика... — я запнулась. Говорить о своих чувствах к нему было легко, а вот о его ко мне... — Она простояла в бутылке из-под молока целых 25 дней. Как свежесорванная. А завяла враз, за одну ночь.

Я смотрела ему в глаза, натянутая, как струна, в немой мольбе. Господи, как я хотела услышать от него ну хоть одно ласковое слово!

Он тоже замер и целую вечность рождалось чудо.

— Иди сюда.

Это не были слова. Скорее, сдавленный хрип. В одно мгновение я оказалась у него на коленях, на пахучей мягкой траве. Так близко, так до потери смысла близко!

И я просто закрыла глаза, тяжело, со свистом, вдыхая воздух. Он мягко взял меня за плечи, положил на траву и легко-легко прикоснулся к губам...

Поляна в солнце искупалась,
И, в небо-зеркало глядя,
Из ветра гребнем забавлялась,
Смеялась песнями шмеля.

На волнах травяных лежали, —
Она, как нежность, рядом — он.
Смущаясь, облака сбежали,
Тактично стих и птичий хор.

Им неба купол улыбался,
Берёзы пели гимн лесной,
И лето с завистью ласкалось,
Ведь их объятья — рай земной!

И у меня опять замокрились глаза. Я открыла их и прямо в его озёра, ставшие такими огромными, с поднявшимися в них мощными волнами сдерживаемого волнения, застонала истошно, всей мукой пустоты без него:

— Я люблю вас, люблю, люблю…, ну, что мне теперь делать? Я просто схожу с ума. Я не могу без вас. Не могу! Ещё… ну, пожалуйста… ещё!

И он не выдержал. Не скрываясь и не таясь больше от себя и от меня, не щадя и не жалея, не сдерживаясь, перестав насиловать и надрывать свои нервы, он всё, что не мог, не имел права сказать мне словами вложил в этот взрослый, отключивший во мне всё и вся поцелуй.

Он впервые меня поцеловал. Да, это был наш первый настоящий поцелуй, первый вопль чувств. Более того, это был мой первый поцелуй двойной любви. Никогда и никто ещё так не касался моих губ!

И я стала взрослой — заглянула страсти в глаза. Что-то огромное, мощное, страшное своей незнакомостью, коснулось моего тела. И уже не я, а оно стало требовать "ещё, ещё"! Но… что ещё? Нет, тогда я не осознавала, не смогла осознать в полной мере, что и чего ему стоило оторваться от любимой девушки, лежащей в его власти в мягкой дурманящей траве, и даже не дотронуться до её тела…

Когда я вновь смогла дышать, он уже стоял в конце поляны, опёршись на ствол дерева. Спиной ко мне. А я, ошеломлённая и опустошённая, тихо и счастливо плакала, продолжая блаженно лежать на напоённой солнцем траве. Я не могла встать. Хныкало и ныло размякшее, ватное тело, а губы всё ещё продолжали быть одним целым с его губами…

И тогда пришло прозрение. Он любил меня. И любил так же, как и я — по третьей степени. И даже огромное, уже наливающееся фиолетом, небо тоже пело о его чувстве. И я продолжала глядеть в расплывающуюся от слёз, густеющую бездонь, и даже не хотела, чтобы он подошёл. Я просто пыталась остановить время.

Шелест травы от его шагов вернул меня в действительность.

— Хватит разлёживаться, пойдём, пройдёмся.

Голос попытался улыбнуться, но получилось плохо. Диссонанс насторожил и взволновал. Я повернула голову и наткнулась на его глаза. Гладь его озёр была покрыта крупными волнами, а лицо напряглось в натянутой, фальшивой улыбке.

И вмиг всё изменилось — он увидел мои слёзы. Толчком оказался рядом и другим, незнакомым голосом, торопливо заговорил, сбиваясь и путаясь в словах:

— Я обидел тебя? Прости... не сдержался... не смог... я не хотел... какой же я...

Испуг приобрёл дар речи. Вскричал, перебивая его:

— Нет-нет! Не так! Я просто счастлива! Так счастлива! Во мне его так много, так много! Не вмещается! Это его излишки вылезают через глаза. Я... люблю вас! Люблю...

Я уже сидела, обнимая ладонями его стиснутые кулаки. И молилась в его озёра. И дико-странно было чувствовать, как вновь заговорило на своём языке моё тело, а в его глазах забушевал шторм.

— Я... я прошу тебя... прошу тебя! Не надо... Слышишь? Я... я же не выдержу. Я же просто не выдержу! Слышишь?? Ты понимаешь меня?.. Ну, не из железа же я!

И вот только тогда я поняла всё! Ударом солнечного протуберанца по ослепшему, нежелающему очнуться мозгу пришло, наконец, озарение — его жгло и мучило его же тело, жестоко требуя моего. И он боролся с ним из последних сил, боясь оскорбить, обидеть, предать и обокрасть меня!

И... О, небо, как же мне стало легко и просто, когда я это поняла! По-моему, я даже улыбалась, когда запинаясь, скороговоркой, стремясь поскорее прекратить его муку, не видеть, никогда больше не видеть этого чужого, похожего на маску лица, эти покрытые мутной пеленой озёра, заговорила:

— Да я же вся, ну... ну, вся принадлежу вам. Только вам! Вся-вся, без остатка! Да... да и зачем оно мне... ну, моё тело, если... если... так мучиться! Оно же тоже ваше! Ничего мне не надо! Только бы... только бы видеть радость в ваших глазах...

Он перебил меня. Руки вырвались из моих, и он тяжело, до синяков сжал мои плечи. Голосом, который более походил на рывки порванной артерии, он оглушил и встряхнул меня:

— Да как же ты не понимаешь, что это я, я! не могу этого сделать! Я никогда, слышишь? никогда себе этого не прощу!

Трудное, прерывистое, с хрипом дыхание. Спазмой всех мышц он ещё мгновение сжимал мои плечи, потом резко встал и отскочил, обожжённый собственным взрывом.

А я осталась сидеть, с полностью отключённым сознанием и только глаза мои смотрели на его спину невидящим взглядом. Я даже не пыталась понять, что сейчас произошло — рассудок был намертво заблокирован. А он стоял, замерев в трёх шагах от меня, и я видела, как тяжело и неровно поднимались в такт его дыханию плечи.

Наконец моё тело шевельнулось. Убедилось, что вновь владеет мышцами, и поднялось на ноги. Подошло к нему и уронило на его спину свою горячую, опустевшую голову. Спина вздрогнула и голос, так мало похожий на его, сказал:

— Пойдём.

Он двинулся. Тело послушно последовало за ним.

Смеркалось. Стояла неземная, осязаемо плотная тишина. Ни один листок не смел шевельнуться. Природа замерла, испуганная увиденным и услышанным. Она старательно убаюкивала нас, перевязывая нанесённые друг другу раны. А мы шли и шли, вновь рядом, но не касаясь друг друга, чтобы не мешать её лечебной магии. Только подойдя уже к электричке, он сказал:

— Я... я очень благодарен тебе за этот день. И за то, что ты позвонила.

Вновь перехватило горло, и я вынуждена была промолчать, чтобы не сорваться. Мы молча ждали электричку и ничто, ничто не предвещало того, что случилось через несколько минут. Он первый допустил ошибку, а у меня не хватило предвидения, чтобы обойти уже развёрзшуюся, в полной готовности, чёрную пасть небытия.

Мы сели в почти пустой вагон. Он заговорил. Простым, таким знакомым голосом:

— Расскажи подробнее, как прошло то собрание, я имею в виду комитет комсомола. Знаю, что тебе вынесли строгий выговор, но подробности мне неизвестны.

Ну, зачем, зачем он это спросил? А я, почему не сменила тему? Так была рада снова слышать его голос, так бездумно была рада опять тонуть в его озёрах, что ничего не почувствовала, ничего!

И стала рассказывать. И чем глубже уходила в прошлое, чем чётче видела бегающие глазки тех комсомольцев, чем громче звучали во мне их пропитанные ложью и болотной мутью слова, их смердящие лицемерием призывы к чистоте своих рядов, чем яснее видела потерявшее человеческий облик лицо Наташи, тем мощнее и злее шевелилось во мне безглазое чудовище, называемое гневом, и всё больше росла перенесённая обида. И тем серее становилась его форма...

— Вот они какие, ваши комсомольцы! Вот кто никогда бы не оказался на том стуле, в вашем кабинете. Вот кому от вас почёт и уважение. Так где, где же те, которые погибали за правду, за революцию? Всех уничтожили! Такие, как вы, уничтожили! Или превратили в подонков!

Всё! Назад дороги уже не было. А впереди зияла пасть небытия. И я шла к ней с ослепшими глазами, даже не понимая этого. Мозг уже слушал только глаза, а они воспринимали уже только его серую форму. Как серое, с чёрным отливом пятно...

— Неправда! Войны и Сталин постарались. Сколько миллионов погибло? Весь цвет нации! Я, например, никого не уничтожал! И никого не превращал в подонка!

Электричка остановилась. Мы машинально вышли на перрон и пошли к выходу вокзала, вовсе позабыв о том, что вход в метро находился совсем рядом. Мы ещё не добили друг друга, не уничтожили, не изошли кровью насмерть.

— Ложь! А Наташка? В кого вы, именно вы! её превратили? В растерзанную половую тряпку! Как ей жить теперь? А? Вы об этом подумали?

— Меньше всего такие, как она, меня интересуют. А кишка тонка — нечего было соваться. Сиди и не рыпайся и сладко жить будешь.

— О! Вам только такие и нравятся, кто не рыпается! Как те шакалики! Чем больше их расплодите, тем легче жить вам будет! Рабов делаете! Вас Ленин создал, чтобы революцию, народ защищать, а вы? Что вы делаете? Как раз наоборот делаете! Кого защищаете? Тех перевёртышей!! Они же вас и сожрут, когда заматереют!

— Не смей так говорить! Я верю, понимаешь? Я верю, что не зря ем свой хлеб!

— Да неужели вы настолько слепы, что в самом деле ничего не видите?!

— Не лезь в чужую веру гря... — он запнулся, — руками!

— Грязными???

— Любые руки, когда лезут в веру, становятся грязными!

— В веру! А не в слепоту!!!

Меня трясло, а у него ходуном ходили желваки, когда он выдавливал последнее:

— Ты... Вы опять нажали на курок.

И ушёл. Ушёл. Не оглядываясь и не замедляя шага...

Нет, не сразу до меня это дошло. Его "вы" добило и отключило рассудок. Первый порыв — броситься за ним, догнать, остановить, вернуть! — был инстинктом самосохранения. Но мгновением позже сознание очнулось и осмыслило случившееся. От первого импульса моё тело потеряло равновесие и пришлось сдвинуть ногу, чтобы не упасть. Сразу после этого оно окаменело.

Я поняла, что никогда за ним не побегу. И никогда ему не позвоню. Если бы я это сделала, то это была бы уже не я. Другая, вовсе не та, которая всего пару часов назад сидела напротив него в электричке и которой он прочитал те строчки из стихотворения. А ему нужна была только та. Никакая другая для него не существовала.

И поняла, что если сдвинусь с этого места... да, я очень боялась сдвинуться с этого места, потому что поняла, что до следующего дня не доживу...

Я стояла, а глаза продолжали следить за ним, как он всё ближе и ближе подходил к горлу метро, не останавливаясь и не оглядываясь. И чтобы не увидеть, как оно его проглотит, жадно и безвозвратно, я отвернулась, подошла к углу ближайшего дома и оперлась на его стену.

И занялась дыханием. Почему-то стало очень трудно дышать. Я никак не могла вдохнуть полной грудью и у меня уже начинало волнами мутиться сознание. Наверное, от нехватки кислорода. И чтобы не упасть, я ещё сильнее вжалась в стену.

Стемнело. И посвежело. Это было приятно. Но я даже не думала двигаться. Боялась. И было очень хорошо так стоять. И ни о чём, ну, ни о чём не думать...

Небытие! Ты — тишина колодца,
Где жизнью бил вдруг умерший родник.
По стенам капли редкие — тень солнца,
Когда-то здесь умывшего свой лик.
Как тут темно! Бесчувственно паряще!
Без веса тело: тяготенья нет!
Лишь в вышине поёт, зовёт маняще
Кусочек неба, как любви завет.

— Девушка, извините, это не моё, конечно дело. Но... Вы здесь уже два часа так стоите. Может, вам плохо? Я тут проходил, к другу шёл, и заметил вас. А сейчас обратно иду, а вы всё стоите. Может, врача вызвать?

Голос шёл издалека, но парень стоял рядом, прямо напротив меня. Очень долго доходил смысл его слов. А когда, наконец, пробился, чётко услышала только цифру — два часа. "Два часа?! Значит, уже почти полночь..."

И вдруг, ударило жёстко, по лицу, наотмашь. "Значит, только 12 часов назад я позвонила ему? Только 11, как мы пели с Иркой частушки? Только шесть, как я встретилась с ним тут, рядом? И... о, Господи! Только 4 часа назад, только 4 часа назад!.." И я громко, животно застонала.

— Девушка, да что с вами?! Подождите, я побегу, вызову скорую.

Это дошло сразу, и я очнулась. Язык плохо ворочался, но смог произнести достаточно внятно.

— Нет-нет. Спасибо. Всё нормально.

Заверение его не убедило.

— Знаете, давайте я вас провожу домой. Поздно уже. Вы где живёте?

И я поняла, что этот парень не отвяжется. Назвала адрес и он, взяв меня под руку, почти насильно оторвал от стены. И тут он сказал странное:

— Со мной тоже такое было. Давно, много лет назад. А как сейчас помню. Давайте я вам расскажу мою историю, а вы просто слушайте меня и всё.

Голос был спокойный, доброжелательный и полон терпения, как у хирурга, разговаривающего с тяжело больным.

— Знаете, я вам наврал, когда сказал, что увидел вас только, когда вы уже стояли у той стены. Нет, я раньше вас заметил. Когда тот мужчина, в форме КГБ, что-то сказал вам и ушёл. А вы остались. Нет, я правда шёл к другу, ну и прямо опешил, когда вас здесь... ведь больше двух часов прошло... ну, вот.

Он заинтересовал меня, и я пригляделась к нему. Высокий, худой, лет 28, одетый в тёмно-зелёную рубашку с длинным рукавом, очкарик. Но глаза --

добрые и... да, счастливые. Я глянула на его правую руку. Он заметил:

— Нет, нет. Я женат. Не думайте, что я хочу за вами приударить. Сейчас расскажу вам мою историю, и вы всё поймёте. Значит так. Мне было 16 лет, и к нам в класс пришла новая девочка. Я сразу, с первого взгляда в неё влюбился. Как пацан, до потери рассудка. Она была такая светлая, воздушная, чистая, прямо искрилась вся! Ну, будто обласканная солнцем. (И я подумала, что он наверняка пишет, или писал стихи). В общем, я просто сошёл с ума. Ну, и почти сразу ей во всём признался. Она очень недоверчиво на меня посмотрела. Долго так смотрела, пристально. А потом сказала, что я тоже ей нравлюсь. И целых два года, целых два года длилось наше полное, невозможное, неописуемое счастье. Да...

И он чуть было не затащил меня в то же горло, в котором исчез он. Нет! Я остановилась, как вкопанная, и попросила зайти в другой вход в метро. Он явно удивился, но ничего не спросил, а просто свернул к вокзалу.

Однако... это тоже оказалось ошибкой. Я старалась, я изо всех сил старалась! Но всё равно не удержалась и посмотрела на паровозик.

Его не было. Там вообще никого не было. И опять вырвался стон. Парень, увлечённый своим рассказом, ничего не услышал.

—Я ушёл в армию, а она обещала ждать. Но уже через 10 месяцев перестал получать от неё письма. Нет, не сразу. Постепенно. Приходили всё реже и реже, а после и вовсе прекратились. Врагу не пожелаю это испытать. Целый месяц в полной неизвестности! Даже больше, 33 дня. До сих пор мурашки по спине бегают, когда вспоминаю. Вот. Потом пришло письмо от мамы. Оказалось, что с моей Асей всё в порядке (я не помню имя девушки, впрочем, как и имя того парня, поэтому назову её первым попавшимся), но что она встречается с каким-то мужчиной. Первой моей реакцией — и я это хорошо помню — была огромная радость, что она была жива и здорова. Вторая — застрелиться. Жизнь сразу потеряла смысл. Зачем же тогда тянуть, думал я, мучиться, страдать? Не лучше ли сразу и всё? Но потом подумал о ней. А вдруг я ей ещё понадоблюсь? Вдруг он её бросит или уже бросил? Или сама разочаруется? Или просто поймёт, что любит и любила только меня? В общем, решил дождаться конца службы и обязательно с ней встретиться. А тогда уж и решать. Вот. Дальше были ещё год и два месяца армии. Знаете, я просто стал хорошим солдатом, без чувств и мыслей. Как робот. Душой был с Асей, а тело продолжало работать, жить, дышать, и даже шутить.

Мы зашли в поезд. Постепенно его история меня заинтересовала — в его судьбе было немало общего с моей. Хотелось узнать, чем же всё закончилось.

—Но всё имеет конец, и я вернулся домой. Прямо с вокзала помчался к Асе. Было уже поздно, так что она наверняка была дома. На мой звонок в дверь долго никто не отвечал. Но ещё прежде, чем зайти в подъезд, я заметил, что у неё горел свет. Скорее ночник, но горел. Наконец, дверь открылась, и я увидел её. Если бы вы знали, чего мне стоило тогда не схватить её в объятия, не прижать к груди и не осыпать поцелуями! Но я сдержался. А она спокойно так, будто мы с ней только вчера расстались, поздоровалась, поздравила с возвращением и попросила зайти на следующий день. Мол, поздно уже. Я просто остолбенел. Никак не верилось, что это она, моя Ася так говорит! Как чужая, как подменили. Не мог я так уйти! Ну, попросился зайти хоть на пару минут, попить чаю, поприветствовать родителей. Но она наотрез отказалась, объясняя, что родителей нет, что они на даче, что приедут только на другой день к вечеру, и что лучше будет, если я тогда и зайду. И не смотрела мне в глаза. И вообще, была какая-то не такая, вовсе не такая, какой я её помнил, даже следа не осталось от солнца! Будто после него она, по ошибке, выкупалась в его тёмной тени. И вот тогда-то и случилось это.

Он замолчал и тяжело вздохнул. Было видно, как трудно ему стало продолжать:

— Сначала я услышал мужской голос, а потом появился и его владелец. Он грубо оттолкнул Асю от двери, и встал на её место. В одних плавках. Да. И сказал мне, чтобы я убирался, и чем, мол, скорее я это сделаю, тем лучше будет для всех. Вот так. До сих пор помню его слова, могу даже процитировать: "Девочка больше не твоя. Была твоя — стала моя. Проиграл и валяй отсюда". Да... В общем, я просто онемел, но всё-таки потребовал, чтобы он позвал Асю, и чтобы она сама мне это повторила. Мужик подумал и согласился, сказав, что он на моём месте поступил бы так же. Ну, и позвал её. Она стала с ним рядом и всё повторила, практически слово в слово. Тихо так, еле слышно. Вот. Я развернулся и ушёл. Что было говорить? Да и о чём? Всё было кончено. Знаете, вышел от неё и как представил себе, что вот сейчас пойду домой, лягу спать, утром стану завтракать, с родителями общаться, на вопросы отвечать, на работу ходить и так — каждый день, представляете? Каждый день одно и тоже! Даже застонал, такой бессмыслицей всё показалось. Такой пустотой повеяло! Ужас.

Он замолчал, расслабляя натянувшиеся нервы, а я молчала. Ждала. Через минуту он продолжил:

— В общем, я пошёл на мост. Ночь была, никого не было. Ну, знаете... я не думал убивать себя, или там самоубийства разные и всё прочее. Просто не хотел больше мучиться. Не мог. А ночью Нева такая чёрная, страшная, прямо пахнет смертью, завораживает... Поздняя осень была. Сыро, мерзко так, холод до костей пробирал. Вот. Ну... в общем, решился... Я только задумался, как лучше, чтобы точно сработало, чтобы не ошибиться. Даже не думал, что так много вариантов окажется. Можно было наклониться и через борт, вниз головой, или перелезть и потом прыгнуть, или залезть... словом, на минуту задержался, варианты обдумывал. И вот тогда-то я и услышал голос. Женский, добрый и спокойный-спокойный. Оглянулся. Молодая такая, стройная. Ну, а говорила она странные вещи. Мол, и с ней такое было, тоже жить не хотела, поэтому и догадалась, что я тут задумал. Так что, врать, мол, не обязательно. Вот. И улыбалась. По-хорошему, по-доброму. В общем, она по мосту ехала, на "Жигулях" своих, и заметила меня. Забеспокоилась и вернулась назад. Вот. Жизнь мне спасла. Да и не только мне.

Я слушала. И всё больше удивлялась его рассказу. Даже шум поезда метро не мешал и не раздражал. Он говорил мне прямо в ухо:

— Ну, сели в её машину, съехали с моста, и я всё ей рассказал. Она не перебивала, слушала внимательно, а потом сказала, что если я и правда люблю Асю, то никогда этого больше не сделаю. Сказала, что должен быть рядом с ней, на любых условиях, ну, там, другом, знакомым, просто никем, но должен всегда надеяться и верить. Если люблю её. Вот. Хоть всю жизнь ждать, но не отрекаться. Никогда. Тогда, мол, это и есть любовь. А если я с ней не согласен, то это — только больной эгоизм, и тогда она готова хоть сейчас вернуть меня на мост.

И я подумала, что эта женщина имела в виду любовь третьей степени. И глухо-тяжело ударило изнутри по грудной клетке...

Поезд доехал. Мы вышли из метро и некоторое время прошагали молча, медленно приближаясь к общаге. Было необычно тихо и безлюдно. Но домой не хотелось. Очень. Опять зашевелился страх. Но парень снова меня отвлёк — он не давал мне побыть наедине с собой.

— Я даже имени её не знаю, не спросил. И больше никогда не видел. Даже её собственную историю не выспросил. Весь в себе был, в своём. В общем, на следующий день вечером пошёл к Асе. Были родители, попили чаю, поболтали, а потом, когда Ася вышла меня проводить, сказал ей, что всегда был, есть и буду её другом, и что она всегда и во всём сможет на меня рассчитывать. Знаете, как она расцвела? Прямо, как снова в солнце окунулась. Вот. А потом... Потом были годы кошмара. Он издевался над ней, она приходила ко мне, плакала, я успокаивал ее, как мог, и очень хотел набить ему морду. Очень хотел, но боялся потерять Асю. Она слово с меня взяла, что никогда не встряну в их отношения. Да. Однажды прибежала вся цветущая, счастливая, ну, прямо как тогда в школе, когда бежала ко мне в объятия. И я сразу понял, что потерял её навсегда. И знаете, если уж совсем честно, то опять про мост подумал. На одну секунду, но подумал. До сих пор стыдно. Вот. Ну, и не ошибся, сообщила, что замуж выходит. Он предложение сделал. Я даже поздравил её, словом не упрекнул, но сказал, что всё это мне не нравится. Очень не нравится. И что всё равно ждать её буду. Всегда. Вот. Она такая грустная стала. Жалела меня, что ли? Словом, потом даже на свадьбу сходил. Танцевал, шутил, тосты говорил, а такое чувство было, что на собственных похоронах гуляю.

Он опять замолчал. Пока он рассказывал, мы уже подошли к общежитию. Тогда он предложил пройтись по той самой перерытой улочке, по которой мы гуляли с Олькой и с Кокошкиным. Минимум десять лет прошло с тех пор...

— Мы по-прежнему встречались. Она приходила ко мне, когда ей было плохо. А плохо ей было часто. Очень даже часто. Она похудела и как-то посерела. Однажды призналась, что беременна, и что муж её нередко не ночует дома. И вот тогда-то я не выдержал. Сорвался. Сказал, что вообще перестал её понимать, что жизнь её — это сплошное рабство, что так нельзя, что у неё не осталось ни одной капли человеческого достоинства, и что если она о себе не думает, так хоть о ребёнке должна подумать и т.д. и т.п. Она смотрела на меня округлившимися большими глазами, не перебивала, не возражала, а когда я закончил, сказала, что ошибалась, думая, что понимаю её. И пошла к двери. Я побежал за ней, поймал, потребовал, чтобы она объяснилась. Ну, тогда она и сказала, что любит его. Так, как никогда и никого не любила. Вот. Я остолбенел, но руку её не выпустил. Потом пришёл в себя и сказал, что никакая любовь не выдержит унижения и плевков в душу.

Ибо тогда она будет уже не любовь, а болезнь. И когда она захочет не только любить, но и быть любимой, пусть вспомнит обо мне. И отпустил её. Она ушла. Больше не приходила. А я ждал, всё равно ждал. Вот. А через 3 месяца мне позвонила её мама и сказала, что Ася попала в больницу — выкидыш. И всё, ни слова больше. Бежал, как сумасшедший. В общем, уже от Аси всё узнал. Она с работы вернулась раньше, чувствовала себя неважно. Она вообще всю беременность плохо переносила, часто на сохранении лежала. Ну, а дома застала своего мужа с женщиной, и прямо, так сказать, в действии. Истерика у неё была... Вот. Ребёнка не спасли, а она выздоровела. Потом развелась. Но ко мне пришла только через год. Потом уже сказала, что прежде, чем прийти, очиститься хотела. Душу отмыть. Полностью. А теперь у нас сын растёт. Такой карапуз! И нет нас счастливее во всём мире. Вот.

Потрясение его рассказом меня онемило. Я никак не могла заговорить. Пережёвывала его, пережёвывала, как жвачку... Было что-то огромное, непомерно объёмное в его простых словах, и оно никак не хотело вместиться в мой мозг.

Наконец, уже подойдя к общаге, я задала ему вопрос. И его ответ поразил меня больше, чем весь его рассказ.

— Не понимаю. Ведь если вы любили её, то, как же вы могли ей всё прощать?

Помню его взгляд. Как на фото. Взгляд человека, пережившего и перестрадавшего достаточно, чтобы познать истину. Она одарила его своим посещением, и он смотрел на меня с какой-то смесью жалости, сочувствия и высоты обладания мудростью. Словно колебался: ответить или нет. Ибо ему она досталась кровью, а мне он должен был её подарить.

И ещё. Он знал, что истина, преподнесённая на чужих ладонях, никогда и никем не будет ни понята, ни принята сразу. Но знал и другое. Раз полученная, она застрянет в памяти навсегда и если возникнет в ней нужда, обязательно будет востребована и обязательно поможет. Ибо каждая истина — это кусочек мозаики жизни.

И он ответил:

— Мужчина, если любит, прощает всё.

И улыбнулся, увидев моё вытянувшееся от изумления лицо.

—Вот и всё. Я передал вам эстафету. Это были последние слова, которые мне сказала та женщина. А теперь я сказал их вам.

И, уже уходя, повторил, твёрдо глядя мне прямо в глаза:

—Запомните: мужчина, если любит, прощает всё. А если он... — парень чуть задержался на последнем слове, — вас не любит, то зачем он вам?

И тогда вопль тонущего, уже полуутопленника, последний раз чудом вынырнувшего на поверхность, заставил его остановиться.

— Даже если в него стреляют?

Мягкий взгляд взрослого и сильного на юное, беззащитное в своём отчаянии:

— Всё!

Махнул рукой и ушёл. Я никогда больше его не видела.

Лишь дома, я почувствовала усталость. Нет, не физическую. За 12 часов мой звездолёт пролетел 12 жизней и вдруг резко остановился, в невесомости, без ориентиров, среди холодных чужих звёзд. Изнасилованное сердце, порванные нервы и потрескавшееся сознание просто отключились, будто у них повыбивало пробки.

Было тихо и душно. Ирка спала. Казалось, весь мир заснул беспробудным, гипнозным сном, и даже рассвет не сможет победить это всеобщее, страшное небытиё.

20

Утро было солнечным и звонким. Впрочем, звон производила Ирка — готовила завтрак. Но солнце было настоящим. Я открыла глаза и мгновенно зажмурилась — ждала удара памяти. Но... его не последовало. Вернее, что-то лениво взрябило душу, слабо и глухо, как последний отголосок уже отбушевавшей и умершей грозы. И сразу исчезло.

Я окончательно проснулась и внимательно пригляделась к своему озеру. Но к моему неописуемому изумлению, там господствовали тишина и покой. Как в склепе.

"Неужели всё прошло? Неужели всё кончилось?" — я боялась радоваться освобождению. Вновь и вновь заглядывала в свою душу, чутко прислушиваясь, но там было темно и пусто, словно за одну ночь кто-то добросовестно её выпотрошил.

Осмелев, для последней генеральной проверки, я позволила себе вспомнить вчерашнюю поляну. Но это оказалось ошибкой: удар был настолько сильный, настолько глубокий, что я опять, на целое бесконечное мгновение, не захотела жить — жизнь показалась бездонной пропастью бессмыслицы. Я испугалась и мгновенно выключила память. Но зато чётко усвоила правила игры: если хочешь легко дышать — ни в коем случае не вспоминать! Ни в коем случае!

Ну, а это было легко и просто. Наоборот, это чтобы вспомнить, мне пришлось сделать усилие! Кроме того, появилась непоколебимая уверенность, что за одну эту ночь прошло как минимум, несколько лет. Значит, достаточно было просто раслабиться, чтобы спокойно радоваться солнцу! Вновь радоваться жизни! Какая прелесть! И я легко вскочила с кровати.

— Ирка, а когда завтра выезжаем?

— Рано утром, автобусами.

Как здорово! Стройотряд! И я побежала в умывалку. Изо всех окон солнце поздравляло меня с новым утром. Было многообещающе легко и спокойно на сердце. Я умылась и бегом вернулась домой. Ирка уже сидела за столом, и мы приступили к чаепитию. Она странно на меня посматривала, будто хотела что-то спросить, но не решалась. А я, не унимаясь, продолжала её тормошить:

— А что мы будем строить?

— По-моему, жилые дома. Ну, девчонки конечно, на побегушках, на уборке территории и на кухне, а парни будут помогать строителям.

— Не хочу на побегушках. А тем более — на кухню, к кастрюлям. Хочу на стройку!

— Попробуй! Только не понимаю, зачем тебе потеть и жариться под солнцем. Стройка -- это тебе не картошка. Там вкалывать надо, по-настоящему!

— Всё равно бабскими делами заниматься не хочу и не буду. Унизительно!

Ирка только пожала плечами. Она уже достаточно хорошо меня знала, чтобы перестать удивляться таким мелочам. И задала тот вопрос, который я прочитала в её глазах ещё в самом начале завтрака:

— Ну, чего молчишь? Как прошла вчерашняя встреча? Ждала тебя почти до полуночи, но так и не дождалась. Говори!

Резануло слово "вчерашняя". Нет, всё-таки прошло много месяцев, если не лет. Говорить о таком далёком прошлом вовсе не хотелось, и я отвязалась несколькими дежурными словами, которые употребляются в тех случаях, когда не хочешь отвечать на заданный вопрос:

— Да всё нормально. Потом расскажу.

И надо сразу заговорить о другом. Тогда любой человек поймёт твоё нежелание говорить на поднятую тему и оставит тебя в покое, если, конечно, он не полный идиот. А Ирка была умной и очень проницательной подругой.

— Сегодня Кокошкин должен прийти. Помнишь? Давай в кино сходим, все втроём. Сейчас соберёмся, уложим чемоданы, и тогда вечер будет свободным. А?

Она внимательно, очень внимательно посмотрела мне в глаза и оставила меня в покое. А насчёт кино возражений не было, и мы стали собирать чемоданы. Только к обеду я спустилась на вахту за почтой и с радостью увидела твоё письмо. Надо же, ещё один день, и оно бы меня не застало. Повезло!

По мере того, как я его читала, медленно поднимаясь по лестнице, настроение резко падало. Первой плохой новостью (но тогда я ещё не понимала, насколько она была плохой), было то, что твой отец категорически отказался перевести тебя в Ленинград. В памяти всплыли его слова, когда он очень серьёзно заметил, насколько важно было добиться твоего перевода ко мне. А вторую новость я даже сразу и не поняла. Ты писала: "Скоро каникулы, все разъедутся по домам, а где мой дом?" И только прочитав всё письмо, заглядывая между строк, вчитываясь в отдельные слова и расшифровывая намёки, смогла, наконец, понять, что твой отец ушёл к другой женщине. Но самое мерзкое было то, что он уже несколько лет с ней встречался, скрываясь и изворачиваясь. Твой Бог оказался банальным, погрязшим по уши во лжи слабаком. И трусом — он даже из дому-то ушёл, когда ни тебя, ни твоего брата не было. Так спокойнее, без лишних сцен и объяснений. Но собой, я уверена, он был доволен — ведь дождался же, пока дети вырастут, разлетятся из гнезда и станут меньше зависеть от домашнего очага! Не оставил их малолетними подростками! Да...

Не думай, что тогда же пришло и понимание всей глубины и размера нанесённой тебе раны этим предательством. Нет, хотя я и смогла увидеть получившуюся картину: мать, в упор не признаваемая, оказалась жертвой, а жертва, принимаемая тобой за саму святость — хищником, одетым в шкуру благородного оленя. Если сюда прибавить ещё и полное, космических расстояний одиночество... Да...

Но, повторяю, всё это было понято и разложено по чётким полочкам, но... не прочувствовано. Искренне расстроилась, но... Сейчас думаю, что я просто не способна была тогда что-либо чувствовать. Вернее, только до определённого предела, до определённой глубины — сугубо столько, чтобы отличаться от робота...

Вернувшись в комнату, я дала прочитать письмо Ирке, и мы сошлись во мнении, что надо сразу же тебе ответить, поддержать и успокоить. Легко сказать! Я села за стол и начала. Писала долго, задумываясь над каждым словом, пытаясь объять то, что мне было не по плечам. Только о себе я ничего не написала. Вернее, рассказала и о Серёжках, и о Валерке, и о саженцах, и о сессии. Обо всём, что меня вовсе не касалось — вспоминать было категорически запрещено. Да и не было сил залезать в память.

Прервалась только на обед, но потом опять продолжила. Помню, что в итоге получился целый роман. Но на душе стало легче. Показалось, что я сделала всё, что могла. Запечатала конверт и сразу же отправила.

А вечером вихрем влетел Кокошкин и как бешеный, прямо с порога, налетел на меня:

— Быстрее! Бегом! Опаздываем! Достал два лишних билета! На первую рок-оперу в Советском Союзе! Орфей и Эвридика! Премьера! Собирайся, говорю!

Когда в маленькую комнату влетает ураган, он мгновенно переворачивает в ней всё вверх дном. Поэтому уже через три минуты мы бегом бежали к метро. Ирка осталась в общаге не солоно хлебавши.

Мы опоздали, но всего минут на 15. Может ещё и поэтому впечатление от музыки оказалось таким сильным? Волшебный, неземной голос Орфея слышен был издалека. И по мере приближения, он всё уверенней овладевал пространством, миром, землёй. Чтобы, в конце концов, в абсолютно тёмном зале стать полновластным хозяином покорённого сознания, сердца, всего твоего я.

"Это мой голос покоряет сердца!", — пел Орфей и сердце полностью с ним соглашалось. Ничего подобного я никогда не слышала. Мягкий, потусторонний голос подчинял, гипнотизировал, хотелось встать и идти за ним. А его главная ария легко пробила даже всю коросту боли, только что покрывшую кровавую рану потери...

Не срывай его, золотой цветок,
Где росы непорочная капля.
Ты опустись на траву
И сквозь хрусталик росы посмотри на мир,

Посмотри на Солнце!
В этой капле росы тает радуга.
В этой капле росы тайна радости.
В этой маленькой капельке росы —
Озеро, целое озеро нашей любви!

И опять я была на той поляне, опять его окаменелое, стянутое усилием воли лицо стояло перед глазами, опять его губы терзали и рвали моё сердце, и опять переполненное мукой озеро пролилось наружу живым, человеческим родником.

В зале было темно. Кокошкин, как и все остальные, был прикован цепями магии к сцене. А слова оперы били, не щадя, наотмашь, плёткой по лицу...

Ты сам певец!
Ты сам пришёл на рынок!
Пришёл и бросил сердце на весы!
А рынок этот требует новинок
От самой чистой утренней росы!

Крик сердца слился с кристаллами водопада музыки: "А он не потребовал, он оставил чистую росу нетронутой, не бросил на весы сердце, а я? Что сделала я?! О, Господи! Ну, за что мне всё это? За что?! И как он мог так уйти?! Даже не оглянуться! Даже не оглянулся!"

Выжатая, измочаленная безответными "за что?", потрясённая и испуганная глубиной своего отчаяния, ужасом безысходности, беспросветности завтрашнего дня, я молча вышла из театра.

И не знала, что это был последний всплеск жизни моего сердца, прежде чем оно прочно и надолго не превратилось в холодный и бесчувственный осколок льда...

— Понравилось?

Мой ответ был неожиданным даже для меня:

— Поцелуй меня.

По-моему, Кокошкин даже споткнулся. Остановился и вгляделся в мои глаза:

— Ты плакала?

— Поцелуй меня!

Больше вопросов не было. Его губы, тёплые и влажные, коснулись моих, холодных и сухих. Но... пустыня не зацвела. Тогда я обняла его за шею и вжалась в него. Он вздрогнул всем телом и до хруста в костях прижал меня к груди. Его губы не отрывались и пили из меня пустоту. Я не сопротивлялась. Но подумала, что, наверное, уже хватит. Наконец, он отстранился и выплеснул на меня целый фонтан чувств:

— Я люблю тебя. Никогда даже не представлял, что так можно любить. Уже и не надеялся, думал, что я для тебя только друг. А ты... какой я счастливый! Ты даже не представляешь, какой я теперь счастливый! Ты всё для меня, всё! Понимаешь?

Он дышал прерывисто, как после стометровки, а глаза освещали окружающую нас летнюю ночь. И я удивилась, как мне стало спокойно.

— Знаю, — тихо ответила я. — Мне хорошо с тобой. Пойдём.

Серёжа обнял мои плечи, и мы медленно пошли к метро.

— Я приеду к тебе в стройотряд. В эту же субботу. Просто не смогу без тебя. Даже не представляю, как проживу целых пять дней до встречи. Знаешь, я устроился работать на завод, а то бы поехал прямо с вами.

Я вспомнила о своём вчерашнем (вчерашнем?!) разговоре с Серёгой №2 и забеспокоилась:

— Что тебе рассказал Серёжа?

Кокошкин обмяк, как мяч, из которого выпустили воздух:

— Он любит тебя. Сказал, что ты ничего к нему не испытываешь, кроме дружеских чувств, и что ему не на что надеяться. Мне очень жаль его. Он мой лучший друг. Знаешь, он даже порвал и выбросил свои письма к своей "экс". Хоть что-то хорошее получилось из этой истории, и за это я тебе очень благодарен. Знаешь, если бы я был влюблён в тебя чуть поменьше, то не оказался бы таким слепцом и вовремя бы вмешался, прервал ваши встречи. А теперь...

Значит, Серёга N2 сдержал слово. Неожиданно от этого стало приятно. Но прислушиваться к себе у меня уже не было ни малейшего желания.

У входа в общагу Кокошкин опять поцеловал меня долгим, горячим поцелуем, и я вновь подумала, что его ласки слишком длинные, чуть ли не бесконечные. Тогда же поймала и новую, очень удивившую и заинтересовавшую меня мысль: "Интересно, а как целуется №2?"

Ирка уже спала. Настоящая соня. Я разделась и с наслаждением вытянулась на кровати. Впереди был стройотряд, а это означало: гитары, костры, солнце, загар, куча новых ребят и девчонок для знакомства и... Да, аж руки зачесались от нетерпения, так захотелось побыстрее приступить к изучению и разборке такого большого человеческого материала. "Не это ли и есть настоящая прелесть?" — последняя мысль, прежде чем провалиться в здоровый и спокойный сон.

Рано утром мы вскочили, выпили чай и пошли на сборный пункт. Там уже собралось много ребят и, замерев в ожидании, стояли два автобуса. Предотъездная суматоха, песни, звуки гитар и смех поднимали и без того высокий уровень адреналина в крови. Мы изнывали от нетерпения. Наконец, раздалась долгожданная команда: "По автобусам! " и мы поехали за романтикой.

Уже к обеду автобусы доехали до цели. Место, где нас высадили, было на отшибе небольшого, приятного посёлка. Групкой, как крупные опята, стояли красивые, свежевыкрашенные деревянные домики. Почему-то они назывались финскими. Сразу догадалась, что на все эти два восхитительных летних месяца они будут нашим домом. И это было тоже здорово!

Метрах в пятистах виднелись головы высотных кранов и тосковали непокрытые крыши недостроенных домов. Чуть в стороне от нашего лагеря стоял небольшой вагончик, где разместилась походная кухня и столовая. Всё место было в плотной тени высоких деревьев, которые росли так, будто никакого человеческого вмешательства в их царство не было. Пахло лесом, грибами, влагой и раздольем юношеской свободы.

Я глубоко, блаженно вдохнула эликсир лета и побежала занимать место в одном из этих симпатичных домиков. Оказалось, что все они были трёхкомнатные. Расположение спален было крестом — налево, прямо и справа, по четыре кровати в каждой. Туалет находился в конце коридора, с душем, но вода была без обогрева, а это означало, что нас приглашали вынужденно закаляться. Впрочем, никто никого не заставлял, можно было и подождать возвращения в Ленинград. Но отсутствие горячей воды никого не расстроило. Стояла страшная, душная жара, как в парилке. Так что холодный душ — было то, что надо. Кроме того, пацаны уже разведали, что прямо при входе на стройку находился небольшой водоём, питаемый подземным источником. Значит, можно было искупаться и в нём, коль душа пожелает. Вода в пруде была чистой и прозрачной, как стекло.

Нам с Иркой повезло — сумели захватить места в одной комнате, той, что была справа от входа. Она устроилась у окна, а я — напротив неё, вдоль внутренней стены. Так как столовая не вмещала всех сразу, обедать мы должны были в две смены. Наш домик был зачислен в первую, поэтому нам дали только полчаса на устройство, прежде чем поторопиться в столовую.

Почти весь остаток дня мы посвятили обследованию окрестностей лагеря. Нашли место и для костра, за спиной последнего домика, через поле, практически в глухом лесу. Это было не только таинственно, но и практично — близость топлива. В тот же вечер решили зажечь первый костёр, непримиримого врага сна и лежебок. Володя Валов, тот самый, который когда-то научил меня играть на гитаре, гордо сообщил, что приготовил много новых песен. И это было тоже здорово!

Пока расчищали место для костра, один парень обратил на себя моё внимание. Я никогда его не видела раньше, хотя, как позже выяснилось, он учился со мной на одном потоке. Это был высокий, стройный и светлый юноша, с карими большими глазами, красивыми руками пианиста но, к сожалению, с очень тонкими, маленькими губами. В общем, он был красив, но какой-то не мужской, девичьей красотой. Впечатление это усиливалось его волосами, волнистыми и длинными, и манерой поведения, очень скромной, и скорее даже стеснительной.

Впрочем, он казался и слишком воспитанным. Пока я работала, попадая мне под ноги, он тут же извинялся, и вежливо предлагал помощь, если бревно, которое я оттаскивала или подтаскивала, было большим и тяжёлым. Когда мы закончили, я подошла к нему и спросила у него кто он и как его зовут.

— А вот я тебя знаю. И имя твоё, и фамилию. Ты ведь, знаменитость, — он даже слегка покраснел, а мне стало смешно. — Меня Сашей зовут, фамилия Беликов, на одном потоке с тобой учимся, — он помолчал и почему-то добавил, — я ленинградец.

И странно посмотрел на меня, словно ожидая какой-то определённой реакции. Ну, будто в том, что он только что сообщил, было намного больше, чем я услышала.

— Приятно познакомиться. Придёшь на костёр?

— А ты?

— Что за вопрос, конечно!

— Тогда и я приду. Ты будешь сегодня петь?

— А ты и это про меня знаешь?

— А я слышал тебя, когда к другу в общагу заходил. Ты как раз пела. Сидела на подоконнике. Я просто остолбенел. Никогда такого не слышал.

Стало приятно, но ровно настолько, насколько это бывает человеку, уже давно привыкшему к всеобщему восторгу.

Мы разошлись, и я отправилась на поиски Ирки. Она была возле кухни и о чём-то говорила с Вовкой

Валовым. Как оказалось, они гадали, какую работу нам завтра поручат.

— Вовк, а не всё ли равно? Завтра всё и скажут. И потом, главное, чтобы нам не запретили разводить костры. Всё остальное — чепуха!

Мы ещё поболтали о ни о чём, и вдруг Ирка сообщила интересную новость:

— Говорят, что хотят организовать агитбригаду, ну, как передвижной ансамбль, чтобы ездить по соседним совхозам с концертами. Кто запишется, будет даже освобождаться от работы для репетиций, ну и, конечно, для поездок с выступлениями.

— Вот это здорово! — воскликнула я. — Записываюсь сразу! Куда надо пойти?

— Да туда, в тот вагончик, видишь? — Ирка ткнула пальцем в сторону стройки.

Посмотрев в указанном направлении, я увидела зелёный вагон без колёс. Вместо них были подставлены кирпичи и брёвна, очень смахивавшие на оригинальные ходули.

— Там разместилось всё наше начальство. Справа от нас у них контора, а слева — жилое помещение. Поняла?

Через минуту я уже стучалась в дверь конторы. Услышав "да!", вошла. Это была маленькая комнатка. Большой стол, почти во всю её ширину, был завален бумагами. Несколько обшарпанных стульев стояли вдоль стен. Потёртый линолиум покрывал пол, а на стенах висели жалкие, поблёкшие от времени репродукции картин.

Я скривилась. Терпеть не могла подделку. Никогда. Всегда считала, что даже рисунок пятилетнего ребёнка лучше, чем репродукция или копия знаменитого художника. Складывалось впечатление, будто вывесили на стену синицу, раз приобрести журавля оказалось не по зубам.

Ленка, ты не думаешь, что у кого дома на стенах висят подделки знаменитостей, наверняка изменяют или готовы к измене?

Нет! Лучше уж ничего, чем подобие. Точно.

За столом сидел мужчина средних лет, очень смуглый, — или уже загорелый? — плотного спортивного телосложения, с чёрными, давно не стриженными волосами, в белой с короткими рукавами рубашке, и что-то писал крупной волосатой рукой. Когда я вошла, он поднял голову и сказал:

— Я тоже не люблю фальшивку. Но это — не мой кабинет, так что, приходится мириться. Ладно, давайте знакомиться. Я — Семёнов Степан Васильевич, начальник стройотряда. А вас, как прикажете?

Он удивил меня этим замечанием, сильно удивил и, наверное, поэтому я и запомнила его уже тогда. Представилась, улыбнулась самой своей обворожительной улыбкой и рассказала цель визита.

— Никаких возражений. На этот момент записалось только трое парней. А что вы умеете делать?

Я рассказала, не забыв упомянуть восторги ребят.

— Сама пишу и музыку, и стихи. Но предпочитаю стихи настоящих поэтов.

В его глазах мелькнул интерес. По-моему, он меня увидел именно тогда.

— Каких?

—Цветаевой, Пушкина, Есенина, ну, и моих подруг тоже. А могу и сеанс одновременной игры по шахматам провести со всеми желающими. У меня первый взрослый, только что подтверждённый.

Теперь он уже не спускал с меня глаз. А я была счастлива, так как больше не было сомнений, что не получу отказа и на следующую мою просьбу.

— Вот вы какая! Прямо самородок!

Он улыбнулся, и я сразу же воспользовалась благоприятным моментом:

— А можно, я буду работать на стройке, а не на бабских работах?

Теперь он уже смотрел на меня с нескрываемым любопытством и изумлением:

— Так это же тяжёлая, грязная работа! Вы хорошо подумали?

—Не буду я сковородки драить, тарелки мыть, чистить картошку и махать веником! Лучше уж обливаться потом, но на стройке! И потом, у нас — равноправие!

И он расхохотался. Весело и от души. Я даже не смогла на него обидеться.

— Хорошо. Выбирайте сами. Какая работа вам понравится, такую и берите. Договорились? Нет, такого я ещё не видел!

Победа! И я побежала к Ирке рассказать о случившемся. Когда я ворвалась в нашу комнату, она строчила письмо Денису. Но я не дала ей писать. Закрыла руками листок и заставила себя выслушать, иначе просто не отстала бы.

— Ирка, этот Семёнов в меня влюбился. Точно!

— Да брось ты чепуху молоть!

— А вот увидишь! Спорим, что если я приглашу его к костру, то он придёт?

— Во-первых, не придёт, а во-вторых, даже если и придёт, то только помешает.

— Ты просто боишься проиграть! И вообще, если захочу, то любого парня в себя влюблю! Давай поспорим, а то так неинтересно. Ну, выбери сама кого-нибудь и дай мне неделю срока.

— Ты просто сдурела. И отстань от меня, я письмо пишу.

Стало скучно. Кем бы заняться? И я вспомнила про Сашку. Вышла на улицу и пошла его искать. Нашла его возле того самого родникового озерца. Он был с какими-то ребятами. Когда подошла, они обсуждали температуру воды.

— Градусов восемь, не больше, — сказал один из них, маленький и щупленький очкарик.

— Нет, думаю, ещё меньше, градусов шесть, — это уже сказал Саша.

Увидев меня, расцвёл. Тогда я ехидно произнесла:

— Слабо искупаться?

Все замолчали и посмотрели на Сашу. Ему некуда было деваться. Я наслаждалась, заранее уверенная, что он начнёт выкручиваться и искать предлог ответеться. Но он колебался только несколько секунд. И решительно бросив нам, что скоро вернётся, только сбегает надеть плавки, исчез.

Я удивилась, но всё равно не очень-то поверила, что он решится сигануть в этот пруд. На всякий случай, подошла к воде и опустила туда руку. И сразу отдёрнула — логово льда. "Нет. Не решится. Это было бы настоящее самоубийство." И услышала топот ног за спиной.

— А вот и я. Смотрите и восхищайтесь, — Сашка разделся и прыгнул.

Пруд был диаметром метров шесть. С нашей стороны выбраться из воды было невозможно — берег был слишком высоко над водной поверхностью. Ему неминуемо надо было переплыть на другую сторону. Он вынырнул, вдохнул и... пошёл ко дну. Мгновением позже все трое ребят были в воде. Поймали его и вытащили на берег.

Всё произошло так быстро, что никто даже испугаться не успел, а Саша захлебнуться. Он откашлялся и принялся извиняющимся голосом объяснять, как сам не понял, что с ним случилось. Парни матюгались по-страшному, но единогласно решили не раскрывать рта, иначе — всем не сдобровать. И очень плохо на меня смотрели. Я пожала плечами и, подумав, что все они полные идиоты, пошла домой.

А по пути приняла твёрдое решение обязательно искупаться в том пруду. Причём так, чтобы все это видели. Особенно они.

Лагерь словно вымер. Я лениво побродила по нему, как по останкам безжизненного города. Нет, даже Ирки нигде не было. Близился вечер, но солнце не отпускало. Никогда не думала, что летом в Ленинграде может стоять такая жара. Говорили, что всему виной -- большая влажность. Может быть, но духота была, как в перепаренной бане. Наверное, всё живое, просто попряталось. А лес манил. Хотелось тенистой прохлады и менее спрессованного воздуха. И я направилась в чащу.

Углубившись в неё, меня обняла особая, такая, какая бывает только в летнем лесу, тишина. И таинственность. Здесь человек кажется чем-то слабым, временным и непрошенным. Словом, чужаком. Быстро вечерело, и это впечатление усиливалось. До жути. Тогда я повернула назад, и через минуту в просвете деревьев заметила лесную полянку. Маленькую, залитую розовыми лучами уходящего солнца.

И что-то тёмно-глухое эхнуло в груди. И стихло. Но я даже не успела понять, что же это такое было, как сразу заметила двоих. Вернее, -- сначала парня, его голую спину и чёрный затылок, а затем и его ноги в синих джинсах, полуутопленные в высокой траве. Только потом я догадалась, что под ним лежала девушка, и они целовались.

Не хочется признаваться, но я стала подглядывать. Было очень любопытно узнать, кто они такие. Осторожно обошла лесом поляну, так, чтобы увидеть парня в лицо. И удивилась, узнав в нём одного из спасателей Сашки.

"Какой быстрый! Только что искупался, вылез мокрый, как петух, а уже успел подхватить девицу и завалиться с ней на поляночке. Неплохо, неплохо!" — подумала я и тут же чуть не подпрыгнула от радости. "Ура! теперь я знаю, кем займусь. Он будет первым! " Довольная тем, что теперь мне не будет скучно, я вернулась в лагерь.

А там первая смена уже ползла на ужин. В столовой я нашла Ирку. Оказывается, она тоже гуляла по лесу, но не одна, а с Валовым. Поскольку мы были не одни, лишь по дороге домой, я смогла удовлетворить своё любопытство:

— Тебе что? Нравится Валов?

— Он хороший парень. С ним весело. Мы просто друзья.

— Точно?

— Да брось, ты! Ты же знаешь! Для меня существует только Денис!

Внимательно поглядев ей в глаза, я убедилась в её искренности. И стало неинтересно. Тогда я рассказала ей и про случай на пруду, и про тех двоих на поляне, и про моё решение заняться тем парнем.

— Давай поспорим! Ну, что тебе стоит? А то так не интересно!

— Ты в своём уме, Тайка? Во-первых, у тебя ничего не получится. Я знаю, о ком ты говоришь. Они учатся на параллельном потоке. Он — Алексей, а его девушку зовут Нина. Она в нашем домике живёт. Они уже давно встречаются. И очень друг друга любят. Нинка вообще только им и живёт. Все об этом знают.

— Тем более! У тебя больше шансов выиграть! А мне теперь ещё интереснее стало. Посмотрим, какая там у них любовь!

— А во-вторых, я не понимаю, зачем тебе это надо? Мало тебе было Сашки?

— Ну и ладно. Не хочешь, не надо. Всё равно им займусь. Ещё увидишь, как эта краля рыдать будет! Любовь у них! Ха-ха, увидим!

И вдруг, Ирка согласилась:

— Хорошо. Поспорю, но только для того, чтобы тебе нос утереть!

Мы пожали друг другу руки, и вошли в домик. Я попросила Ирку показать ту девицу — противницу, с которой мне предстояло сыграть партию. Помню, что Лепова мне её даже представила, в тот же вечер, ещё до костра. Но убей, саму Нину я не помню. Осталось в памяти что-то серенькое и безличное — она была прозрачной.

Костёр — это всегда встреча с прошлым. С тем дальнего-далека прошлым, когда мы были истинными детьми природы. Её частью. Такими, какими она нас и создала. Может быть, это — генная память? Ведь сколько сотен тысячелетий люди жили с пламенем рука об руку! Оно служило им защитником, убийцей и поваром. И... было прямой тропинкой к Всевышнему. Ему поклонялись, его кормили кровью, у него вымаливали помощь и заступничество, им защищались, и им же убивали. Но у него же и просто сидели, сплотившись тесной взаимной порукой, дававшей шанс выжить.

Так почему же до сих пор, когда горит костёр, глаза людей устремлены на него, как загипнотизированные? Почему? Мост через тысячелетия? Или притягивает тайна, которую так никто и не может постичь? О! Все знают и про химические реакции, и про восстановления с окислениями и т.д.. Но тайна всё равно остаётся тайной — пламя продолжает быть чудом, подаренным нам Прометеем.

Да и как осмыслить Вечность, с которой огонь в прямом родстве? Ведь гори он даже миллионы лет, не затухая, всё равно никогда не повторит самого себя, то есть, однажды уже созданную им форму. Никогда! Вечная неповторимость Вечности.

Говорят, огонь очищает всё и вся. Чем? Прикосновением, пусть даже только интуитивным и неосознанным, к основам мироздания? К преходящести всего земного и вечности Вселенной? Пониманием тщетности и бессмысленности людских потуг доказать, что человек — царь природы? И пусть лишь только на миг, но мир и тишина начинает покрывать, как вуалью, твоё озеро, и в него заглядывает Вселенная, одаривая тебя волной вечной любви и храмного всепрощения?

Обрати внимание: когда вокруг шумит лес, как само дыхание природы, когда солнце ушло, чтобы не мешать ночи — владыке тайн и чудес, — когда только появляются первые, ещё робкие и слабые намётки огненной дороги к истинам мира, как замолкают голоса, замирают движения, и на несколько минут воцаряется возле костра власть души Космоса...

Но очарование не длится долго. Наносное, покрывающее нас, как скафандр, встряхивается, расправляет плечи, сбрасывает с себя невидимые лучи, и мы оживаем: восстанавливается речь, появляется смех, и все снова становятся только людьми. И чем старше мы по возрасту, тем толще и крепче эта кора наноса, и тем труднее этим лучам пробить в них форточку и протянуть ниточку к пониманию смысла бытия.

Но всё равно, пока горит пламя, Вселенная продолжает присутствовать, пусть невидимая и отодвинутая в сторону. Иначе, почему глаза остаются прикованными к огню и почему находят отклик в душах только разговоры и песни, повествующие о любви, дружбе, боли потерь, предательств и разлук? Словом, о жизни сердца?

Так зачем же сопротивляться? Отдайся власти пламени. Оно очистит и омоет твою душу и ты поймёшь и постигнешь Вечность.

Огонь зажёгся сразу. Ветки и поленья были настолько сухими, что им оказалось достаточно лишь показать спички, чтобы они дружно и весело затрещали. Ребят собралось много, поэтому пришлось рассесться далеко от костра, чтобы всем хватило места. Тихая летняя ночь убаюкивала и ласкала настрадавшиеся от жары и духоты юные тела. Слева от меня сидела Ирка, напротив — Алексей, в обнимку с Ниной, а справа, касаясь плечом, Сашка.

Как всегда, в первые минуты после появления пламени, все молчали и завороженно смотрели на огонь. Я тоже. Но слиться с ним не успела. Видимо, мой скафандр был уже настолько толст и прочен, что для этого нужно было значительно больше времени. Валов взял гитару и запел новую песню. Ту, которая потом стала твоей любимой.

Приведу её полностью. Ибо именно её, давясь слезами, я пела возле морга, ожидая, когда поднимут из подземелья твоё тело...

Хочешь, не хочешь,
Будешь ты со мной.
Это предназначено судьбой.
Нет, не хочу я, чтоб мы разошлись!
Говорю: "люблю", а ты молчишь.

Перестань же хмуриться,
Улыбнись в ответ,
Мне б твою улыбку —
И горя больше нет!

Помнишь, как часто
Гуляли мы с тобой
По аллеям парка в тишине?

Звёзды хрустальные
Светили нам вослед,
Мне казалось в мире горя нет.

Пока Володя пел, что-то опять тяжело, как спящий в берлоге медведь, сдвинулось с места, где-то в области сердца. Но тут зазвучали аплодисменты...

Мне кажется, есть песни, которым просто нельзя аплодировать. Это -- как плеснуть на открытую, незащищённую душу ледяной водой. Да. В общем, очарование сразу упорхнуло, но я решила обязательно выучить эту песню.

Гитаристов было много. Инструмент шёл по кругу, костёр весело подыгрывал, и было очень легко и спокойно на душе. Но я знала, что последней попросят спеть, как на закуску, меня. Так было всегда, так должно было быть и сегодня. И я знала, что ни Алёшка, ни эта Нинка понятия не имели, как я пою. Мой козырной туз, которым будет выигран дебют. А трудно переоценить значение первых ходов. Хорошо разыгранное начало партии — залог победы. Остальное — только дело техники. И я, ехидно-злорадно посмеиваясь, ждала своего часа, заранее смакуя 10 компотов, которые должна будет поставить мне Ирка. Ставка была очень аппетитной!

Наконец, все всласть напелись. И ко мне обратились те, которые меня уже слышали. Но Алёшка со своей зазнобой уже собирались уходить. И я прошептала Ирке:

— Ну, ну! Сейчас посмотрим, куда он уйдёт!

Я дождалась, когда они уже встали, и только тогда взяла в руки гитару. К этому моменту хор уговоров стал уже всеобщим. И я заметила, как Алексей удивлённо и заинтересованно посмотрел на меня, застыв на месте.

— Я спою романс на стихи Пушкина. "Я Вас люблю". Музыка моя.

Я не стала говорить, что эта песня была рождена для него. И из-за него.

Стало тихо. И я запела.

Знаешь, когда я брала гитару в руки, происходило удивительное колдовство — всё переставало существовать. Оставались только я и музыка, а моё сердце выплакивалось ею. Может поэтому так действовало моё пение на души людей, легко проникая до самых их задворок, давно потемневших и покрытых толстым слоем пыли? Ведь сердце всегда найдёт отклик в другом сердце. Я много раз замечала, как, слушая меня, украдкой вытирались слёзы, и девичьи, и мужские. А когда заканчивала, то выдыхалась так, что не могла даже встать, настолько становилась выжатой, опустошённой и обескровленной.

Только когда закончился романс, я вспомнила об Алексее. Он вновь сидел на своём месте, а его Нина не отрываясь, смотрела мне в глаза. Взгляд её мне понравился — это был неприкрытый, ничем не завуалированный страх. Я удовлетворённо отметила этот факт и только тогда услышала полную тишину. Да, никто, ни один человек не посмел зааплодировать.

Я пела ещё и ещё, почти без пауз, и остановилась только тогда, когда мне уже нечем было петь. Все поднялись и пошли спать. Было уже два часа ночи, а в семь утра — завтрак. Возле моего домика меня кто-то окликнул. Я оглянулась. Это был Алексей. Он стоял с Ниной. Ирка смылась.

— Знаешь, я как раз Нине тут говорил, что ты, оказывается, вовсе не такая, как кажешься, ну, как я о тебе подумал сегодня днём там, у пруда. Вот. Хотел только сказать, что так, как поёшь ты, я... в общем, здорово!

То, что он сказал вслух, было нейтрально и даже обычно. Но я видела его глаза и глаза Нины и уже не сомневалась, что Ирка останется без десяти компотов.

Все костры плохи тем, что вылазят боком по утрам, когда ни свет, ни заря тебя сдирают с кровати. Да, встать было неимоверно тяжело. Но работа — это не лекции. Нас подняли, и я торжественно пообещала, что даже если сегодня будет землетрясение, я всё равно лягу спать вовремя. Если бы мне тогда сказали, что в ту ночь я вообще не прикоснусь к кровати, я бы расхохоталась этому человеку в лицо!

Мы позавтракали, или, точнее, подремали жуя, и поплелись на стройку. Впрочем, яркое солнечное утро, свежий, ещё не разогревшийся, как на жаровне, ветерок, быстро подняли настроение.

Вскоре, я присмотрела работу, которая мне пришлась по душе, да и по силам — стропальщик. Очень понравилось сигать с одной бетонной плиты на другую, ломом выпрямлять крюки, подцеплять стропы и кричать "майна!" или "вира!" Я чувствовала себя всесильной повелительницей этих огромных железных чудовищ, которые назывались кранами. И свысока (в прямом и в переносном смысле) смотрела на девчонок, копошащихся внизу с вёдрами и мётлами. Они убирали стройтерриторию и уже достроенные помещения жилых домов.

Не прошло и часа, как с меня ручьём полил пот, и здоровые строители мужики, смеясь, посоветовали снять рубашку. Нет, тогда я не поняла, почему они хихикали, это стало ясно позже. Поэтому я с наслаждением оголила свой торс. На мне уже был одет купальник, но совсем по другой причине: вечером я собиралась искупаться в том самом пруду. При тех же самых ребятах.

День прошёл без приключений, и к вечеру я готова была не только окунуться в том пруду, но и весь его выпить. Увидев компанию нужных мне парней, я догнала их и весело, но с хорошо заметной ноткой вызова, предложила:

— Искупаемся в озерце? Том самом. Впрочем, можете оставаться на берегу и только смотреть, как я буду принимать ванну.

— Ты? Да ты даже руку в воду не засунешь, не то, что плавать!

Это сказал один из незнакомых мне ребят. Вообще, группа оказалась довольно многочисленной, человек восемь. И все — мужики. А Сашка с Алёшкой глядели на меня восхищённо, но и с большой дозой сомнения. Тогда я бросила перчатку:

— Это мы ещё посмотрим. Ну, на что поспорим?

Алексей первым её поднял. Признаюсь, он удивил меня:

— На поцелуй! Если не сможешь, то я тебя поцелую. Прямо здесь, при всех!

Парирование было мгновенным:

— Хорошо. Но если поплыву, то сегодня вечером, сразу после ужина, *ты при всех* поведёшь меня гулять. В лес.

Я намеренно подчеркнула те три слова. И все пацаны замерли, глядя на Алёшку выжидательно, готовые заржать над ним, как молодые жеребцы. Но он сам себя пригвоздил. Или недооценил противника? Ему некуда было деваться.

— Молодец, Алёха! Знай наших!

Парни одобрительно похлопали его по плечу, а я поймала затравленный взгляд Сашки. "Ничего, и до тебя очередь дойдёт. Подожди только пару дней", — подумала я и быстрым шагом подошла к пруду. Раздеваясь, настраивалась и собиралась с духом. Потом глубоко вдохнула и прыгнула в воду.

Никогда не забуду, как ошпарила, сдавила мои лёгкие вода, только что казавшаяся такой маняще-ласковой и многообещающей! Неужели так обманчив внешний вид? Или истина в том, что когда слишком много обещают, как правило, в таких заверениях нет и половины правды?

Едва тело коснулось воды, мой мозг взял на себя полную власть. Мгновенно. И таким образом смог заблокировать панику. Приказ полностью расслабиться был жёстким и непререкаемым. Рассудок знал, что даже на том единственном дыхании, которое я предусмотрительно сделала перед прыжком, можно было проплыть эти 5 метров. Да, вдохнуть было невозможно. Точнее, ни выдохнуть, ни вдохнуть. Лёгкие просто перестали работать. Но тело двигалось, подчиняясь собранной в комок воле.

И я выплыла. Ноги оказались чисто красного цвета, а всё тело горело, как после душа из кипятка.

Это было странно, так как вода-то была ледяной. Впрочем, не зря же, чтобы согреть окоченевшие руки, их натирают снегом. Словом, мне не было холодно. А пацаны наперебой восхищались и хлопали меня по плечу. Кроме Алёшки и Сашки. Они просто онемели. Наконец, я смогла одеться, и ко мне вернулся дар речи:

— Так сразу после ужина. Подождёшь меня у выхода из столовой.

И победоносно зашагала в сторону лагеря. За моей спиной парни всё ещё обсуждали происшествие. И это польстило моему самолюбию.

Ирке я ничего не рассказала. Решила, что сюрпризом будет эффектнее.

И всё произошло так, как и планировалось. В столовой я специально ела медленно. Выжидала, пока Алёшка покончит с ужином и начнёт выкручиваться перед Ниной, пытаясь объяснить ей, почему он не уходит, а стоит, как приклеенный к дверям. Парни тоже не уходили и с интересом наблюдали эту сцену. Наконец, я встала, подошла к нему и сказала простым, обычным голосом:

— Извини, что задержалась. Тебе пришлось меня ждать. Ну что, пошли?

Бедная Нина! Какое изумление и полное непонимание происходящего! Её глаза, превратившиеся в толстый вопросительный знак, отчаянно искали ответа, а я балдела, наслаждаясь успехом. Значит, он так и не сказал ей правды! Струсил, как последний слюнтяй. Я так и знала.

Алёха что-то буркнул ей, типа, "я потом тебе всё объясню" — стандартная фраза, когда как раз ничего не хотят объяснять, и пошёл со мной.

А она осталась.

Наконец, многоствольное тело скрыло нас от всего мира. И от неё тоже. По дороге я решила, что продержу Алёшку со мной, как минимум, один час. Казалось, что такого времени вполне достаточно, чтобы заставить кое-кого хорошенько помучиться, а может быть, даже разреветься. Тогда моя Ирка уже серьёзно забеспокоилась бы о своих компотах, неудержимо уплывавших по волнам Нининых слёз. Но я совершенно не знала, что же мне теперь с ним делать. Поговорить, что ли?

— Слушай, а что у тебя с Ниной? Ты её любишь?

Он смутился. Такого вопроса он не ожидал:

— Ну, не знаю. Был очень влюблён, да... а теперь не знаю. Она отличная девчонка и мне с ней хорошо. Но так, как было раньше, уже нет.

— Почему?

— Ну, как сказать, я... Она, конечно, любит меня и всё прочее, но.. домашняя она какая-то, что ли? Ну, заранее знаешь, что будет дальше. Скучно стало. Вот.

"Ну! Со мной-то ты точно не соскучишься. Гарантирую!"

— А ты был с ней?

Он сразу понял, что я имела ввиду и ещё больше смутился. А я глядела на него невинными глазами и доверчиво ждала ответа. Наконец...

— Вообще-то на такие вопросы не очень-то принято отвечать. Но тебе я скажу. Ну, было. Я у неё первый.

Меня чуть не передёрнуло от омерзения. Если он так спокойно говорил о таком личном и святом практически первой встречной, то он наверняка об этом рассказал и своим друзьям. И ещё с большим презрением подумала о Нине: "Вот дура, так дура! Круглая! Так ей и надо! Может, теперь поумнеет?"

— И тебе не жалко её было сегодня, когда ты со мной пошёл в лес?

—Жалко, конечно, но ведь мы — свободные люди и ничем друг друга не связывали. Я ей ничего не обещал. Так что... И потом, мне не нравится, когда меня ревнуют. Будто я кому-то что-то должен, или обязан.

— А если бы она пошла в лес с каким-то парнем?

Он очень удивлённо посмотрел на меня. Видно было, что такая возможность ему даже в голову не приходила.

— Да ты что? Никуда она не пойдёт, она только меня и видит.

Всё стало ясно, а потому и неинтересно, и я переключилась на другую тему:

— А почему ты решил поспорить на поцелуй?

Я мучила его вопросами, которых он никак не ожидал услышать.

— Ну, так, ляпнул. Не подумал. А ты — сразу, не растерялась!

— А! Выходит, ты вовсе не хотел меня поцеловать? Просто ляпнул и всё?

И он окончательно потерял почву под ногами. Да неужели так трудно говорить, что думаешь? Или на это способны только сильные и прямые личности?

— Нет, то есть, да. То есть, нет. Тьфу ты! Совсем запутался. Слушай, перестань ты меня мучить, а? Такая каша в голове!

— Хорошо, только сначала ответь на этот вопрос. Так хотел или нет?

Я очень, ну очень ласково на него смотрела. И с удовольствием заметила, как он покраснел. Мой одобрительный взгляд добавил смелости, и он выпалил:

— Да. Влюбился в тебя, как последний дурак. Ещё тогда, возле костра. Ты так пела! За душу брала. Вот. Ну, а там, возле пруда такая смелая стояла, решительная, вовсе не такая, как когда пела. Никак не пойму, какая ты. И... вот...

"Отлично! Теперь надо поцеловаться, и на этом — всё. Я выиграла, и даже быстрее, чем предполагала. Интересно, а Нина уже ревёт?"

Мне стало скучно. Мы сидели на поваленных стволах старых деревьев, тихо шелестел ветерок, прохлада успокаивала, и мне уже неудержимо хотелось спать. Пора было заканчивать эту комедию. Я встала и подошла к нему.

— Ты тоже мне нравишься. Даже очень.

И обольстительно заглянула ему в глаза. Он встал и медленно наклонился ко мне. Медленно, так как боялся, что я откажу. Но возражений не последовало. Когда же он отстранился, я втихаря вытерла губы. Было противно. И мы вернулись в лагерь.

Прямо с порога на меня налетела Ирка. Взяв за руку, вывела на улицу:

— Ты чё вытворяешь? Знаешь, что здесь было? Нинка так плакала, как помешанная! Переполох был, ужас! Она тебя убьёт!

— Да брось ты, Ирка. По большому счёту, я очень благородное дело сделала — открыла ей глаза. Всё равно он бы её бросил. Не сейчас, так потом. Так лучше уж раньше, чем позже! Подумай, и сама со мной согласишься.

— Но нельзя же так! Так жестоко! Нинку тебе не жалко?

— Ой, подумаешь, какая нежная нашлась! — я фыркнула и пошла домой. На пороге добавила. — И готовь компоты! Он мне в любви признался! Я выиграла.

Только я вошла, как из соседней комнаты выскочила зарёванная Нина. Она тяжело, прерывисто дышала, и у неё сильно тряслись руки. Вся она была живым воплощением ненависти. Настолько, что мне захотелось досмотреть спектакль. Я даже решила, что если она на меня замахнётся, то убивать её не стану: просто оттолкну, но так, чтобы запомнила это навсегда. До сих пор ещё ни одна девица не положила мою руку. Но она ограничилась взглядом. И шипением:

— Ты... ты... зачем ты это сделала? Ты... ты любишь его?

— Да он не то что даром, даже с миллионом в придачу мне не нужен.

От изумления её глаза стали тарелками:

— Так зачем же ты тогда... зачем?!

— Скажи лучше спасибо, что я тебе глаза раскрыла. Не я, так другая была бы. Всё равно, рано или поздно, он бы тебя бросил. Только потому и был с тобой, что журавля ещё не встретил. А как встретил, так и свалил. Поняла?

— Какого журавля?

— Обыкновенного! Журавлём надо быть, понимаешь? Всегда! А ты синицей стала! Домашней курицей! Так и ищи себе таких как ты, кто и синице обрадуется!

Главное — всегда уходить первой. Чтобы не потерять даже этого преимущества, я развернулась и ушла в свою комнату. Зрительниц предыдущей сцены собралось немало, и я очень хорошо почувствовала, как меня все возненавидели.

Раз ненавидят, значит боятся. И уважают. Это мне понравилось. Я сняла штаны, рубашку и со стоном наслаждения завалилась на кровать, но... подскочила, как пингвин над океаном при виде касатки. Показалось, что с меня живьём попытались содрать кожу, причём одновременно и со спины, и с плеч. О, как я взвыла! Тогда и вспомнила улыбочки мужиков строителей, когда они очень заботливо предложили мне оголиться...

С 7.30 утра до 18.00 вечера моё тело проработало под непрерывным солнцем, да ещё и с ветерком. Да... Причём никаких, абсолютно никаких подозрений у меня не возникло до самого вечера. Кожа дала реакцию только сейчас. И какую! На мне не было живого места. Я, уже предчувствуя, что за ночка мне предстоит, попыталась всё-таки лечь, пробуя самые разные, мыслимые и немыслимые положения. И сдалась. Жгло и стягивало просто невыносимо.

— Это тебе в наказание за плохое поведение, — ехидным голоском отреагировала Ирка.

Но мой несчастный вид видимо смягчил её сердце, и она добавила.

— Иди к костру. Там таких, как ты, сегодня много будет. Вовка Валов — точно, сама видела. И не замёрзнешь. Тебя ведь ещё и знобить будет, а одеть ничего не сможешь.

Попытка вновь напялить на себя рубашку вызвала гримасу страдания. Кожа явно бастовала и не хотела никаких прикосновений. Недоумевая, как можно было до самого вечера ничего не заметить, я чертыхнулась, морщась, прикрыла спину той самой рубашкой, и вышла из дома. Спать тянуло, как никогда, но эту идею можно было спокойно отбросить, как минимум, до следующего вечера. И очень не хотелось, чтобы поднялась температура, или пошли волдыри по коже. Но тут я была, в общем-то, спокойна. Слышала, что смуглым это не грозит. Во всяком случае, волдыри.

Костёр уже горел. Возле него, и правда, сидели несколько ребят, но естественно, не было ни одной девчонки. "Ну, конечно! Ещё бы! Вечно меня угораздит влезть, куда не надо", — подумала я, подсаживаясь к ним и отвечая на приветствия. Сидело пятеро парней, но, кроме Вовки, я никого не знала.

Было часов 10 вечера. Постепенно тишина леса выигрывала бой с людьми. Вовка лениво перебирал струны гитары, а остальные ребята тихо переговаривались. Их красно-кирпичные тела казались чёрными и блестели отблесками пламени. Они тоже были без рубашек. "Как краснокожие индейцы", — подумала я.

Тем временем, Вовка уже нас представил и сказал:

— Мы тут все гитаристы, так что, не соскучимся. Может, ещё ребята подойдут. Они потом, конечно, спать отправятся, но ничего, у Юрки картошка припасена. Испечём. Все ещё завидовать нам будут.

Здорово! Известие о присутствии среди нас царицы студентов, очень подняло настроение.

— Привет страдальцам! — это был возглас подошедшей группы ребят, среди которых были Алексей и Сашка.

А меня уже заинтересовал Юра. Он сидел напротив и упорно смотрел на пламя. Как загипнотизированный. Юра казался молодым жрецом огня — безмолвный, бездвижный, с телом, на котором играли языки пламени. Красиво и романтично. Проснулось любопытство, и я решила познакомиться с ним поближе.

Ночь принесла прохладу, а с ней — и озноб. Грудь жгло костром, а спину холодил лес. Но спать уже расхотелось. Было очень здорово вот так сидеть, слушать хорошие песни и наблюдать за Юркой. Ни Сашка, ни тем более Алёха, меня уже не интересовали. Но в тот вечер я не пела. Усталось и солнечный ожёг давали себя знать.

Наконец, где-то около двух, все счастливцы пошли спать. Но Сашка не ушёл. Как объяснил, из солидарности.

— Давайте поиграем в спички? — неожиданно предложил Юрка.

Мы переглянулись, но никто эту игру не знал. Попросили объяснить.

— Всё очень просто. Один из нас зажигает спичку и передаёт её по кругу. У кого она погаснет, должен будет отвечать на все наши вопросы. Но каждый имеет право задать только один. Потом — его очередь зажигать спичку, и так далее.

— А что ж тут интересного? — спросил Вовка.

— Смысл игры в том, чтобы всегда отвечать полностью откровенно, только чистую правду. Вы даже не представляете, как затягивает эта игра. Так щекочет нервы! Вначале все стараются, чтобы спичка потухла у кого угодно, только не у него. А потом уже сами жаждут попасть на "стул откровенности".

— Интересно, — сказал Сашка и тут же посмотрел на меня. — Я — за!

—И мне нравится. Давно себе нервишки не причёсывал, — сказал второй парень, по-моему, его звали Сёма, — так, белобрысый и прыщавый тюфяк.

— Чепуха какая-то! Я про такие игры и не слыхивал. И играть в эту дурость не собираюсь, — возразил Яша, один из незнакомых мне ребят, невысокий, смуглый и толстый очкарик.

— А никто и не заставляет. Но кто не играет, не должны здесь присутствовать.

— Правильно! — подхватил Вовка. — А то нечестно будет. Мы тут раздеваться начнём, что называется до "в чём мать родила", а он, в полной безопасности, подглядывать за нами будет. Не пойдёт! Давай, валяй отсюда.

— Эй, да я не возражаю! Можно и поболтать. Подумаешь! В конце концов, никто же не сможет проверить, правду я говорю, или нет. Да и кто мне гарантирует, что и вы не будуте заливать?

Юра улыбнулся и спокойно возразил. Но улыбка его была грустной:

— Те, которые врут, очень быстро начинают зевать и сами выходят из игры. Им становится скучно. Человеку нравится говорить о себе и вовсе неинтересно слушать других. Вот в чём секрет. А очень редко есть возможность о себе поговорить.

Нет, он положительно меня интересовал. И я решила тоже проголосовать за эту игру, дававшую уникальную возможность быстро узнать, кто он, что он и с чем его едят. Упускать её было бы глупо:

— Я тоже за! У кого спички? Начинаю я, по праву единственной женщины среди всех присутствующих!

Последние колебания исчезли, и через секунду у меня в руках был полный коробок спичек. Я зажгла первую и передала горящий приговор по кругу. Он бежал быстро-быстро и, проделав 1,5 круга, потух в руках у Сашки. Первый вопрос задавал тот, кто зажигал спичку, значит — я. И — с места в галоп:

— Ты ревнуешь меня к Алексею?

Бедный Сашка! Врать было бесполезно — ему бы никто не поверил. Но признаться, да ещё и при всех! Наверное, он тоже стал багровый, как и все мы, но только по разным причинам.

— Да... Очень.

— Молодец Сашка! Ладно, я тебя мучить не буду, — сказал Вовка, который должен был, согласно очереди, следующим задавать вопрос. — Ты мне вот что скажи, любишь ты печёную в костре картошку или нет?

Шутками отделались и остальные ребята, только Юра задал вопрос ниже пояса:

— Ты влюблён в неё? — и указал глазами на меня.

Сашка растерялся. Но, назвался груздем...

— Да... Думаю, что да.

Ответ Сашки меня не удивил, я и так его знала. Но было вовсе непонятно, зачем Юра задал такой вопрос. И почему? И тут у меня закралось подозрение. Но чтобы его проверить, надо было хоть одну спичку, правильно погасшую. А они гасли вовсе не там, где я хотела. Игра продолжалась, а Юрка так

84

и не попадал на заветный "стул". В конце концов, я сама туда угодила. Сашка отомстил сразу:

— Ты с кем-нибудь здесь, в отряде, целовалась?

— Да.

— А с кем? — это уже спрашивал Вовка. "Они, что, озверели, что ли? Или сговорились?" — подумала я и назвала Алёшку.

Сашка стал чернее ночи, а Юрка посмотрел на меня странным взглядом, в упор.

— А он тебе нравится? — принял эстафету Яшка, и я уже всерьёз заподозрила сговор.

— Нет!

Сашка расцвёл, а Юрка, как очнулся.

— А зачем же ты с ним целовалась? — это уже выкаблучивался Сёмка.

"Да провалитесь вы все! Сейчас так отвечу, что зелёные станете!". Я разозлилась. Не было уже ни малейшего сомнения, что они сговорились. До сих пор, в задаваемых вопросах, не было сделано ни одной логичной последовательности. Каждый тянул в свою сторону и вовсе не думал помогать кому-либо дойти до сути. Не говоря уже о том, что почти все вопросы были или нейтральными, или шутливыми. Лгать и изворачиваться было ниже моего достоинства. Это — для хлюпиков. Точно.

— На спор.

Возгласы разного рода взметнулись над костром. Парни получили то, чего никак не ожидали. Надо было видеть, сколько изумления, недоверия и... (ты не поверишь!)... восхищения появилось на их лицах!

— Ну, ты даёшь! Вот это да! Во, дурак Алёха, во вляпался! А на что спор-то был?

Это спросил Сашка. Но я резко отрезала:

— Ты свой вопрос уже задал. Пролетаешь

— Тогда тебе его задаю я, — поддержал его Юрка.

— На 10 компотов.

Теперь уже парни ржали, как ненормальные. Я получила кучу восторженных похвал. Только Юрка не смеялся, а продолжал смотреть на меня совершенно непонятным мне взглядом. А потом задал вопрос. Внеочередной. И изумил меня.

— Один вопрос вне игры. Какой у тебя самый любимый композитор?

— Бетховен.

— Я так и думал.

У меня открылся рот! И я стала срочно молить всех святых, чтобы на нём поскорее захлебнулась хоть одна спичка. Но увы, я им, видимо не нравилась.

К пяти мы выдохлись, Сашка ушёл спать, а мы задремали прямо у костра. Юрка галантно подставил под мою голову кусочек своего сгоревшего плеча.

Не буду рассказывать о кошмаре утреннего подъёма. Даже завтрак и солнце не помогли разлепить глаза. Проснулась окончательно, ну, процентов так на 50, уже только под краном. Помню, что стропы в тот день были неимоверно тяжёлые и совершенно неповоротливые.

Во время обеда в столовую зашёл Семёнов. Он искал добровольцев для поездки в Ленинград. Надо было взять какие-то документы из института и доставить их в лагерь. Я вызвалась. Разумеется, он выбрал меня. Очень захотелось съездить в город, отдохнуть и помыться под горячим душем у родственников. Но даже мысли не промелькнуло, что там существуют телефоны-автоматы…

Доехала я без приключений. Только зайдя в метро, меня сильно встряхнуло — целый ряд готовых принять мой зов телефонов спокойно и уверенно ожидали меня вдоль стены. Я притормозила. Тяжёлая, будто из ртути, волна, стала медленно подниматься к сердцу… И я бегом побежала к эскалатору.

В поезде, я заснула стоя. Да-да, стоя! В первый и последний раз в моей жизни. Заметила это только, когда уже начала сползать вниз по дверям вагона. Теперь верю, что солдаты могут так спать. Единственное, что осталось мне неясным, как же они не падают? Тренировка?

Но уверена, что моя память тогда не проснулась только благодаря такой мертвецкой усталости. Не забылось ещё и огромное наслаждение от горячего душа, и удовлетворение моего поджаренного тела лаской подсолнечного масла. Родственники не поскупились.

Вернувшись в лагерь, я еле доплелась до кровати и мгновенно заснула. Даже на ужин меня не смогли разбудить. А на следующий день, после работы, ко мне подошёл Юрка. Теперь, средь бела дня, он потерял всё своё очарование. Стал похожим на сваренную свеклу, у которой полопалась шкура. Он предложил погулять. Я отказалась, сославшись на свою мертвецкую усталось. А на его предложение встретиться после ужина, ответила уклончиво:

— Там видно будет.

Дома меня ждала Ирка с интересной новостью. Оказывается, накануне вечером меня разыскивал Алексей. Она не знала, зачем, но поняла, насколько он бы зол.

Ясно: ребята рассказали ему про спор. "Ладно, послушаем, что ты скажешь", — подумала я и решила его не жалеть. Но до ужина смогла спокойно отдохнуть.

По пути в столовую меня окликнул Алексей. И как только Ирка ушла вперёд...

— Зачем?! Зачем ты это сделала? Как ты могла?!

Он тяжело дышал, и лицо его было таким же красным, как моё. Но не от солнца.

— А что я сделала?

— Как что?! На спор! И что ты там наговорила Нине? Про курицу?

— Во-первых, я ей только передала то, что ты сам сказал. Ну, только в более доходчивой форме. А во-вторых, на спор или нет, но в любви-то ты мне признался? Значит, Нина должна была это знать. Правда — это всегда хорошее дело. И скажи ещё спасибо, что я не рассказала ей, как ты всем трепешься, что с ней спишь! Как видишь, спор оказался только катализатором в её прозрении. Рано или поздно, она всё равно бы узнала, с кем имеет дело!

— Ты... ты как Юрка, только в обратном варианте! Ты... ты — чудовище!

— Лучше уж быть чудовищем, чем подонком!

Он открыл рот, но так и не смог отпарировать. А я, очень довольная результатом нашей дуэли, пошла в столовую. Главное — всегда уходить первой!

Свернув налево, боковым зрением я увидела, что он всё ещё стоял, будто пригвождённый моими словами. И только тогда вспомнились его слова про Юрку. "Что он имел в виду?" Не разрешив эту загадку, я решила согласиться на прогулку с Юркой. Стало опять невозможно любопытно.

За ужином объявили, что в субботу будут танцы, а с понедельника начнутся репетиции агитбригады. Это было чудесно! Кроме того, в субботу должен был приехать Кокошкин, и я очень его ждала. Мышиная возня с пацанами мне уже порядком надоела.

Юрка ждал у выхода из столовой и предложил мне погулять за стройкой, в маленьком берёзовом леске. Возражений не было. Но как только наши спины спрятались за стенами недостроенных домов, Юрка остановился и, притянув меня к себе попытался поцеловать. Это было настолько неожиданно, что я, чисто машинально оттолкнула его и уставилась на него, не мигая и растеряв все слова. Но его реакция ошарашила ещё больше:

— Да брось ты ломаться! Строишь из себя недотрогу. Я же знаю, что я тебе нравлюсь, да и про всё остальное — тоже.

Появилась мысль, что кто-то из нас сошёл с ума. Но только не я. Значит — он. И сразу расхотелось что-либо выяснять. С умалишёнными лучше вообще ни о чём не разговаривать. Я развернулась и пошла в лагерь. Этого он явно не ожидал, так как реакция последовала с сильным запозданием — между нами было уже метров десять, когда он меня догнал и остановил за руку, крепко сжав её. Очень крепко. Слишком.

Не люблю, когда применяют силу. Меня это буквально бесит. Кулак — всегда слабость. А слабость вызывает презрение. Всеми фибрами души. Любая слабость. Но особенно, такого типа. Появляется навязчивое ощущение, будто меня хотят ею испачкать. Или унизить. Или заразить, как проказой.

Может, ещё и потому я всегда стремилась быть и физически сильной? Чтобы никогда и никому не дать себя унизить даже таким образом?

В глазах потемнело от бешенства. С трудом, сквозь зубы, я процедила:

— Отпусти. Или убью.

Мгновенное освобождение и во взгляде: смесь ужаса, изумления и... восхищения.

— Извини. Я... просто идиот. Это всё Лёха. Когда мы ржали над ним. Вот. Он такое наговорил про тебя... В таких подробностях! Сказал, что ты это — из мести. Вот... Прости, а? Ух, какой же я дурак! Ну, я ему покажу!

Я уже успокоилась. Всплеск ненависти всегда короток.

— Оставь его в покое. Он и так уже получил. Пойдём.

— Я ведь уже всё понял! И извинился. Давай погуляем. Ну, в знак примирения.

Нет, гулять с ним уже не было ни малейшего желания. Не проходило ощущение, будто меня только что вываляли в навозе. Это было впервые. И очень обидно. Очень. Но тут я вспомнила про слова Алексея.

— Лёха сегодня сказал, что я такая же, как ты, только в обратном варианте. Что он имел в виду?

Юрка отвёл глаза и со злостью прошипел отборные угрозы и пожелания в адрес Алексея. Но я продолжала настаивать. И он сдался.

— Ну, в общем... Когда мне было 16, меня одна девчонка бросила, прямо при мне с другим парнем ушла. Вот. Ну... после этого я и решил вам мстить.

— То есть, влюбляешь в себя и бросаешь?

На это Юрка промямлил что-то невразумительное.

— И многих ты так бросил?

— Не считал, — буркнул он и замолчал.

Нет, мне не было жалко этих дур. Если не могут отличить любовь от притворства, то так им и надо! Может, поумнеют!

— А до чего ты с этими дурами доходил? Спал с ними?

Он удивлённо посмотрел на меня. Почувствовал, что в моём голосе не было и тени гнева. Более того, мне было весело! И я даже решила ему помочь:

— Слушай, это только любопытство. Ну, насколько здорово у тебя получалось. И насколько эти бабы были дуры.

И тогда он поверил, но в его глазах было сплошное непонимание:

— Да как раз этим всё и кончалось. Как добивался, так и бросал.

— Молодец! Так им и надо! В следующий раз, может, поумнее будут. Впрочем, если человек дурак, то он дурак навсегда. Неисправимо.

Юрка уже смотрел на меня, как на богиню. Или... как на стерву, которая во много раз превосходила его стервозностью.

— Ты такая... такая... ну, я не знаю. Никогда не думал, что такие, как ты, существуют. Как я завидую тому, кого ты, ТЫ полюбишь. Эх!

Он даже не заподозрил, как сильно меня ударил. Под дых. По-моему, я даже поморщилась. Но он истолковал это по-своему:

— Молчу! Больше никаких восторгов! Но... Знаешь, ты такая... такая... Когда ты тогда сказала, нет, прошипела, чтобы я тебя отпустил... Ведь, ты и правда меня убила бы, да? Я просто обомлел. Сразу понял, что ты... В общем...

Мне он надоел, и я прервала его, предложив закончить прогулку и продолжить нашу беседу вечером, у костра.

— А споёшь сегодня? Все говорят, что ты та-ак поёшь!

— Посмотрим. Будет зависеть от настроения.

От того удара у меня ещё ныло то место, где находится "под дых"...

Ирке я ничего не рассказала. Она бы меня не поняла. Да и кто бы со мной согласился? Только такие, как я. А я таких больше не знала. Может, Волжанова? Да, она бы меня поддержала. Точно. Но только она.

И всё-таки, очень хотелось отомстить Алексею. Ощущение, что он измазал меня навозом, не проходило. И я знала, что найду способ.

21

В субботу, возвращаясь с завтрака, я увидела две знакомые фигуры: Серёжа №1 и №2 неторопливо приближались к лагерю. Как это было здорово! И через несколько секунд, со всего разгону, я повисла на крепкой шее у Кокошкина.

— Задушишь!

Серёжка расцвёл, как поле после тёплого долгожданного дождя.

— Я так рада! Как здорово, что вы приехали! А ты почему не уехал домой? — последний вопрос был к №2.

— Передумал. Поработаю вместе с Кохой. Деньги нужны.

— А я тебе книгу привёз. И какую! По всему Ленинграду мотался за макулатурой, чтобы талончик на неё получить, — радостно сказал №1. Мы уже шли по направлению к моему домику. — Двенадцать стульев Ильфа и Петрова! По-моему, это как раз то, что тебе надо.

Хоть я и слышала про эту книгу, но его восторгов не разделила. Впрочем, пока не начала её читать. А пока ограничилась простым "спасибо". Серёги привезли с собой ещё и бутылки лимонада, банку варенья, неизменную пачку цейлонского чая, свежие бублики и целую сетку яблок. Это было настоящее объедение! Ирка тоже им обрадовалась. Серёжкам, а не их гостинцам, так как сначала появились ребята, а потом уж содержимое их сумки.

— А можно здесь организовать чаепитие?

Через полчаса мы уже сидели в столовой и пили его божественный напиток, причём с вареньем, с бубликами и с приятной беседой.

— Ну, как, ещё не все дома здесь развалили?

— Мы их строим, а не разваливаем, — Ирка чуть не обиделась.

— Кто строит, а кто подметает! — гордо заявила я.

— То-то я вижу, как чисто вокруг, но ничего ещё не построено!

Мы ещё долго болтали и шутили. А когда я рассказала о знаменитом пруде, разумеется без ненужных подробностей, Кокошкин сразу же вызвался в нём искупаться. Нам стоило большого труда разубедить его. В конце концов, он сдался:

— Ладно, уступаю, но только потому, что у меня нет с собой плавок. Не хочу смущать дам. Но в следующий раз пруд от меня не уйдёт!

Всё это время Серёга №2 старался не встречаться со мной глазами. Каждый раз, когда мне удавалось поймать его взгляд, он тут же отворачивался. И во мне опять проснулось любопытство: "Нет, всё-таки очень интересно узнать, как он целуется!".

После чая, Ирка ушла куда-то с №2, а мы с Кокошкиным направились в лес.

От жары не было спасения даже там. Солнце пекло "на совесть", а сушь стояла такая, что казалось поразительным, что под ногами ещё была трава, а не песок.

— Серёжка, ты не возражаешь, если я останусь только в лифчике от купальника?

— Конечно, нет! Я тоже сниму футболку, хорошо?

Тело вздохнуло свободнее, но всё равно пот не высыхал.

— Ух, как ты загорела! — восхитился Кокошкин и добавил. — Хочешь лимонаду?

Ещё бы! Мы добрались до какой-то лужайки и уселись прямо на траве, в тени больших, старых деревьев. Каким-то образом Серёжка сумел открыть предусмотрительно взятую с собой бутылку, и мы с наслаждением её опорожнили.

— Жалко, что тёплая. Если бы из холодильника! — мечтательно заметил он.

Совсем разморило от жары. Не долго думая, я опрокинулась навзничь на траву. Кокошкин меня скопировал. Мы молчали, блаженно растянувшись на жёстком, сухом ковре. Прямо надо мной едва колыхалась сплошная, уснувшая зелёная масса, с редкими, выгоревшего голубого цвета прожилками. Тихо гудели насекомые, лениво переговаривались птицы, и великий лесной покой мягко, но уверенно вползал в душу.

В памяти всплыл другой купол, отмытого, иссиня-синего цвета с зелёной, напоённой ветром канвой. Как это было давно... Как давно это было! Внутри, рядом с сердцем, что-то пошевелилось, будто разбуженное после долгого летаргического сна. И неохотно стало сползать с насиженной, тёплой печи... И мозг автоматически-равнодушно меня поправил — такое небо было всего неделю назад...

И это что-то, уже успевшее встать во весь рост, стало превращаться в волну... Я зажмурилась и резко села. Нет! Я не хотела ничего помнить!

— Скажи что-нибудь. Ну, хоть что-нибудь.

Серёга повернул голову и оторопел:

— Скажу, что у тебя сейчас такое лицо, будто ты только что напоролась на привидение.

"Точно. На собственное привидение... Может, рассказать ему всё? Нет. Я ничего не хочу помнить. Не было ничего! Ничего не было! Ни-че-го!"

— У тебя есть девушка, которая в тебя влюблена?

— Надеюсь, что есть, — он улыбнулся.

— Нет, я не про это. Какая-то другая девушка, которая давно тебя любит, но...

Он тоже сел. И серьёзно, что с ним очень редко случалось, ответил:

— Не понимаю, зачем ты об этом спрашиваешь. Вообще-то, я часто тебя не понимаю. Но, если тебе это так интересно... До тебя у меня была девушка. Думаю, она до сих пор меня любит.

Почему-то, я не сомневалась, что его ответ будет таким.

— Что ты ей сказал?

— Правду. — И неожиданно добавил: — Она была в том походе.

Этим он меня убил. Я ведь ничего не заметила!

— Но... как она могла... она же видела всё, да и ты... ведь...

— Я ей всё рассказал. До похода, -- перебил он, -- Едва ты согласилась поехать.

— Так ты уже тогда... — я запнулась, но он спокойно продолжил.

— Я влюбился в тебя сразу, сразу, как только мне тебя показали. Ну, в связи с той историей. Как говорится, с первого взгляда. Никогда не верил, что так бывает.

Он откинулся на траву. "Бывает, ещё как бывает!"— подумала я и опять почувствовала поднимающуюся волну ртути.

— Помнишь наш разговор о степенях любви?, -- вновь заговорил Сергей, -- Так вот, я думаю... нет, я уверен, что любовь третьей степени всегда происходит только ударом молнии, с первого взгляда. Третья степень — это любовь сердца, а сердце видит сразу, ему не надо думать. У него особые, непонятные мозгу глаза. А когда любит сердце — всё остальное может просто спрятаться по углам. Вот как я думаю.

Я удивилась. Не столько тому, что он сказал, а как. А он, продолжая смотреть в небо, закончил тихим, потухшим голосом:

— Я люблю тебя. Думаю, что навсегда. Но знаю, что ты меня не любишь и никогда, наверное, не полюбишь. И знаю, что со мной ты ненадолго. Звёзды возле комет не задерживаются. Им нужны только звёзды.

Он замерла — столько в его глазах было любви и обречённости!

— Ты ни в чём не виновата. Слышишь? И я благодарю судьбу, что встретил тебя. Только... — он споткнулся и с трудом продолжил, — не уходи от меня... сразу. Ладно? Ещё хоть немного. Хоть чуть-чуть... Знаешь, ведь бывает так, что... ну, со временем... пусть даже не полюбишь, но...

И мне стало невыносимо его жаль. Не могла я больше молчать. То есть лгать. Разворотить гноящуюся рану, с таким трудом укрытую дубовой коростой воли, было страшно. Очень страшно. Но ещё страшнее стало лгать. Ему.

— Серёжа, я не хочу, не могу тебя обнадёживать, не могу я лгать. Я... меня — нет. Забрали и не отдали назад. Тело, а внутри — пусто.

Я с ужасом чувствовала, как быстро росла, поднималась та волна, которой я так боялась. Как угрожающе, чёрным полумесяцем, зависла она надо мной. И не было больше сил её удержать.

Я закрыла глаза и приняла её удар. Дикий, ослепляющий... И она хлестнула Кокошкина своими брызгами...

— Я люблю его! Понимаешь? Больше всего на свете! Больше жизни! Да и зачем она мне такая, без него? А он... он бросил меня... Как... как ненужную, пустую обойму!

Я вскочила и бросилась бежать, ничего не видя и не разбирая дороги. Жёстко хлестали ветки. Я спотыкалась, перепрыгивала через поваленные деревья, кусты и овраги и всё бежала и бежала, как нарванная, обезумев от отчаяния и пустоты. Только одного я тогда хотела, только одного желала: вот так гнать, как сумасшедшая, не останавливаясь и не оглядываясь, пока не выбилась бы окончательно из сил, не сломалась бы, как былинка без воды, чтобы ничего и никогда больше не чувствовать...

Резкий толчок за руку и я остановилась. Чуть не упала, но Серёжка был начеку:

— Стой! Стой, тебе говорю. Да, что с тобой? Успокойся, говорю, слышишь?

Он тяжело дышал, а в глазах была растерянность и неподдельный испуг. Он крепко держал меня за плечи, периодически сильно встряхивая, и всё повторял и повторял, какой он отпетый эгоист и законченный дурак. От каждого его встряхивания у меня болталась голова и жутко рябило в глазах, но сознание стало приходить в норму.

— Ох, какой же я идиот! Какой идиот! Но я же не знал. Ничего не знал! Почему же ты раньше не сказала? Ох, и дурак же я! Я очень люблю тебя. Очень. Слышишь? Ну, хочешь, я сейчас же уеду и больше никогда не попадусь тебе на глаза. Хочешь?

Взрыв прошёл. Выплеснуло и затихло. Стало безразлично-мёртво внутри. Его слова бились о глухую, непроницаемую стену. И я почувствовала, как я устала.

— Пойдём в лагерь. Хочу полежать в кровати. Я устала. Ладно?

Дома мне удалось даже заснуть. Меня разбудили только на обед, после которого мы все четверо пошли погулять в посёлок. Кокошкин не отходил от меня ни на шаг, предупреждая каждое моё желание. Словом, вёл себя со мной, как с тяжело больной. В конце концов, Ирка не выдержала и заметила:

— Ты чего её балуешь? Она такое обращение не ценит. С ней надо строго! А то глядишь, и на шею сядет!

— Пусть садится. Я сильный, выдержу!

Они засмеялись. А №2 по-прежнему не смотрел мне в глаза.

После ужина были танцы. Ребят пришло много. Мы с Кокошкиным стояли рядом, и он обнимал меня за плечи. Я заметила удивлённые, с хорошей дозой досады, лица Сашки и Юрки и злые, прячущиеся глаза Алексея. Поразилась, увидев Нину рядом с ним. "Вот уж воистину! Если дура, то навсегда!" — брезгливо подумала я. А как только Ирка увела Кокошкина на танец, я повернулась к №2 и сказала:

— Серёга, ты мог бы набить морду во-он тому парню?

— Какому?, -- Серёга, как очнулся. В его голосе были нотки удивления и готовности.

— Пойдём танцевать. Я тебе его покажу.

Музыка была волшебной. Толпа молодёжи медленно колыхалась ей в такт, создавая впечатление, что здесь только что поколдовал волшебник, заставив всех присутствующих проделывать одни и те же плавно-ритмичные движения. Серёжка положил мне руки на талию, а я обняла его за шею. И опять подумала о поцелуе.

— Вон, сразу за мной, в зелёной рубашке. Видишь?

— Ага. Теперь вижу. Хорошо. После танцев.

Меня несказанно поразило, что он даже не спросил, за что же он дожен был отдубасить незнакомого ему парня. И я не выдержала.

— Ты даже не спрашиваешь, за что?

— Если бы не было за что, ты бы не попросила, -- он пожал плечами, -- А раз просишь, значит есть. Мне-то какая разница за что?

— Но... мало ли? Может, ты бы и не согласился, если бы знал причину.

— Знаешь, по-моему, дружба — это как раз не задавать лишних вопросов. Другу верить надо — и всё. А он, если захочет, и сам потом всё расскажет. А если кучу вопросов-перевопросов-перепроверок делать, то какая же это дружба? Разве нет?

Я подумала и восхитилась. Он был тысячу раз прав! Значит, вот какое чувство дружбы он ко мне испытывал! И я решительно сказала:

— Не надо. Сама с ним разделаюсь, по-нашенски, по-женски! Выйдем? Тут очень душно.

Мы вышли. Я не заметила Кокошкина. Наверное, он всё ещё танцевал с Иркой.

— Пойдём, покажу тебе наш пруд. Ну, тот, про который сегодня говорили. Там можно будет ополоснуть лицо. Увидишь, какая там ледяная вода.

Мы подошли к пруду. Было темно и тихо. И таинственно. Я наклонилась и умылась. Встала и посмотрела Серёге в глаза. Он долго не отводил взгляд, замерев и почти не дыша. Но сумел-таки пересилить себя и тоже присел к пруду. Тогда я обняла его сзади. Он вздрогнул. Но смог умыться. И сдавленным голосом предложил:

— Пойдём?

Остатки совести подали жалобный писк, но я заткнула им рот. Его стойкость и выдержка только подлили масла в моё любопытство. Даже не в любопытство. Тут уже пошла речь "кто кого"! А я никак не хотела проигрывать:

— Подожди. Вытру тебе лицо моим носовым платком.

Он окаменел, а я не торопясь стала вытирать ему лоб. Концы платка прикрывали ему глаза, мешая что-либо видеть. И когда я убрала платок, он неожиданно увидел меня так близко от своих губ, так недопустимо близко...

И он потерял голову. Его губы жадно, с лютым голодом прижались к моим. Настолько жадно и люто, что мне стало страшно. А потом и больно: я почувствовала его зубы. А когда его руки дорвались до моей горячей, потной спины, я окончательно испугалась. Зато чётко усвоила ещё одно золотое правило: прежде, чем играть с огнём — одень несгораемые перчатки!

Я с силой оттолкнула его. Страх, что он может не остановиться, бросил меня в бег. Но я проклинала и ругала себя, на чём свет стоит!

— А где Серёга? — удивился Кокошкин, когда я вернулась.

Как противно лгать! Какое унижение! "Сама заварила, сама и расхлёбывай!" — злорадствовала я, предвидя свои юления и выкручивания. Но сказать правду?!

— Да он здесь, задержался у входа. Говорит, что внутри очень душно.

Не давая Кокошкину опомниться, я схватила его за руку и потянула танцевать. Но он заметил моё учащённое дыхание.

— Ты что? Бежала?

"Ври, да не завирайся!"

— Ага, вместе с Серёгой. Ты же знаешь, как я люблю бегать.

Он успокоился, а я молила всех святых, чтобы Серёга побыстрее вернулся. И торжественно себе обещала, что никогда больше не затяну себя в такое дурацкое положение: "Так тебе и надо! Это ж надо быть такой дурой! Ну, чтоб я ещё хоть раз...!" И ни разу, ни единого разу не подумала о ране, которую, шутя, нанесла Сергею.

Он вернулся. Минут через десять. Мы танцевали быстрый танец. Подошёл ко мне и что-то сказал. Я не расслышала и остановилась. Тогда он наклонился и громко, перекрикивая грохот музыки, спросил:

— Зачем ты меня спровоцировала?

Орать не хотелось, и мы вышли на улицу. Самый лучший способ защиты — нападение. И я ответила, но ещё больше себя возненавидела:

— А ты? Чего на меня набросился? Решил, что я спать с тобой хочу? Или изнасиловать хотел?

От такой наглости он превратился в заику:

— Да... да т-ты хоть п-понимаешь, что говоришь-то?! И что делаешь? Ты... тебя как подменили! Я просто не узнаю тебя! Или ты сейчас — настоящая?

Этого я не ожидала. Он бил без промаха, точно. И... больно. А потому и я ударила изо всей силы:

— Это ты показал, наконец, кто ты есть на самом деле — самец!!!

Он глубоко вдохнул, как рыба, которую вытащили из воды. И не смог выдохнуть. А я, следуя собственному правилу, первой покинула поле боя. С гордо поднятой головой, но... внутри аж хрипело всё, захлёбываясь собственной мерзостью. Такой сволочью я себя ещё ни разу не чувствовала. Но ни стыда, ни раскаяния не было. Только странное злорадство от самоизбиения.

Вообще, происходило что-то непонятное. Чем больше людей меня ненавидели, чем больше наслаивалось на мне грязи, хороня меня под собой, чем противнее становилось смотреть в зеркало себе в глаза, тем обречённее и безвозвратнее я себя чувствовала. И спокойнее. Будто напрочь сжигалось всё, что способно было так мучиться и задыхаться без него. А выжженная пустыня не чувствувует — нечем. И всё призрачнее и нереальнее становился сам он.

— Опять потеряла Серого?

Кокошкин никак не хотел забыть о своём друге. И я промолчала: на Кокошкина рука не поднималась. А Серый на танцы больше не пришёл.

Ночевали мы в нашей комнате. Серёжки с трудом уместились на моей кровати, а мы с Иркой прекрасно выспались на её. А утром вчерашний кошмар с №2 стал казаться давно забытой и неинтересной историей. Но он-то её помнил и подошёл ко мне сразу после завтрака.

— Я всю ночь о тебе думал. Не спал. Хотел понять тебя. Вот. И пришёл к выводу, что всё это — злость. Обозлилась на весь свет, что у тебя ничего не получается с твоим, ну... сама знаешь. Только до тебя не доходит, что так поступая, ты, прежде всего, делаешь плохо самой себе!

Я ожидала кучу извинений, а получила нравоучения. Да ещё каким тоном! Как старшего с младшим. И во мне опять всё закипело. Лёгкие уже набрали воздуха, чтобы выкрикнуть: "Не трожь!", но он не позволил, заговорил ещё увереннее и громче. Было видно, что он решил во что бы то ни стало сказать всё:

— Не перебивай меня! После всё скажешь, если захочешь. Так вот. Это как снежный ком. Сначала маленький шарик, потом как мяч, а потом как догонит, как грохнет лавиной, так... не позавидую тебе. Ведь ты не такая, не такая! Была бы настоящей сволочью! Осталась бы тогда у своего разбитого корыта и всё! А тут... тут похлеще! От отчаяния, знаешь, ух, сколько беды можно натворить! Сам знаю. Прошёл школу. Так и всех друзей можно растерять. Меня-то, уж, точно больше не увидишь. Опомнись! Пусть хоть криком всё кричит там, хоть волком воет, но зато живая будешь, сама с собой в мире! Понимаешь?

Да, слова, но не их значение. Он не смог пробить дубовую кору, в которую завернулось сердце.

— Спасибо за душеспасительную лекцию и заботу, но я в них не нуждаюсь. Уж как-нибудь сама, своими мозгами проживу. Ясно? И оставь меня в покое. Понял?

— Понял. Оставлю. Но когда-нибудь ты ещё вспомнишь мои слова. Уверен. Лишь бы ещё не было поздно!

Он был прав. Я действительно вспомнила его слова. Потом. Но сейчас он их прокричал уже моей спине — я не позволила ему уйти первым. А едва я догнала Ирку и Кокошкина, он обратился ко мне с вопросом. Голос был делано весёлым. Да, он не был глупым:

— О чём это вы всё секретничаете с Серым, а?

Врать было уже просто невмоготу. Я захлёбывалась в собственной мерзости. Так и утонуть можно. И я предложила ему поговорить.

Мы распрощались с Иркой и пошли к лесу. Там удобно уселись на брёвнах, возле холодных углей спящего костра. Давила духота. Я глубоко вздохнула и выпалила ему всё-всё, как на духу, почти на одном дыхании. До мельчайших брызг грязи, в которой уже плавала, как в океане. А заодно, и про Алексея с Ниной. Семь бед — один ответ.

Закончила — и появилось ощущение, словно я приняла обильный, освежающий душ. Но... это не было раскаянием. О, нет! Было лишь моим физическим отвращением к враныю, как к высшей форме собственного унижения. Не более и не менее. И Сергей это почувствовал. Он долго молчал, а потом ответил:

— Я уважал и уважаю тебя, прежде всего, за твоё здоровое чувство собственного достоинства, которое, кроме всего прочего, как раз и отторгает любую форму лжи. Ты всегда готова ответить за собственные поступки. Но... никогда не принимал и не приму жестокость по отношению к более слабым. Какими бы они ни были. Ты раздавила моего друга. А за что? Ты вытрясла душу Нины, зачем? Думаешь, она теперь что-то поняла? Из слепой стала зрячей? Или Сергей изменится и никогда больше не потеряет над собой контроль? Пойми, люди такие, какие есть. И надо их принимать такими, каковы они есть. Или не принимать вообще, никто ж не заставляет! Отойди в сторону! Но пытаться их исправить... Это же смешно! А что касается тебя... Я согласен с Серым.

Я встала. Он не убедил меня. Если много раз бить по одному и тому же месту, в конце концов перестаёшь чувствовать боль, что тоже есть своеобразным способом выжить — одна из самых примитивных форм защиты. Или приобретёшь опыт, а с ним и рефлекс парирования. Пусть для Нины мой удар был первым, но после второго, может и третьего (количество необходимых для поумнения встрясок находится в строгой зависимости от уровня интеллекта и значения собственной дельты), она наверняка кое-чему научится. И заблаговременно увидит четвёртый. И защитится. Впрочем, кому-то достаточно и одного удара, чтобы сделать правильные выводы. Но кто-то же должен его нанести, этот удар? Так почему же не я?

(Впрочем,... "Я способен просчитать движения небесных тел, но не человеческую тупость". I.Newton).

— Ладно, пойдём. И можешь больше не приезжать. В смысле, ну... если не хочешь больше меня видеть. Пойму. Тем более, что я ни в коем случае не раскаиваюсь и с тобой совершенно не согласна.

Он тоже встал. В его глазах было изумление.

— Значит, ты так до сих пор ничего и не поняла?

Нет, сейчас я уже, и правда, ничего не понимала.

—Так я же люблю тебя! Лю-блю! Такую, какая ты есть. Сумасшедшую до заразности, гордую до безобразия и чистую, как... ну, как вода в том пруду. Но надеюсь, не такую холодную, — он улыбнулся, а я всё больше и больше поражалась его словам. — Понимаешь теперь? Нет? Знаешь, я когда-то прочитал одно высказывание. Кстати, отличное дополнение к определению любви третьей степени: "Любить, это не только принимать человека таким, какой он есть, но и хотеть, чтобы он был таким, какой он есть". А дальше — уже от меня: "И сделать всё, чтобы сохранить его таким, каким полюбил".

— Здорово! Серёжка, ты — гений! Знаешь, перекликается со строчками Тютчева:

О, как убийственно мы любим!
Как в буйной слепоте страстей,
Мы то всего вернее губим,
Что сердцу нашему милей.

И только тогда до меня дошло всё, что он сказал. И я вспомнила того незнакомого парня, который сто лет назад проводил меня в общежитие. Той ночью.

— Так ты прощаешь мне даже это? Даже Сергея?

— Понять — значит простить. И наоборот. Впрочем, всё это чепуха. Всё намного проще. Если любишь, то нет ничего, чего нельзя было бы простить. Нет, есть! Только одного я бы тебе не простил.

— Чего?

— Если бы ты посмела умереть, не спросив у меня разрешения, — и улыбнулся.

Так и запомнила я его с этой тихой, чуть виноватой, улыбкой. И тогда впервые подумала, что тот парень был, наверное, прав.

Но что-то, всё-таки, не сходилось. Я вспоминала Валеркину Светку, то, как он говорил о ней в нашу поездку к саженцам, вновь проверяла эту аксиому и на себе и, — или должна была признать, что и я, и Светка не любим, — а это был абсурд, — или в аксиоме были слабые места.

— Слушай, но я бы, например, ничего не смогла простить... — я замялась. Очень не хотелось продолжать начатую фразу. Но Кокошкин выручил меня:

— А! Это я давно уже понял. Вот тут-то мы с вами и отличаемся! Наша, мужская любовь, от вашей женской. Так сказать, единство и борьба противоположностей.

— Что ты имеешь в виду? Я тебя не поняла.

— Да всё просто. Мужчина, если любит, простит своей любимой женщине абсолютно всё. А женщина — ничего! Конечно, если говорим о третьей степени.

— Абсурд какой-то. Почему?

— Ну, тут корни в генах, наверное. Мужчина — сильнейшая сторона, защитник. Ему природой заложено защищать и беречь слабое, то есть, женщину. Ну, как беззаветно любимого ребёнка. Ведь женщина — это продолжение его рода, да и вообще жизни. И чем мужчина сильнее, тем более Богом будет для него его женщина. А разве можно судить, а тем более осуждать, собственного Бога? Но увы, получается, что третья степень — только для сильных. Вот. А женщина, именно потому, что ищет опору и защиту, не сможет простить своему избраннику слабость. Никакую. Конечно, повторяю, если говорить о настоящих женщинах, сильных и чистых в своей любви матерях природы. А не о бабах, которые любым штанам рады. Кстати, мужчина, единственное, что никогда не сможет простить любимой женщине, это — знаешь что? Её прощения. Он просто перестанет её уважать. Абсурдно? Может быть. Но верно!

("Пусть вас простит Бог. Я — не могу". Королева Elisabet I; "Прощение всегда имеет в себе немного забвения, немного презрения и много выгоды". J. Benavente Martinez).

Вспомнились его слова, когда мы ехали в электричке. Туда. О том, чтобы я оставалась такой, какой сидела напротив него. И моё "стоп", когда он ушёл...

И смогла наконец, осмыслить своё поведение, тогда ещё чисто рефлекторное: побежав за ним, я потеряла бы его уважение. И в итоге, его самого. Я выбрала быть без него, но с ним, чем с ним, но без него. Абсурдно? Может быть. Но верно.

Я повернулась к Кокошкину и тихо сказала:

— Поцелуй меня.

— Ты... ты вправду этого хочешь?, -- он встал и недоверчиво посмотрел на меня, -- Я ведь... в общем... — и выдохнул, скривившись от напряжения. — Я — не он.

— Знаю, но его у меня нет.

И опять стала подниматься волна. Та самая. Наверное, что-то изменилось в моём лице, ибо он решительно схватил мои плечи и с силой прижал свои губы к моим...

Волна отступила. Но вернулась пустота и бессмысленность. Как на кладбище...

Больше поцелуев не было. Ни с кем. К чему? Я поняла, что ими не оживить пустыню. Ей нужен был только водопад. Из его синих озёр.

После обеда оба Сергея уехали. А вечером был костёр. Вновь играли гитары, пелись песни, пеклась картошка, и я радовалась наступившей паузе. Ничего не ныло и не хрипело, а рядом со мной сидела моя Ирка. Строгая, добрая, спокойная и такая уверенная в себе. И как это было хорошо! Впрочем, жизнь её пока щадила. А дальше? Насколько крепкими окажутся её крылья? Не сломаются? Странно, но тогда я впервые об этом подумала. Может, это колдовство пламени приоткрыло сомкнутые ресницы будущего? Чуть-чуть, самую малость, ровно настолько, чтобы я задала этот вопрос?

22

На следующий день начались репетиции агитбригады. К моему изумлению, Юрка и Сашка тоже оказались её участниками.

— К твоему сведению, я отлично пою, хоть и не играю ни на каком инструменте. Абсолютный слух! А Юрка — просто виртуоз на гитаре, — гордо заявил Сашка, а Юрка сделал реверанс.

Ребят было восемь, и две девчонки — я и ещё одна, Юля. Я видела её впервые, и она сразу мне не понравилась. Ну, хотя бы потому, что даже на репетицию явилась вся накрашенная, как попугай. Вообще, моё отношение к косметике было всегда резко отрицательным. А если совсем честно, то я её просто презирала. Вернее, презирала весь женский пол за очень, ну, очень редкими исключениями. А его пристрастие к косметике являлось лишь одной из логичных составляющих этого презрения. Всегда считала, что к ней прибегают только для приманки мужиков. Добавь сюда и сверходежду, и самец попадается в капкан, как ворон на приманку из блестящей обёртки. Это он потом узнает, что обёртка-то ничего не оборачивала, что внутри — хоть шаром покати! Тем временем, можно и сети сплести, да покрепче. Глядишь, и заарканили его уже, как жеребца. Например, беременностью. И... ура! Попался, дорогой, не улетишь!

Самки (извини, но не могу назвать этих представительниц женского пола женщинами, — оскорбляет последних. Если хочешь, буду называть их помягче, например, бабами), у которых не хватает ни ума, ни достоинства, ни обаяния, ни изюминки, такой, чтобы все мужики падали к их ногам, как подкошенные, да ещё и сами в штабеля укладывались, естественно прибегнут и к косметике, и ко всему что угодно, лишь бы не остаться одной! И тут уж не до любви!

Впрочем, они всё равно её требуют. Более того, жалуются на судьбу, что не одарила она их этим сокровищем. Вот уж воистину! Нет слов.

Знаешь сколько раз в моей жизни мужчины восхищались мной именно за то, что ни при каких обстоятельствах я не прибегала к фальши штукатурки? Даже затрудняюсь вспомнить! Именно поэтому на меня обращали внимание! Никогда не забуду слова одного из мужчин, сказанные о своей экс: "Всё время, пока с ней встречался, не мог отделаться от искушения взять да и умыть её в каком-нибудь фонтане! И посмотреть, наконец, на неё настоящую, на реальную." Он её всё-таки отмыл и... испугался. Да...

Конечно, с определённого возраста, косметика становится атрибутом самого нормального приличия. Это уже — необходимость. И есть места, где косметика становится гримом. Это — работа. Не будем путать такую косметику с ловлей самцов. Почему я употребила слово самец? Потому, что мужчину, любовь этим не поймаешь. На блеск только похоть полетит, декорации питают её, а любовь — озеро души.

В завершение, приведу три высказывания великих мира сего. М. Горького: "Красота и мудрость — в простоте"., "Красота, как драгоценный камень: чем она проще, тем драгоценнее", и "Любовь — есть желание наслаждаться красотой". Снимаю шапку. Жаль только, что не помню, кому принадлежат последние два.

Словом, я уверилась, что эта девица записалась в агитбригаду не для единения с музыкой, а для ловли мужика. И решила её уничтожить. Быть, стоять с ней рядом меня пачкало.

От лагеря до столовой дорога, практически, всегда оставалась в спасительной тени деревьев. Но чтобы добраться до леса, надо было добрых метров двести прошагать под прямыми лучами солнца. Моя идея была просто гениальной.

— Ребята! Здесь, в столовой, очень душно. Пойдёмте в лес?

— Так мы пока до него доползём, сваримся на жаре! — возразил Юрка.

Но я сумела их убедить, и мы выбрались на солнцепёк. Пока дошли до леса, с моего лица пот лил дождём, а спина была мокрой, как из-под душа. Но надо было видеть, во что превратилось размалёванное личико Юли! – что-то до того противно-жалкое, что даже Сашка не выдерждал и скромно посоветовал ей пойти умыться.

Я торжествовала! Жалела только, что искомый ручеёк протекал совсем рядом. Ей не пришлось тащиться аж до лагеря. Но когда Юля вернулась, оказалась вполне удобоваримой девчонкой. К моему неописуемому удивлению, она даже отлично читала стихи, знала напамять половину Евгения Онегина, и легко, с лёту, брала на слух второй голос. Шевельнулось даже что-то, похожее на уважение. Но слишком она была какая-то неуверенная, застанчивая и робкая. "Проблемы с дельтой", — догадалась я и решила выяснить это с точностью. И совсем не понимала, как такая трусиха могла записаться в агитбригаду! Да она заикой станет на сцене, перед кучей незнакомых людей! Но и эта тайна перестала быть тайной — она не спускала глаз с Юрки.

К вечеру, после долгих споров и даже ссор, репертуар не только был утверждён, но даже начерно опробован. Довольные проделанной работой, мы отправились на ужин. Я пошла между Сашкой и Юркой, а со стороны последнего приклеилась Юлька.

— А ты сможешь выступить перед публикой? Не струсишь? Не растеряешь по пути на сцену все слова?, -- спросила я Юльку.

Она смутилась и неуверенно ответила, глянув предварительно на Юрку:

— Не знаю... я постараюсь.. я очень постараюсь.

Мне вовсе не хотелось из-за неё позориться. И я предложила сначала выступить перед нашими. На том и порешили. А уже при входе в столовую Юрка меня пригласил погулять с ним после ужина. Я согласилась. У меня не было на него обид.

После ужина задышалось легче. Солнце пряталось, жара переходила в тепло и было очень приятно идти по берёзовой рощице, всей грудью вдыхая радость лета.

— Слушай, у тебя серьёзно с тем парнем, что приезжал к тебе?

— А что? Почему ты об этом спрашиваешь?

— Так, знаешь, после того разговора, ну... тогда... вот. Я всё о тебе думал. Ну, что ты совсем не такая, как другие девчонки.

— Особая?

— Да. Особая. И никак тебя не пойму. И тот парень. Знаешь, он-то точно в тебя влюблён, сразу видно. Но мне кажется, что ты — нет.

— Смотри, какой проницательный! Только вот что. Не трать на меня времени. И изъявления в своей любви прибереги для кого-нибудь другого. Бесполезно. Я в тебя не влюблена, спать с тобой не собираюсь, и даже целоваться не имею никакого желания. Так что, брось. И про Бетховена спрашивай лучше у Юли. Впрочем, у неё уместнее спрашивать про поэтов, так сказать, ближе к телу будет.

— Ну, ты даёшь! И про композитора раскусила? Знаешь, я всегда так начинал, заинтриговывал, старался быть поэтичным, грустным, таинственным. Срабатывало безотказно. Вы, женщины, такие падкие на всю эту чепуху! А уж если руку из автобуса подать, да цветами забросать! Бери — не хочу.

— Это не женщины, это бабы. Не путай.

— Ух, ты! Здорово! Бабы! Надо же! Никогда так не думал, но ты права! Ну и перлы ты выдаёшь!

— Да вовсе не перлы — азбука.

— Для кого — азбука, а для кого и открытие! Слушай, только ты напрасно там, про... ну, чтобы я время не терял. Ты мне, правда, нравишься. Не вру!

Да ты и сама знаешь, что не вру. Тебя не обманешь. Может, ты ведьма?

"Это я уже слышала. От кого? А! От Ирки. Один раз, — это случай, а два... Чепуха какая-то. Да! Меня ещё и чудовищем называли. Интересно. Коллекционировать, что ли? Ну-ну! Кто следующий?" — подумала я, а вслух сказала:

— Нет, не ведьма. Просто знаю, что не всё то золото, что блестит. Надо видеть и слышать не только то, что хотят, чтобы ты видел и слышал. А и то, что усиленно маскируют и глушат. Интересно не то, что на поверхности, а то, что под. Ясно?

— Ясно. Другое ясно. Что ты не для меня. Слишком высокая материя.

И тут он сказал фразу, которую я запомнила на всю жизнь и которую потом слышала не один раз. От совершенно разных мужчин и при совершенно разных обстоятельствах.

— Чтобы тебя выдержать, тебя надо очень сильно любить. А так любить, думаю, может только очень сильный человек.

Я просто остолбенела, а он помолчал и совершенно серьёзно добавил:

— А я себя таковым не считаю. Так что, лучше уж сразу сбежать, пока не уничтожила, — и уже улыбаясь, шутливым тоном закончил. — Умнее сразу отступить, без единого, так сказать, выстрела, чем принять бой, заведомо стопроцентно проигранный. Так?

Я всё ещё не могла отойти от тех слов. Но надо было отвечать, и я решила обдумать их после.

— Так. Будем друзьями?

Скрепив договор рукопожатием, мы повернули к лагерю. Тогда я вспомнила о Юльке и неожиданно для самой себя сказала:

— Слушай, а Юльку ты не трожь. Слышишь? Или будешь иметь дело со мной.

Неописуемое удивление было в его возгласе:

— Ты чего?! Какая тебе разница? Вы даже не подруги! И потом, думаешь, я не понял, зачем ты протащила всех по солнцу? Ты над ней поиздеваться захотела!

— Да! Потому что терпеть не могу косметику. Но она намалевалась из-за тебя, чтоб тебе понравиться, чтоб ты на неё внимание обратил. Понял? А главное, она — не дура с двумя извилинами, не баба! Ясно? Просто слабая. А слабых — не трожь!

Он как-то странно глянул на меня, с какой-то смесью восторга, изумления и преклонения. Но было и ещё что-то в его взгляде. Когда он заговорил, я поняла что.

— Ну, если ты её защищаешь, если даже ты сказала, что Юлька — не баба, то я — просто слепец. Обязательно познакомлюсь с ней поближе. Разрешаешь? Клянусь, что не трону её. Всё будет по-честному. Обещаю!

Я присмотрелась к нему -- он был абсолютно откровенен. Во всяком случае, пока.

— Ладно. Но учти, специально стану её подругой и тогда узнаю каждое твоё слово, каждый шаг. Даже намёк на шаг. Ясно? И уж, не беспокойся, всё увижу! Даже то, что для тебя самого ещё секретом будет. Понял?

— Понял, понял. И чего ты в неё так вцепилась? Заинтриговала!

В лагере, возле моего дома стоял Сашка. По-моему, он караулил меня.

— Ну, как погуляли? Вижу, что не теряешься. И из Ленинграда к тебе приезжают, и тут по лесам гуляешь. Чуть ли не каждый день! Да с разными.

Его тон не понравился. А прозвучавший в его словах намёк просто взбесил:

— А тебе-то какое дело? Или хочешь в очередь записаться?

— Слушай, я тебя не понимаю. Ты же знаешь, что нравишься мне, а ходишь с какими-то... какими-то.. в общем, не известно с кем!

— А чем же ты лучше других?

— Так я же сразу тебе это сказал! И потом, я отличник и вообще... отец мой — профессор, мать — главврач. Да любая девчонка со мной за радость сочла бы... вот. Знаешь, сколько прибежало бы! Только кликни!

— Так чего же ты не кличешь? Чего ко мне-то пристал?

— Так я только из-за тебя и поехал в отряд! Давно тебя заметил. Ещё с той истории с КГБ. Да не подступиться было. Вот и поехал. А ты... Не понимаю тебя. И я даже самое главное тебе сказал, сразу, сам и честно, чтобы ты всё поняла и оценила.

— Да что ты мне сказал-то? Ничего не понимаю. О чём ты?

— Неужели не помнишь?

За несколько секунд, выражение его лица изменилось от искреннего удивления, напополам с сомнением, до полного облегчения. Будто он что-то, наконец, понял.

— Я же ленинградец!, -- выпалил он, и теперь у него был такой вид, будто он бросил на стол козырной туз.

И я весело расхохоталась. А когда его лицо приобрело выражение абсолютно ничего не понимающего пацана, мой смех стал ещё громче.

— Ты чего? Что я такого сказал? — бормотал он, а я продолжала заливаться.

Давно, ох, давно я так не смеялась. Последний раз, -- когда он копировал ту старуху...

Смех сразу оборвался.

— Иди ты со своим Ленинградом в... болото, туда, где он и стоит.

И я зашла в дом. А он так и остался стоять с открытым ртом и с лицом человека, у которого только что над ухом разорвалась граната.

А на следующий день всех агитбригадчиков вызвал Семёнов и официально сообщил, что через день у нас будет первое выступление. Посему, он освобождал нас после обеда от всех работ. Ура!

Мы усиленно репетировали, заучивали слова, подбирали вторые голоса, но я чувствовала, что за внешней деловитостью и спокойствием, всех бил мандраж. Даже я стала волноваться. Опыта петь на людях у меня было, хоть отбавляй, но одно дело сидеть на подоконнике и распевать для таких же ребят как я, и совсем другое -- на сцене, перед совершенно незнакомыми взрослыми людьми. Но все делали вид бывалых и видавших виды завсегдатаев сцен, и только Юлька похныкивала и тряслась вполне откровенно. Я её понимала и не цеплялась к ней. Но заметила, как нежно успокаивал её Юрка, каждый раз, когда на неё находил очередной приступ страха.

— Юля! — я попыталась её успокоить. — Брось ты! В любом случае, корову не проиграем. И потом, все трясутся от страха. Только ни у кого нет мужества в этом признаться. Я, например, аж тошнить начинает, когда подумаю о сцене. Так что...

Юлька посмотрела благодарно, а мужики возмутились. Но Юрка неожиданно поддержал меня. Или Юлю?

— Да замолчите вы все! Я тоже, например, так боюсь, что даже ноты из головы выскакивают. Так и хочется сбежать куда подальше.

А Юлька от его слов расцвела, как цветок, обласканный солнцем. "Да, — подумала я. — Она его любит, а он? Впрочем, пока, разве что пылинки с неё не сдувает. Хорошо бы! " Мне вдруг сильно, всем сердцем, этого захотелось. Хоть у кого-то! Может, жаждала подтверждения, что она, счастливая любовь, всё-таки существует?

Я посмотрела на Сашку. И неожиданно мне стало его жаль. Всю репетицию он искал мой взгляд, будто в нём жил ответ на его вопрос. Значит, он так и не понял. Не понял, что не в моём взгляде надо было искать ответ, а в его собственном. В его сердце. Но что я могла сделать, если они у него говорили на разных языках и в упор друг друга не понимали? И мне было его жаль, как цыплёнка, который тычется клювиком в пустую миску, не видя, что рядом стоит полная. Как сказал однажды Кокошкин: "Люди такие, какие есть. Бесполезно пытаться их изменить". "И насильно открывать им глаза. Пустая трата времени. Да", добавила я.

Жара не спадала. Небо растеряло облака и никак не могло их отыскать. А тем временем засыхала, превращаясь в сено, трава и прямо на глазах весёлое, звонкое, цветастое лето превращалось в старую, сдуревшую от жары, жёлтую старуху. "Как говорится, из огня, да в полымя. То холод, то жара. Нет середины. Ни весны нормальной, ни лета, ни осени. Да, и осени здесь не бывает. Даже смешно, сидя в Ленинграде, читать про неё стихи Пушкина. Не написал бы, если бы жил здесь. Одна зима настоящая, жестокая и холодная. Да. Ну и город!" И вспомнила, как он сказал, что я полюблю Ленинград. Нет, не могла я с ним согласиться. Ну, никак не могла.

Наступил день концерта. Психоз начался с утра и продолжался до самого выступления. В клубе посёлка собралось много народу, и даже смотреть на эту огромную массу незнакомых, взрослых людей было абсолютно невмоготу. А петь?

— Ребята, давайте примем для храбрости, а? Кто за? — неожиданно предложил один парень, когда до начала спектакля оставалось минут пятнадцать.

Я очень удивилась, но все остальные мужики в один голос его поддержали. Откуда ни возьмись появилась бутылка водки и быстренько пошла по кругу. Как зажжённая спичка, оставляя у всех, кого посетила, весёленькие искры в глазах. Когда заряд мужества добежал до Юльки, она беспомощно посмотрела на Юру, но он кивнул и она, морщась, проглотила маленький глоток.

— Нет-нет, так не поможет, ещё один! — настоял Юрка.

И она покорно проглотила ещё. Очередь дошла и до меня. Я смело приложилась к горлышку и уже через минуту почувствовала себя намного лучше — страх сбежал, а мои коленки перестали предательски дрожать. Оказывается, водка в разумных количествах — прекрасное успокоительное. И без побочных действий. Да, мне она пришлась очень кстати, ведь начинать-то концерт должна была я! Вызвалась только потому, что все трусили, и моя гордость не позволила мне стать с ними на один уровень. Как всегда. Но теперь приходилось за это расплачиваться.

И я начала. Смело и спокойно. Уже после первых аккордов совершенно забылось и о зале, и о людях и обо всех страхах — победила гитара и музыка. А раздавшиеся затем аплодисменты вернули в действительность, и тоже, как всегда, резко полоснув по нервам. Да, я бы отменила аплодисменты, когда песня наголо открывает сердца.

Словом, всё прошло чётко, размеренно, без задоринок и сбоев. Мы настолько хорошо выступали, что нас долго не отпускали, вызывая "на бис" и приветствуя криками: "Молодцы!".

После концерта к нам подошёл начальник лагеря Семёнов и сдержанно похвалил. И тут же сообщил, что в субботу поедем в другой, соседний совхоз. Ну, теперь мы могли поехать и в Большой театр!

Довольные, размягчённые успехом и чуть уставшие, мы возвращались в лагерь. Громкие разговоры, смех, подколки, предложения новых песен, обсуждения концерта, словом, — нормальная атмосфера весёлой, удовлетворённой юности. Никогда не забуду, как легко и жизненно было тогда на душе! Будто неожиданно сняли с меня тяжёлую, непосильную ношу, лежавшую на мне уже так долго, так бесконечно долго, до полного срастания со мной, до приручения меня, до полного даже забывания о ней...

В лагере мы стали героями. Теперь нас знали все, а мы бы ещё подумали, знать ли нам их! Девчонки с затаённым желанием смотрели на знаменитых парней, но с явной неприязнью — на меня.

Да, это было моё первое знакомство с завистью.

Знаешь, до сих пор, я никогда не обращала внимание на то, как относились ко мне девицы. Они для меня не существовали. Моё презрение к ним было настолько естественным, что стало частью моего "я", моего мышления и поведения. Это было инстинктивное отпочковывание меня, как личности, от чего-то мелкого и недоразвитого, вовсе недостойного даже малейшего внимания. Надо было быть личностью, чтобы я заметила этого человека. И приблизила его к себе. Так было с Ленкой Волжановой, с Алкой и с моей Иркой. В каждой из них было что-то, чего не было у меня, и я тянулась к ним, дополняя и впитывая в себя недостающее звено. Лепова была добрее и снисходительнее к людям, она умела смотреть на них с жалостью и прощать им недостатки. Алка заражала неописуемой любовью к жизни и к людям вообще, вовсе не утруждая себя задачей рассмотреть получше, кого она там любит.

Да, я их обожала, но всё равно — с позиции на ступень выше. А вот Волжанову я принимала "на равных". За силу и ум. Всегда для меня начальным пунктом отсчёта, фундаментом уважения к человеку были его сила характера и интеллект. Такие люди реально существовали, причём, стоя на одной со мной ступени, но, чтобы я их и полюбила, они должны были иметь и большой глубины озеро. Озеро души. Чистое и без малейшей мути. Словом такое, которое способно полюбить, причём, по третьей степени. То же самое относилось и к мужчинам. Поэтому я так уважала Кокошкина и ценила его дружбу, но ... искра не могла зажечься — она уже вспыхнула для другого.

Очень интересно было наблюдать проявления возникшей зависти. Я пыталась понять и проклассифицировать это новое для меня явление.

— Ирка, что такое зависть, по-твоему?

— Зависть? — она очень удивилась моему вопросу и задумалась.

Мы сидели на лавочке, недалеко от нашего дома, довольные и сытые после хорошего ужина.

— По-моему, это слабость. Интуитивное признание в своей неполноценности.

— Согласна! Но почему интуитивное?

— Потому, что недоразвитые в умственном отношении люди не могут отдать себе отчёт в своих действиях и мыслях. Не хватает базы, чтобы сделать анализ.

— Точно! Иначе, они бы не завидовали, а стремились достичь того, что им так понравилось у других. Впрочем, — я задумалась. Вспомнились признания парней, как они завидуют тому, кого я полюблю... — Нет. Ведь бывает же так, что ума вполне хватает, чтобы признаться себе в зависти, и даже в собственном бессилии этого достичь? Так сказать — кишка тонка. Согласна?

Ирка подумала и кивнула.

— Тогда почему всё-таки завидуют?

— Э! Так зависть зависти — рознь! Признаться вслух, это есть честный поступок, открытый и мужественный. Такую зависть называют белой. А завидовать исподтишка, ворочаясь в кровати по ночам, да ещё и гадя, при первой же возможности, это — со-овсем другое дело. Такой человек никогда не поймёт, что он — мразь.

— Но таких очень много.

— Потому, что слабых много. И недоразвитых в умственном отношении.

Всё стало на свои места, и я перестала занимать голову такой чепухой. Меня это больше не интересовало.

В субботу приехал Кокошкин. Один. Мне это очень понравилось. Не хотелось встречаться с №2. Тогда я не отдавала себе отчёт почему, но теперь... Думаю, мне чисто интуитивно не хотелось видеть перед собой живое напоминание о моём низком поступке. Да, с ним я поступила, мягко говоря, нехорошо.

Почти весь день мы провели втроём с Иркой. Пили чай, валялись на солнце, загорали, попивали лимонад. Репетиция была назначена только на четыре часа и времени было предостаточно. Но про пруд Серёга не забыл и уговорил нас пойти посмотреть, как он будет брать его штурмом. Я уже и не пыталась его отговорить. Знала его достаточно, чтобы понять всю бесполезность всяческих уговоров.

Когда он разделся, я невольно восхитилась его атлетическим телосложением. Красиво! Ни одного грамма жира или обвисшей кожи, одни мускулы и прямо каскад здоровья и гордости. Здорово! Не зря

Чехов говорил, что: "В человеке должно быть всё прекрасно, и душа, и тело"!

Кстати, о теле. Мужчина и Женщина не могут быть безобразны внешне. (Не путай их с бабами и мужиками, самцами и самками! А чтобы избежать взаимонепонимания, давай сразу договоримся, что когда речь пойдёт о любви третьей степени, будем иметь в виду Мужчину и Женщину. О второй — мужиков и баб, а о первой, самой примитивной — самцов и самок. Так не запутаемся. Хорошо?) Ведь сказал же кто-то их великих: "Любовь — есть желание наслаждаться красотой"!

Спросишь, а как же лицо? Ведь оно-то, не нами выбрано? Вспомни тогда, как Лев Толстой описал дурнушку Марию, сестру Болконского? В её глазах жила красота, заслоняя всё и вся! Там утонуть можно было!

Да, озеро души. А тело — тут уж от души зависит. Какая душа — такое и тело, но... не всегда наоборот. Необходимое, но не достаточное условие. К сожалению. Меньше бы ошибок было.

Я наслаждалась, глядя на тело Кокошкина, как наслаждаются, когда смотрят на картину или статую великого художника. И вдруг подумала, что и его тело не могло быть менее красиво. Даже более — он был выше...

Но Кокошкин не дал ни помечтать, ни наглядеться. Взмахнул руками и прыгнул. Через пару секунд вынырнул и... заговорил!

— Ну, кто сюда, ко мне? Водичка — прелесть!

— Ты с ума сошёл, вылезай сейчас же! — я не на шутку за него испугалась.

— Ладно, признаюсь. Я — морж-любитель. Прошу любить и жаловать!

— Зараза! Что же ты сразу-то не сказал? Так нечестно!

— А хотел тебя попугать. Удалось!

Как я ему позавидовала!

— Зараза ты, всё-таки! Но как я тебе завидую! Сейчас бы так окунулась!

И вспомнила наш недавний разговор с Иркой. Да, теперь я хорошо знала, что она имела в виду, когда говорила про белую и чёрную зависти.

Наконец он вылез. Весь красный, как сваренный рак. И я выпалила:

— Можно я тебя потрогаю?

Ему потребовалось несколько мгновений, чтобы вновь овладеть речью:

— Как-как?

— Ну, пощупать тебя. Такие мышцы... Вот. Ну... Как статую.

Мне очень этого хотелось, но увидев его изумлённое лицо, я пожалела о сказанном. Досадно, что в моём рту не имелось даже малюсенького предбанника. Тогда можно было бы заблаговременно проверить всё, что без разрешения хочет вылететь из сердца, а затем уж решать, поднимать шлагбаум, или нет. Но "слово — не воробей, улетит — не поймаешь". Впрочем, Кокошкин быстро пришёл в себя и весело сказал:

— А что? Давай, не разочаруешься. Тут — всё реальное, не бутафория.

Нет, уже расхотелось. Поздно. Порыв прошёл, и сейчас это было бы уже не то.

— Ладно, одевайся, не буду тебя смущать.

И подумала, что он бы меня понял. Сразу, с полумысли. Я повернулась к Ирке и тихо спросила:

— С тобой бывает так, что когда ты встречаешь какого-нибудь парня, то мысленно, ну, как бы машинально, сравниваешь его с Денисом?

— Конечно! Но всегда выигрывает Денис, — она смотрела на меня очень подозрительно. — А почему ты об этом спрашиваешь?

— А если случится, что Денис проиграет?

— Тогда пойму, что разлюбила его.

— А если будут на равных?

Я тогда не знала, каким кровавым для Ирки окажется этот вопрос в совсем уже недалёком будущем. Но сейчас она ответила спокойно, даже не задумываясь:

— Так не бывает, потому что двух одинаковых людей нет!

Она была права. Но тогда... Тогда для меня это означало только одно — беспросветное одиночество. Найти лучше его казалось абсурдом, а одинаковых нет...

И опять захотелось помчаться, куда глаза глядят, напролом... Нет. Лучше с закрытыми глазами... Но Ирка была начеку:

— Слушай, брось ты залезать в философию, — она тряхнула меня за плечи. — Пойдёмте лучше опять позагораем. Кто его знает, сколько ещё лето продержится?

И мы отправились в лес.

Вообще, загар у меня был очень позорный. До пояса я была чёрная, как негр, настолько, что в Америке со мной могла произойти такая же история, какая случилась с одним из знакомых моей мамы. Он поехал с группой советских туристов в США, сразу после месяца пребывания на пляже в Крыму. В программе было и посещение одного из роскошных ресторанов, таких, где на дверях красовалась вывеска: "неграм вход воспрещён". Ну, всю группу пропустили, а его задержали. В объяснение, стали тыкать пальцем в ту самую вывеску. После долгих споров он сдался и потащил одного из вышибал в мужской туалет. Ты уже поняла, что он ему там показал. Да, она была чисто белого цвета. Пропустили, да ещё и с извинениями. Но вряд ли поняли двойной смысл туалетной демонстрации.

А мне было достаточно прийти туда в мини юбке, но без колготок. На стройке ноги никак нельзя было оголять — запрещала техника безопасности. Каска на голове, тяжёлые бутсы на ногах и брюки были категорически обязательны. Вот и получалось, что смотреть на меня всю целиком было невозможно без смеха. Я старалась хоть как-то сравнять разящую разницу в цвете, подставляя солнцу, по выходным, только нижнюю половину. Надоело слышать подколки, типа, у кого я украла ноги, или с какого негра содрала половину шкуры и почему только половину, наверное, в цене не сошлись, и т.д. и т.п.

Но мои старания были заведомо безрезульатными, так как суббот и воскресений было два, а рабочих дней — пять. Но я надеялась, что предел есть всему, и почернению кожи — тоже. Поэтому не сдавалась и использовала всё возможное время для исправления неожиданных последствий моей работы стропальщицей. Неужели во всём есть оборотная сторона? Пусть, но у данной медали площадь лицевой стороны значительно превосходила оборотную. И я ни о чём не жалела.

Когда мы вернулись в лагерь, Ирка пошла домой, а Сергей проводил меня в столовую на репетицию. Прежде, чем зайти, я не утерпела и спросила:

— Как там Серёга? Он очень на меня... ну, обиделся?

— Всё в порядке. Мы поговорили, и он всё понял. Не переживай.

— Да я и не переживаю! Так, только спросила.

— Да, да. Знаю. Ну, иди, а я пока почитаю. Книгу новую достал, "Три товарища" Ремарка. Читала?

Начинало надоедать всё время отвечать на такие вопросы словом из трёх букв.

— Если хочешь, дам прочитать. Там о дружбе. О настоящей. Есть, конечно, и про любовь. Но... не знаю. Для меня, — это книга о дружбе.

А после репетиции, мы поехали на выступление. Серёжка увязался с нами.

Зал клуба и на этот раз был полный. Опять начинала я, и опять меня бил мандраж. Я даже удивилась. Думала, что к сцене можно привыкнуть, как и ко всему на свете. Оказывается, нет. Видимо, это было что-то из тех редчайших на земле вещей, к которым невозможно привыкнуть. Никогда. Каждый раз, как в первый раз.

Наверное, где есть искренность, где поёт свою песню душа, глубокая и чистая, как небо — нет места для обыденности. Да и разве можно привыкнуть к поцелую любимого, к первому подснежнику, к грозе, рассветам и закатам, бессмертным полотнам художника или к музыке гениев?

Да, хорошо, если в жизни нет места для привычки, если не засосала рутина серого дня, не победила обыденность бесчувствия. Только такая жизнь называется жизнью. Всё остальное – лишь существование.

Нам опять долго хлопали, и успех был ничуть не меньшим, чем в предыдущий раз. Настроение резко поднялось, и мы чувствовали себя на седьмом небе от счастья, тем более, что на этот раз обошлось и без русского успокоительного.

После концерта ко мне подошёл Кокошкин:

— Знаешь, я сейчас слушал тебя и вот что подумал. Только ты выслушай меня спокойно, ладно?

Видно было, что он очень волновался. Я удивилась, но пообещала быть абсолютно спокойной. Как танк.

— Не может он тебя не любить. Тебя вообще невозможно не любить. А уж если и ты полюбишь... Знаю, что сам себе горло режу, но... очень хочу, чтобы ты счастливая была. Пусть не со мной, но счастливая.

Это было настолько неожиданно, настолько непохоже на самого Серёгу, что я просто открыла рот и не смогла его закрыть. Никогда он сам не затрагивал эту тему. Никогда... И мне стало невозможно его жаль и... себя тоже. И я решилась рассказать ему всё, понимая, что это будет нашим первым шагом к концу.

— Серёжа, я хочу... нет, я должна тебе всё рассказать.

— Я ни о чём не спрашиваю, не говори, если не хочешь.

Я помотала головой и сказала, что поговорим, когда вернёмся в лагерь.

Наконец автобус тронулся. Всю дорогу мы не разговаривали, думали о своём. И очень скоро мне стало понятно, почему я больше не могла молчать.

Все отношения между двумя, будь-то любовь или дружба, рано или поздно, встречают на своём пути кризис. Как пропасть. Или победят, помогая друг другу, или расстанутся, навсегда потеряв друг друга в пространстве и во времени. Если переправятся — вступят в новую, высшую фазу, чище и глубже, всё больше вростая друг в друга. А секрет победы только в одном — страстно и взаимно этого хотеть.

А я не хотела. С Кокошкиным — нет. Было просто всё равно. Но и молчать стало невмоготу: я слишком уважала его для этого. Вот почему появилась убеждённость, что моё признание неизбежно станет первым и необратимым шагом к концу.

Было уже совсем темно, когда мы доехали. Но жизнь лагеря только начинала набирать обороты. Когда жара вместе с солнцем отправлялись спать, молодёжь высыпала на улицу, и снова слышались смех, разговоры, песни и звуки гитар.

— Пойдём, предупредим Ирку, что ты сегодня у нас ночуешь. Чтобы не возмущалась, когда я полезу к ней в кровать.

Серёга кивнул. Но Ирки не было, за ней зашёл Валов, и они ушли на костёр.

— Ну, тогда это надолго. Тут все скамейки заняты. Может, возле столовой?

Я не ошиблась: так далеко от центра было и тихо, и пустынно. И очень спокойно. Да, было очень спокойно на душе. Может потому, что всё, что ещё можно было из меня выжать, было только что отдано сцене?

— Серёжа, помнишь ту историю с КГБ?

— Помню, конечно. Но причём здесь это? — он удивлённо посмотрел на меня.

В свете луны его глаза странно блестели. Впрочем, это были стёкла очков. И я опять подумала, насколько у него некрасивое лицо.

— Меня вызывали на допросы. Четыре дня. В общем, это он, мой следователь.

— Что?! Подожди, может я тебя неправильно понял? Ты хочешь сказать, что...

— Да. Женат, двое детей, майор КГБ и на 18 лет меня старше.

Я не смотрела на него. Но по тому, как вдруг пропало его дыхание, как он весь замер, превратившись в безмолвную статую, почувствовала глубину его ошеломления. Сергей так и не смог ничего понять. В его голове это просто не укладывалось.

— Нет, ничего не понимаю. Или я полный дурак, или...

— Или я сошла с ума. Думаю, последнее.

—Нет... Прости, но я тебя правда не понимаю. Не могу понять, — он помолчал и добавил. — Но... но зато понял другое.

— Что?

— Что мне с ним не потягаться. Во всех смыслах. И не только мне.

— Знаю. Я постоянно сравниваю его с другими. И... с тобой тоже. Но... извини. Рядом с ним нет места никому.

— Но ты же понимаешь, что... что у вас нет будущего?

— Не только будущего, но и настоящего.

Последние слова сработали. Волна зашевелилась и стала с ленцой, тяжело подниматься. И я быстро заговорила:

— Ладно, давай пойдём спать, а? Что-то устала я сегодня.

Он встал и в первый и последний раз потерял над собой контроль.

— Да неужели ты не понимаешь, что всё это просто бессмысленно? Что ничего из этого никогда не получится? В любом случае! Зачем тебе это? И потом, ты же сама сказала, что он тебя бросил! Бросил! Что, всю жизнь теперь его ждать будешь?!

— Это ты ничего не понял! Не хочу я жалкие копии! Понимаешь? Не-хо-чу! Понял?! Или всё, или ничего!

— Понял! Понял, что ты витаешь в облаках! Когда же на землю спустишься?!

— Не хочу на землю! Не хочу существовать! Жить хочу! Понял?!

Он замолчал. Только долго смотрел на меня странным, непонятным мне взглядом. Потом повернулся, и мы вернулись домой.

Рано утром он уехал, даже не позавтракав. Ушёл, но потом неожиданно вернулся и, глядя мне в глаза, давясь словами, попросил:

— Не уходи.

— Сам уйдёшь.

— Нет.

— Увидишь.

— Ты увидишь.

— Один парень сказал, что если хоть одного человека сделаешь счастливым — ты не зря жил. Сделай счастливой ту девушку, которая тебя любит и будешь знать, что не зря коптил небо.

Он не ответил. Секунду смотрел мне в глаза, потом повернулся и ушёл. Мне стало грустно.

А после обеда повесили мою Ирку. Нет-нет, не пугайся, не до конца. Но... Дело было так. Валов и ещё пару идиотов решили поиграть в с랁едневековых судей, а она должна была быть ведьмой, которую они приговорят к костру. По технической сложности осуществления бутафорского костра, единогласно решили заменить приговор к сожжению на повешение.

Знаешь, думаю, что такое может случиться только, пока тебе ещё не исполнилось двадцати лет. Столько у тебя энергии, столько жизненной силы в душе, что они просто забивают нормальное чувство опасности. Да и мозги. Совершенно не верится, не укладывается в голове, что смерть может оказаться сильнее и победить твою неописуемую, бьющую фонтаном, любовь к жизни. Кроме того, ты абсолютно уверен, что эта любовь — взаимна. На равных. Я уверена, что на войне, по процентному соотношению, подростки погибали чаще. Их практически невозможно было сдержать, так рвались на самые опасные участки, на самые опасные задания. И погибали вовсе не потому, что им не хватало ума или опыта, а из-за отсутствия у них сторожа-охранника — страха. Только потом, наглядевшись и

124

поднабравшись фактов и доказательств обратного, приходила нормальная необходимость сначала взвесить все "за" и "против", а потом уж действовать.

Как бы то ни было, пацаны нашли подходящее дерево и хорошую верёвку, где-то откопали старый, подозрительный стул и появились умельцы по петлям. Ирку торжественно приговорили к виселице и потащили к готовой петле. Она деланно сопротивлялась, а фотограф должен был запечатлеть сам исторический момент. Но в кадр, естественно, не должен был попасть стул. Надели ей на шею удавку, отошли и... стул сломался, и Ирка повисла.

Столбняк ужаса и растерянности — вот что последовало мгновением позже. Только когда она начала хрипеть и синеть, очнулся Валов. Секундой позже он уже держал её за ноги, изо всех сил стараясь сохранить равновесие и не упасть. А ведь в ней было не менее 60 килограмм уже обмякшего, в полусознании тела. Остальные же продолжали стоять мумиями с раскрытыми ртами.

— Да что же вы стоите, сволочи! Помогите!!! — прохрипел Вовка.

Тогда все очнулись. Как по мановению волшебной палочки. Но... засуетились, забегали, заговорили, заахали, но так никто и не сообразил подскочить ему на помощь. И Вовке пришлось ещё раз, уже из последних сил завопить:

— Идиоты!!! Поможет мне кто-нибудь или нет???

И вот только тогда кто-то подставил свои руки под ноги Ирки. А Вовка заорал:

— Нож! В столовую! Быстро!

Да, ни у кого из них ножа с собой не оказалось. Полное отсутствие таких слов, как "на всякий случай". А Ирка уже не подавала признаков жизни.

Вовку сменили, и он побежал за водой. Когда вернулся, она уже лежала под деревом. Плеснул ей воды в лицо и она открыла глаза. На шее у неё виднелась кровавая ссадина от петли, которая потом долго не заживала. Знаешь, какая у неё была первая реакция, первые слова, которые она произнесла, выбравшись с того света? Никогда не догадаешься!

— Ты хоть сфотографировал?

Она долго жалела, что и фотограф оказался из мумий. Даже фотографии на память не осталось. Всё оказалось даром.

Не раз, потом, я думала о столбняке, который охватил всех ребят. Как ни крути, а это был самый элементарный страх. Трусость! Трусость взять на себя ответственность, принять решение. А ведь в данной ситуации они ничем не рисковали! Ни их телам, ни жизням ничего не угрожало! Но если даже в такой ситуации, они всё-таки не среагировали, то в более серьёзной просто сбежали бы. Не оглядываясь.

Это уже не исправишь. Можно прожить всю жизнь с человеком и так и не понять, что он — из мумий. Или всё-таки есть способ это узнать? Да, думаю, что да. Ведь что такое трусость? Это, прежде всего, слабость. А от слабого человека можно ожидать всё что угодно, и предательство — лишь один из пунктов этого "всё".

По самым малым, мелким и, на первый взгляд, незначительным поступкам можно узнать о человеке всю его подноготную. Надо только уметь видеть. Ведь смотреть — это ещё не значит и видеть.

Но... Как подумаю, что из группы в семь-восемь человек только один Валов оказался человеком... Да, не густо.

Всю эту историю я узнала от Ирки и от Вовки, и прекрасно видела, что сам Вовка вовсе не чувствовал себя ни героем, ни суперменом. Что вполне нормально. По сути, он поступил абсолютно обыденно, так чем же гордиться? Зато другим парням я не завидую. Они-то теперь хорошо знали, кто они и чего стоят.

На следующий день я получила от мамы телеграмму, где она сообщала, что ко мне едет папа. Навестить. Дело в том, что стройотряд должен был продлиться до конца августа, а потом — сразу месяц картошки. Домой я бы так и не попала. С мамой во время её лечения в клинике я уже повидалась, а вот с папой в следующий раз могла увидеться только на зимних каникулах в следующем году.

Было приятно узнать о его приезде. Я всегда знала и чувствовала, что он меня любил. По-моему, даже больше, чем мама. И баловал невозможно. Если мне надо было у него хоть что-нибудь выклянчить, достаточно было сказать: "Ну, папочка, ну, пожалуйста!" — и поцеловать его, и он сразу же таял, как сахар в стакане кипятка. Помню, как однажды, будучи ещё ребёнком, я пристала к нему, требуя мороженого, а сама лежала в постели с температурой и двухсторонним воспалением гланд. Да, горло было всегда моей ахиллесовой пятой. Так вот, папа даже тогда не смог отказать, но предусмотрительно взял с меня слово, что я ни в коем случае не проболтаюсь маме. Но я была ещё слишком маленькой, и конечно, сразу же ей похвалилась, какое вкусное было мороженое. Ох, как досталось бедному папе! Он сильно на меня тогда обиделся. Если бы он не пил! Но это от меня не зависило.

Вся третья, последняя неделя моего пребывания в отряде прошла спокойно, без особых приключений. Каждый день я подбивала организовать костёр, пели гитары, пеклась картошка и два раза агитбригада давала концерты в ближайших посёлках.

Однажды, после ужина, несколько ребят и девчонок стояли кружком, чуть в стороне от столовой, и беседовали. В группе были и Юрка с Юлей (последнее время они всегда были вместе), а Алексей стоял посреди цветника и о чём-то с ними шутил...

И я поняла, что созрел момент мести. Подошла, добродушно поздоровалась и прислушалась к разговору. Алексей предлагал девицам погулять по лесу. Не долго думая, я произнесла:

— Девочки, только не ходите с ним в одиночку. А то на следующий день весь лагерь будет знать, как и в каких позах, вам больше нравится заниматься любовью. Словом, во всех подробностях.

Сначала была немая сцена, потом Юрка начал весело ржать, сразу догадавшись о чём идёт речь, а потом сине-зелёное лицо Алексея подтвердило, что и он понял, откуда подул ветер. Девицы, ничего не соображая, искали ответ в наших глазах, а я, очень довольная произведённым эффектом, елейным голоском добавила:

— Я вас предупредила. Ну, пока! — и весело зашагала домой.

А в пятницу случилось то ЧП, которое и прервало моё пребывание в отряде. Впрочем, рано или поздно, но должна же я была когда-нибудь поумнеть?

Мою бригаду послали работать на крышу одного недостроенного дома. Убей, не помню, что мы там делали. Наверное, очищали от остатков строительного мусора. Крыша была пологой, и забрались мы на неё вполне цивилизованно: по лестнице, приставленной к торцу здания. Работали, продвигаясь к противоположному краю. Когда я удосужилась заметить, что никто из пацанов, закончив свою работу, не возвращался, просто исчезая с поля зрения, я уверенно решила, что и к той стороне крыши приставлена лестница. Лишь дойдя до её края, я сделала пренеприятнейшее открытие: культурного спуска не было и в помине. Внизу, метрах в четырёх, была земля, а от конца здания, чуть сбоку, метрах в трёх — куча песка. Она-то и выполняла благородную роль лестницы. Рядом с ней стояли парни и весело, с издёвкой, подтрунивали:

— Этот спуск — не для девиц! Возвращайся назад, к лестнице!

Отступать было некуда. Такого унижения я бы никогда не перенесла! Смирившись со своей участью, я прикинула расстояние до песка. И убедилась, что с небольшого разгона его вполне можно было преодолеть. Только отойдя на несколько шагов от края, я по-настоящему испугалась. Крыша, оказывается, не была равнинной, имела вид очень плоского треугольника, с еле заметным уклоном от центра. Но этот уклон, совершенно невидимый ранее, скрывал собою точку отталкивания для прыжка, то есть, конец крыши. Тогда я не сообразила, что все парни были значительно выше меня, и для них этой проблемы просто не существовало. Короче, надо было прыгать с места, и шанс дотянуть до спасительной мягкой кучи приравнялся к нулю. Но и отступить, пойти назад было абсолютно недопустимо. Не с моей гордостью!

И я прыгнула. Дотянула только до начала кучи, до присыпанной песком земли. И словно нож, со всего размаху, врезался по рукоять в левое колено. В буквальном смысле слова потемнело в глазах, исчезли звуки, и на какое-то мгновение я потеряла ощущение действительности.

Когда вновь вернулась реальность, я услышала восхищённые голоса парней. Поняла, что они ещё ничего не заметили. И обрадовалась. Поднялась на одной правой ноге, держа левую на весу. А зубы — вжатые в губы. До крови. Но скорее согласилась бы умереть, чем застонать. А вот идти не смогла. Не только не смогла, но даже попытка двинуть ногой вырвала стон. Даже зубы не помогли. И только тогда парни что-то заподозрили. Подошли и спросили. Но я лишь молча указала жестом на колено. Тогда они сделали из переплетённых рук стул и понесли меня в лагерь. Только когда положили на кровать, ко мне вернулся дар речи:

— Спасибо. Завтра всё будет в порядке. Отлежусь только. Тем более, что завтра — суббота. До понедельника заживёт.

И наотрез запретила сообщать что-либо начальству.

А утром я не только не смогла встать с кровати, но даже пошевелиться. И ошарашенно смотрела на моё колено, ставшее за одну ночь синего цвета и огромных, с хороший мяч, размеров. И сдалась. Ирка побежала к начальству и через три часа меня увезла скорая (!) помощь. Помню испуганное лицо Семёнова, когда он меня навестил:

— Ты ведь прыгнула уже после рабочего дня, так?

Вообще-то это был рабочий день, вернее, конец рабочего дня. Но было ясно, о чём он волновался. И я успокоила его, хотя и очень особенным тоном:

— А как же! Какой там рабочий день! Так, баловались от нечего делать. А на крышу я от скуки полезла.

Да, а теперь мне было очень "весело". Кроме всего прочего, в тот день приезжал папа. И конечно, Кокошкин. Он предупреждал, что приедет после обеда. Во, будет им сюрпризец!

В районной больнице, куда меня, наконец, привезли, мест в палатах не было, поэтому положили в коридоре. Впрочем, он весь был заставлен кроватями. Даже чтобы попасть в туалет, надо было обойти кого-то.

Уложили и забыли. Вспомнили часа через два и потащили в процедурную. Хирург без всяких объяснений и обезболивающих долго щупал моё колено, вызвав у меня слёзы. Но не стоны. Странно поглядел на меня и, сказав, что до свадьбы заживёт, уверенно воткнул в колено большой шприц с толстой и длинной иглой. Так как все мои мысли были только о том, чтобы не заорать, ничего не помню из того, о чём они переговаривались с медсестрой, пока он тянул из меня кровь, несколько раз опорожняя шприц и втыкая его в другое место. Наконец, крови стало мало, и он прекратил пытку.

— А ты — молодец! Обычно все орут, как резанные. Всё. Сейчас гипс, и через два-три дня — домой.

Казалось, что он был даже разочарован, что не услышал моих воплей. Но... гипс? Как это — гипс?

— А как же стройотряд?

Он уже был в дверях. Оглянулся, и в его взгляде было сплошное удивление.

— Нет, вы только посмотрите на это ископаемое! Все волнуются про свои конечности, а она? О чём? Об отряде! Да откуда ты взялась-то такая, а?

Я ответила, и он засмеялся. По-хорошему, по-доброму.

— Не волнуйся, будут у тебя ещё стройотряды, только потом, через годик. Хорошо? — и опять воскликнул, покачав головой. — Ну, надо же, про сторойотряд испереживалась! Впрочем, приятно, что такие ещё есть, не повымирали, как мамонты.

Махнул рукой и ушёл. А я была в ужасе. В полном кошмарном отчаянии. До желания застонать! Завыть, а не застонать! А сестра продолжала наматывать на мою ногу гипс. Когда закончила, сказала:

— Снимешь его не раньше чем через месяц и, если всё хорошо, ещё минимум полгода проходишь с тугим эластичным бинтом. Иначе всё равно ходить не сможешь. Связки — дело не шуточное. Ясно?

Всё было ясно, и я с трудом сдержалась, чтобы не разрыдаться.

Костылей в больнице не оказалось. Взяли взаймы у кого-то, чтобы я смогла доковылять до кровати. Легла и попыталась забыться, но нога не давала дышать. А в обед пришёл папа.

— Ты что натворила? Зачем прыгала с крыши? Что сказали врачи?

Всё объяснила. Папа ещё долго не мог успокоиться, но тоже не разделил моих переживаний про отряд. Странно, но никто меня не понимал.

Через час папа вернулся в Ленинград, обещая приехать утром, застать врача и поговорить с ним. А после него прилетел Кокошкин. С цветами! С большим букетом полевых, пахнущих летом цветов! Ну почему я не встретила его раньше?!

— Ух, как я напугался, когда узнал, что ты в больнице! Думал — умру! Потом только узнал, что это, всего-навсего, нога. Чепуха! У тебя их целых две, одной больше, одной меньше! Главное, что это не что-то из того, что у нас в единственном числе!

— Привет! Спасибо за цветы. Какой ты молодец! Только найди, пожалуйста, во что их поставить, а то завянут.

Серёжка исчез. Через пять минут цветы стояли у меня на тумбочке, в моих ногах.

— Как хоть случилось-то? Зачем ты прыгала с крыши?

А услышав мой рассказ, сказал:

— Я всегда говорил, а теперь ещё больше в этом убеждаюсь, что ты — абсолютно ненормальная. Хорошо ещё, что таких, как ты, практически нет. Представляешь, если бы вас было много?

— Мы бы сделали и других такими, как мы, и на земле наступил бы рай. Вот.

— Хирургов на земле не хватило бы, а не рай!

— Зато не было бы войн, измен и предательств!

— Как раз и было бы! Вам пришлось бы уничтожить всех, кто с вами не согласен. То есть, тех, кто предпочитает лестницы, а не кучи песка! Переделать-то людей нельзя? Нельзя.

— Нет, мы бы их не трогали. Зачем? Наоборот, хранили бы их, как редких вымирающих зверей в зоопарке. Кормили бы и развлекали, и даже делали бы вид, что нас вообще нет, и что они сами решают свою судьбу. А те, кто догадался бы, сами сэволюционировали бы. Ну, хотя бы из зависти. Ведь только у нас была бы любовь и радость познания истин. Вот!

— Сдаюсь! С твоей шахматной логикой мне делать нечего. Но... ведь тебе понравился мой букет?

— А причём здесь твой букет?

— А притом, что это — простые, полевые, невзрачные цветочки. Практически, сорняки. А есть и розы, и тюльпаны, и... Словом, хочу сказать, что и сорнячки нужны. Тоже радость и пользу приносят. Не всё — розы да гладиолусы. Понятно?

— Они приносят пользу только там, где не надо выращивать хлеб. Место своё должны знать. А не вдолбишь! Поэтому я и сказала про зоопарк. А розы не мешают никому. Только радость и любовь от них. Вот так!

Я была счастлива — на обе лопатки. И Коха поднял обе руки.

— Но очень хотел бы знать: есть кто-нибудь, кто может положить тебя на ковёр?

Ясно выпирал другой вопрос в заданном вопросе. И я ответила:

— Есть. Он. И не один раз.

—Я так и знал, — он помолчал. — Знаешь, я всё думал о нашем разговоре. И кажется, понял тебя. Твой избранник должен быть в первую очередь сильнее тебя. И хоть в чём-то, но выше. В общем, — чтобы ты всегда была догоняющей, а не догоняемой. А я — скорее на равных с тобой, если не в роли догоняющего.

— Не знаю, наверное, ты прав. Но ты очень, очень хороший парень!

— Ну, вот! На комплименты напросился!

— Слушай, — как всегда, вопрос вырвался без "предбанника", — а если я останусь хромой, ну... калекой, ты... ты...

— Тогда ты не будешь больше сигать с крыш! Я женюсь на тебе и буду спокоен за все крыши мира!

Он улыбался, но я поняла, что в его шутке было очень мало шутки.

— Давай никогда не расставаться? Ну в смысле, всегда оставаться друзьями, а?

Я тогда ещё верила в дружбу между мужчиной и женщиной. Он — тоже.

— По рукам!

Он ушёл, оставив меня с отличным настроением. Но ночью... Да, на этом я остановлюсь подробнее.

Наша больница в ту ночь дежурила по скорой помощи. Всё, что происходило в районе, привозилось к нам. А моя кровать стояла в двух шагах от операционной.

Я спала, несмотря на ноющий протест скованной ноги. Разбудил шум, беготня и крики врачей. Подняв голову, я увидела быстро приближающиеся носилки, на которых лежало что-то большое, ярко-красного цвета. Когда это что-то оказалось на уровне моих глаз, я нашла на нём лицо — грязное и страшное в своей неподвижности, которому было не больше 16 лет. Всё остальное оказалось тем, что от этого парнишки оставалось -- там, где должны были находиться его левая рука и левая нога было плоско, красно и очень мокро.

Видение исчезло в операционной. И возле меня оказалось другое лицо. Тоже парня, светловолосого и очень симпатичного. Оно заговорило:

— Какой кошмар! Видела, как его уделало? Он на мотоцикле ехал и — прям в грузовик, на всём скаку. В лоб! Девчонку вёз. Так её до сих пор, наверное, собирают. По кусочкам, представляешь? Я тут всех знаю, вся информация — из первых рук!

Я не могла говорить и с трудом различала его слова. Но что-то было в его интонации... что-то такое, что резало по остолбеневшей душе...

И тут до меня дошло. Он развлекался. И хвастался!

Ох, Ленка, и такое бывает?! И мой шок ещё более усугубился. Я вообще перестала что-либо понимать. Но и это ещё было не всё. Опять крики и беготня привели в чувство. Вновь носилки. Вновь неподвижное тело. Вновь белое, под простынь, лицо. И вновь ярко красные пятна. На этот раз, вокруг головы.

— Побегу, узнаю, кто это, — бросил парень и исчез.

А я ничего не соображала и ни одной мысли не было в одуревшей голове.

— Узнал! Ехал на велосипеде, и-и-и — раз! Сзади, "Москвич" в него вмазался. Не увидел. Голову расшибло, страсть! Говорят, если жив будет — или ослепнет, или ненормальный останется. В коме сейчас. 30 лет ему. Жене уже сообщили. Двое детей у них. Представляешь? Ой, тут всю ночь такое будет! Не соскучишься! Только не спи.

Нет, до моего сознания всё происходящее не доходило. Но... но появились вопросы. И они стали долбить дятлом: "Почему???" и "За что???" И всё сильнее хотелось закрыть рот этому незнакомому парню. Было отвратительно-ужасно видеть радость развлечения, откровенно написанную на его лице. Да. Это было ужаснее всего.

А потом прибежали родители того парнишки и жена того мужчины. И я видела и слышала всё отчаяние этих людей. И у меня перестала болеть нога. И потеря стройотряда показалась мелкой песчинкой на побережье людского горя.

Именно тогда я задала себе этот огромный в своей важности вопрос: "Неужели это только случайности, бессмысленные, безмозглые случайности? Или есть канва, невидимая, неосязаемая, непонятная, но вполне логичная для Кого-то? Но ведь этого Кого-то нет? А тогда... Нет.

Смысл есть во всём, во всём, что только существует во Вселенной. Значит, и в нас, людях — тоже. Но тогда сломать жизнь этого парнишки имело определённый смысл, было заранее предусмотрено и запланировано? Значит она, эта жизнь, не должна была стать полноценной, прямой, не обломанной?

Но кто тогда всё это планирует? И зачем? И почему? Подожди, а может, за что? Но это уже — Библия, про которую я слышала, но не читала. И потом, меня всю жизнь учили, что Его, этого Кого-то, — нет! Что всё это — чепуха! И Ленин так считал. Но тогда получается полная бессмыслица. А я не верю в бессмысленность природы! Или... Нет, так я голову себе сломаю"

("Есть поверхностные люди, которые верят в фортуну, случай, обстоятельства... Сильные люди верят в причину и следствие." R.W. Emerson).

А потом привезли девушку: сбила машина на переходе, возвращалась со своим ухажёром с вечеринки. Парень был из мумий — не среагировал, не вмешался, и девушке ампутировали четыре пальца на правой кисти. Всё остальное пройдёт, заживёт, но пальцы не вырастут. Дорого ей досталось прозрение.

Ту ночь в больнице я не забуду никогда. Такое невозможно забыть. Знаешь, я бы даже посоветовала тем, кто страдает и не знает, как выбраться из отчаяния, посидеть в приёмной скорой помощи. Хватит одной ночки. Уверена, что пошатнувшееся представление о ценностях сразу восстановится и вновь займёт своё место в сознании.

("Я жаловался, что у меня нет ботинок. Увидел человека без ног. Перестал жаловаться." Saadia).

Та ночь родила во мне много вопросов. И в один прекрасный день, когда я засела в библиотеке в поиске ответов на них, не было у меня сомнений, что первым шагом к этим книгам, покрытым пылью невостребованности, стала именно та ночь.

В воскресенье утром появился папа и сообщил, что врач отпускает меня на следующий день. Отлично! Кроме того, к вечеру приехали ребята из отряда с букетами полевых цветов и гитарами, и мы хорошо посидели в больничном садике. Их визит согрел душу. Приезжал и Серёжка. Сказал, что обязательно будет и к выписке.

В понедельник утром мне вернули свободу. Забирать приехали папа и Сергей. Но не всё было так просто, как кажется. Как я уже говорила, в больнице не было костылей. Каждый раз, когда надо было встать по любой необходимости, приходилось просить кого-нибудь принести мне две деревянные ноги, взяв их взаймы у кого-то из больных. Я заблаговременно поставила папу об этом в известность и вдруг, оказалось, что и во всём Ленинграде не было никакой возможности купить эти два куска палок. Нигде! Вот здорово! Сказать, что я была поражена — ничего не сказать. Это был полнейший шок! Попробуй, уложи в сознании, что страна, владеющая космосом и ядром, не имеет костылей! Я вспомнила про Соколова и опять подумала, что он тысячу раз прав. Неужели он этого не видит? Или не хочет видеть? Или те, кто свято верят во что-то, практически неизбежно слепнут? "Нет", — подумала я, — "я никогда, ни во что не буду верить, как в догму. Иначе тоже стану слепцом. Как в природе — всё течёт и меняется, так и истины, сегодня кажущиеся непреложными, завтра будут вызывать смех. Иначе никогда бы не было ни Коперника, ни Ейнштейна, ни Менделеева. Сомневаться во всём — вот где истина. Вернее, только это и есть путь к истинам".

(Знаешь, Ленка. Это ведь, в самом деле, поразительно! Все эти мысли, все выводы, которые я излагаю в этом письме, зрели в 18-летней голове! Представь же, как мне было радостно узнать, но много, очень много лет спустя, что так думаю не только я!: "Человек, который никогда не меняет своего мнения, становится как стоячая вода: рождает умственных рептилий." W.Blake).

Но мысли о нём давили. Поэтому я резко запретила себе продолжать с ним немой разговор.

Папа приехал только после обеда. Всё утро он вместе с родственниками, подняв по тревоге всех их знакомых, искал по городу костыли.

А по дороге к электричке, я познакомилась с элементарной жалостью.

Никогда не думала, насколько это чувство убийственно и омерзительно. Я ковыляла на своих деревянных подставках и ловила на себе многочисленные жалостливые взгляды прохожих. И с каждой такой ловлей, всё труднее становилось сдерживать слёзы. И крик. Это было поистине убийственно. Взгляды просто уничтожали, высасывали из меня силу и волю, приговаривая к пожизненному заключению в слабости.

("Чувство, которое наиболее трудно перенести человеку, особенно, когда он этого заслуживает, — жалость. Ненависть — тонизирует, заставляет жить, взывает к мести. Но жалость убивает, делает ещё более слабой нашу слабость". Honore de Balzak).

Да... Но и этот урок не прошёл даром: никогда и никого в своей жизни я больше не пожалела. Никогда. Ибо нет ничего более унизительного, более бесчеловечного, более уничижительного и лицемерного, чем жалость! Если не способен сострадать — уйди, но не смей оскорблять жалостью!

Уверена — те, которые жалеют, сами несут приговор, не подлежащий амнистии — слабость особо строгого режима.

В электричке мне уступили место. Ох, Ленка! Но я уже взяла себя в руки. Только старалась не встречаться глазами с этими волнами унижения, исходящими от взглядов окружающих.

Кокошкин не был слабаком. С ним мне было хорошо и спокойно.

В Ленинграде я пробыла целый месяц, почти до конца августа. Все это время жила только ожиданием заветного дня, когда снимут гипс, чтобы сразу поехать в отряд. Каждый день, по вечерам, приходил Серёга. Я брала костыли, и мы выходили посидеть в садике, рядом с домом. В те дни я прочитала книгу "Три товарища" и была поражена ее силой. Серёжа был прав. Эта книга была о дружбе. Конечно, там много говорилось и о любви, но как бы во вторую очередь, после дружбы.

— Вот-вот! Я же говорил тебе! Понравилось?

— Не так. Понимаешь, мы столько говорили про любовь, ну, прямо по полочкам её разложили. А тут... Словом, теперь я знаю, что такое дружба. С большой буквы.

— Да, я тоже. Только это — как настоящая любовь, такая же редкая штука.

— Думаю, что только тот, кто может полюбить по третьей степени, способен и на такую же дружбу.

—Как ты здорово сказала! Ведь точно! Такая классификация подходит и к дружбе, на все сто процентов!

— Да. Только от этого — не легче. Мало того, что настоящую любовь — днём с огнём не сыщешь, а уж если и дружбу! Выходит, что если хоть одно встретишь, то и за это надо судьбу благодарить. А уж ждать от неё и того, и другого!

— А ты и здесь права, — он помолчал. А потом добавил. — У меня такой друг уже есть, Серёга. То есть, мне крупно повезло. Но это означает, что про любовь... Слишком многого хочу, так?

— Так. У меня ведь тоже уже есть такой друг — Лена. В Москве учится. Значит..., — я улыбнулась и закончила. — Слишком многого хочу. Так?

— Нет, не так. Ты не хочешь. Если бы ты только захотела...

Лето шло на убыль. Уже давно земля утеплялась опавшими листьями, солнце готовилось к зимней спячке, небо разыскало, наконец, и собрало свои облака, и тихо остывал воздух. Я подняла голову и увидела цветную, колышущуюся массу листьев и пятна блёкло-серого цвета. Вдохнула пахнущий приближающейся зимой воздух...

Шла осень. Воздух пах разлукой,
В стальных доспехах скрылись небеса,
И солнце, отработав смену,
На нас смотрело с грустью сентября.
Предатель ветер, поменяв хозяйку,
Лакеем спину гнул, ей очищая путь,
Угрозу смерти подняв, как нагайку,

Всему живому приказал заснуть.
Земля не спорила, из листьев кожей
Прикрыла грудь до следующей весны.
Давай и мы в пух лебединый тоже
Сердца уложим от когтей зимы.

И...

— Серёжа, не приходи ко мне больше. Не надо. Давай увидимся в следующий раз, уже как друзья, когда сможешь быть мне только другом. Если сможешь. И... прости меня.

Он долго молчал. И только сжатые кулаки говорили о его состоянии. Потом заговорил. Голос был тяжёлый, передавленный напополам в горле:

— Я знал, что так будет. Только всё надеялся... — пауза. — Ты когда уезжаешь?

— Через пять дней. Конечно, если всё будет в порядке. Послезавтра снимут гипс. А эластичный бинт уже достали.

— Каким поездом?

Я сказала, но спросила:

— А может, лучше не надо? Ты очень хочешь прийти на вокзал?

— Посмотрю. Не обещаю. На всякий случай, счастливого снятия гипса и хорошего пути. Ты ведь только в конце сентября вернёшься?

— Ага. Нашему курсу опять картошка выпала. В прошлом году начальство решило, что должны ехать первокурсники. В этом, что второкурсники. И опять — мы, наш год поступления. Но в этот раз — без меня!

Он дошёл со мной до моего дома и, уже уходя, сказал:

— Спасибо тебе за всё. Прощай.

— Прощай.

Мне не было даже грустно. Наоборот, пришло огромное облегчение. Но только теперь понимаю, почему появилось это странное чувство освобождения. Серёжа был то единственное, что ещё держало меня на плаву, на что никогда бы не поднялась моя рука, что имело право встряхнуть и возвать меня к совести и чести: единственный, кого я уважала так, что никогда бы не смогла отмахнуться от него, как от назойливой мухи, и единственный, в чьи глаза хотелось смотреть спокойно и открыто, и чьё уважение я не могла потерять — он этого заслуживал. Ушёл он — и больше ничего вокруг не существовало. Ничего и никого. Только злость и желание мстить. Всему миру, всем окружающим, всем, кто счастлив и смеётся, а особенно — самой себе...

Хорошо помню день снятия гипса. В поликлинике разрезали саркофаг, и я увидела свою ногу. И... не узнала её. Это было что-то неживого цвета, расплывшееся, размякшее, запачканное остатками гипса и совершенно непропорциональных размеров. Зрелище было настолько страшным, что все надежды на чудо и возвращение в отряд тут же рассеялись, как мираж. Стало пусто и безразлично. Мне надели эластичный бинт, объясняя, как правильно им пользоваться, и я встала. И тут же, охнув, села.

— Э! Так не бывает, чтобы сразу: раз — и побежала, — спокойно-равнодушно сказала врач. — Время нужно. Вставай осторожно, а лучше, если еще с костылями походишь, пока не привыкнешь.

Я взяла свои искусственные ноги, и мы с папой вернулись к родне. Благо, поликлиника была всего метрах в пятистах от дома.

— Пап, давай всё равно съездим в отряд. Ну, навестить ребят, повидаться. Так хочется!

— Да как ты поедешь? Это же далеко! И что ты там забыла?

Но, как я уже говорила, папа не мог мне ни в чём отказать. Поворчал, повозмущался и сдался.

На следующий день, часам к четырём, мы уже подходили к лагерю. Была суббота, и все ребята должны были быть дома. Я заранее смаковала, как вновь окунусь в поток юности, как встречусь со всеми друзьями, как опять услышу гитары и песни, и старалась ускорить мой четырёхножный ход.

И меня поразили, нет, огорошили! тишина и запустение, которыми встретил нас лагерь. Никогда не забуду, каким разительным контрастом это было тому, что я оставляла, что ждала опять найти и к чему так тянулась. Даже показалось, что лагерь просто заброшен, что здесь давно уже никто не живёт и только осенний ветер шевелит остатки воспоминаний о жизни, бившей здесь когда-то фонтаном.

Но нет, висели на верёвках постиранные вещи, вдалеке, как в полусне, бродили редкие группы ребят, а из домиков слышались негромкие голоса. Даже папа что-то почувствовал:

— Ну? И что ты сюда так рвалась? Чего ты тут искала?!

Я растерянно озиралась вокруг в поисках ответа, но не находила его. Нечего было ему ответить. Да и себе тоже. И в этот момент из моего бывшего домика вышла Ирка. Увидела нас и спокойно подошла. И помню, как сильно резануло меня по сердцу то, что она не подбежала. Я этого сделать не могла, а она — не захотела...

— Здравствуйте, — поприветствовала она моего отца и повернулась ко мне. — Привет, Тайка. Вижу, что уже ковыляешь? Какими судьбами?

— Так, навестить захотелось. Как вы тут?

— А так, дорабатываем. Скоро уезжаем. Потом на картошку. А ты?

— Завтра домой поеду. Буду долечиваться. Как костры, каждый вечер?

— Да какие костры! Устали все, что ли? Скучища. Даже агитбригада распалась.

Пока мы говорили, папа тактично стоял в стороне. Подошли ещё ребята. Поспрашивали о здоровье, пожелали выздоровления и разошлись. Ни Юрки, ни Сашки я не увидела.

— А как там, наши Юрка-Юлька? Вместе, или уже разбежались?

— Нет, не разлучаются ни на минуту. Да! Сейчас поразишься — Алёшка к Нинке вернулся.

— Значит, эта дура никогда не поумнеет. Так ей и надо.

— Да оставь ты их в покое. Кончай ты с этим!

— А я ещё и не начинала!

— Не могу я тебя понять. Зачем тебе это?

— Людей изучаю. Сопоставляю физиономии с характером. Очень интересно.

— А! А нельзя ли изучать их как-то потише, поосторожнее? Уходя, не хлопать дверью?

Я удивилась. Её сравнение мне очень понравилось.

— Здорово ты сказала. Хлопать дверью? Так и буду делать! Да так хлопать, чтобы потолок обсыпался и стены дрожали.

— Зачем?

— А чтоб помнили. Всю жизнь помнили! В воспитательных целях. Люди помнят только плётку. А за добро... Христа распяли! Так что...

— Знаешь, я тебя не узнаю. Ты такая не была. Такая... жестокая.

— Может быть. Да только жизнь учит. Ещё как учит! И тоже — плёткой, не разбирая, полудохлый ты уже или ещё шевелишься.

— Я такой не стану.

— Знаешь, как говорят украинцы? Не кажи гоп, пока не перепрыгнешь. У тебя ещё всё впереди. Слушай, я люблю тебя именно за то, что кожа твоя не дубовая, живая, чувствует, как оголённый провод. Только не знаю, не задубеет ли, когда и её плёточкой пригреют. А пригреют! Никого не минует.

— Посмотрим. Только не хочу стать такой, какой становишься ты.

— О! Я — звезда! Звездой и останусь. Не погасну, не остыну, не превращусь в осколок мёртвой кометы. Точно знаю. Потому что то, что прошла я — не верю, что смогла бы пройти ты. Да и вообще, никого не знаю, кто смог бы. Не изменил бы себе. Не превратился в тень или в подонка. Ну, разве что Кокошкин бы выдержал. Так что, я в себе не сомневаюсь. Проверено. Знаю, чего стою. И другие это чувствуют, сами признаются и быстренько в штабеля укладываются. А вот ты... Тут ещё всё впереди. А насчёт моих отходов от, так сказать, благородных порывов и условностей... Я где-то вычитала одну фразу: "А отражения звёзд иногда размываются, и вода несёт их некоторое время с собой. Но потом снова водворяет на своё место." Звезда всегда остаётся звездой. Ясно?

— Да. Самомнения у тебя... если коротко, от скромности не умрёшь.

— Нет. Это не самомнение, а мнение о себе, чётко основанное на фактах. Партия сыграна, разобрана и проанализирована. И сделаны выводы. Вот и всё. А вот тебе-то, как раз, ещё рано о себе судить. Партишку-то ты ещё и не начинала играть. Мы все о себе думаем, что достойны висеть на человеческой доске почёта. Только когда гром грянет, понимаем, чего достойны. На деле, а не в мыслях. Каждый знает себе цену, истинную! Да молчит, самому себе не всегда признаётся. Ещё и возмущается, если счастье стороной, десятой дорогой его обходит! Хорошо, если ты -- не из их числа!

— Ты стала жёсткой и очень... как это сказать, безаппеляционной. Или-или. Без середины. И рассуждения у тебя, как.. как не твои. Где ты всего этого набралась?

— Задаю вопросы и получаю ответы. Как Ленка. Она во всём права.

— О чём ты?

Нет, об этом с ней говорить было бесполезно. Всё равно бы сейчас не поняла. Да и вообще, я очень сомневалась, что она когда-нибудь это смогла бы понять. Ибо для этого надо хотеть понять! Каждому своё: звездам — звёздное, людям — людское.

— Это неважно. Ладно, я пойду. Скоро электричка. Кстати, подумай и найди ответ на такой вопрос. Почему, когда исчезла отсюда я, лагерь превратился в пустыню? У вас здесь мертвечиной пахнет. Неужели ты этого не чувствуешь?

Ирка удивлённо посмотрела на меня и ничего не ответила. Я позвала папу, и мы пошли на электричку. А в душе стало ещё суше. И стали проростать колючки...

Вечером пришёл Генка, сын Мани. Без жены. За ужином разговор был о его семейной жизни.

— Разводись! Брось ты этот гадюшник и возвращайся домой, — сказал дядя Игорь, как всегда коротко и резко.

Маня переживала, а Поля, их дочь, слова в разговоре не имела. Впрочем, как и я.

— Ещё год назад я сказал, что эта стерва, свекровь, разведёт их, — продолжал дядя Игорь. — Пусть его дура жена замуж за свою мамашу выходит. Ни один мужик с двумя бабами не справится. Одной по загривок хватает.

— Папа прав, — сказал Гена. — Они меня живьём едят. Не могу больше.

— Так разводись — и всё, — это уже сказал мой папа. — Что тянуть-то? Тем более, что детей у вас нет. Найдёшь себе хорошую жену, и всё будет в порядке.

— Ох, сколько я туда денег угрохал! Сколько всего навозил! Три раза в загранке был. Жалко. Всё теперь пропадёт.

Было противно есть их пшённую кашу и заедать их разговорами. Хорошо ещё, что моё заключение в их семье заканчивалось уже на следующий день.

К поезду нас никто не провожал. И это было тоже хорошо. Мы заняли наши места и вышли на платформу. Костыли остались у родни. Не хотела больше чувствовать себя приговорённой к слабым.

Вдруг я увидела Кокошкина. Чётко помню впечатление от той встречи — удивление, очень близкое к тому, которое испытывает человек, повстречавший привидение. Или призрак прошлого, давно уже позабытого и похороненного. И я никак не могла очнуться, вынырнуть на поверхность и сообразить, наконец, откуда он здесь взялся и зачем.

Видимо, Серёга это почувствовал. Он растерялся и, сбиваясь и путаясь, принялся мне что-то объяснять. Я смотрела на него и не узнавала. Никогда его не видела таким. Какая-то жалкая репродукция того Серёги, которого я знала. Но ни грамма жалости или сочувствия, во мне даже не шевельнулось. Холодное наблюдение. И всё. Даже когда я заметила в его руках гитару. Лишь удивление.

Наконец, задав совершенно тупой вопрос: "Едете?", он беспомощно замолчал, окончательно растерявшись. Ещё бы! Это было все равно, что спросить в самолёте, летящего прямым рейсом: "Вы тоже в Баку?" Но я не рассмеялась.

— Да. Пойдём в купе, посидим.

Он явно обрадовался. А папа остался докуривать сигарету.

— Ты чего пришёл-то?

Да, я задала этот идиотский вопрос. Так и не смогла вынырнуть, а, значит, и понять, зачем он пришёл. И Серёжка опять растерялся. А я смотрела на него и не узнавала. И очень хотела, чтобы побыстрее двигались стрелки часов.

— Я... это...

И вдруг решился.

— Не смог не прийти. Не смог. Держался до последней минуты, всеми силами держался, а потом как сорвался. Ничего больше не видел и не соображал. Только видеть тебя хотел и всё. В последний раз.

Глаза его молили и ждали приговора. А мне... мне было неудобно и нудно. Хотелось, чтобы поезд побыстрее поехал. И очень обрадовалась когда вернулся папа и разорвал сеть тоски, которую пытался на меня накинуть Кокошкин.

— Ты как? Всё в порядке? — дружелюбно спросил его папа.

— Да, да. Всё нормально. Вот, проводить прибежал.

— Хорошо. Только ты иди уже, а то с нами уедешь.

Мы вышли в тамбур. Серёжа спустился на перрон, и только тогда я спросила:

— А чё ты с гитарой пришёл, собрался куда?

— Ой! Это я тебе притащил, в подарок. Ты же говорила, что у тебя нет гитары.

И стал её совать. И я опять удивилась. Выходило, что он вспомнил о своём подарке только потому, что я его о нём спросила.

— Ну, зачем она мне сейчас? Потом, когда в Ленинград вернусь. А то тащить её туда-сюда. А дома у меня пианино есть.

Кондуктор закрыл двери и поезд тронулся. И я на всю жизнь запомнила Сергея, потерянно стоящего на платформе с совершенно неуместной, бьющей контрастом с его умершими глазами, гитарой. Но запомнили глаза. Сердце даже не вздохнуло.

— Чего он приходил?, -- спросил папа, когда я вернулась в купе., -- Ты же рассталась с ним?

— Говорит, гитару мне хотел подарить.

— Гитару? Зачем тебе гитара?

Папа не знал, что я давно уже породнилась с шестью струнами. Но сейчас они были бы мне отравой. Или будильником, стоящим в железном тазу, наполненном железными ножами. А я не хотела просыпаться. Мне было очень хорошо и покойно.

Память не сохранила ничего из продолжения этой поездки, ни из всего месяца пребывания дома. Запомнилось только собственное удивление на реакцию мамы на моё забинтованное колено — её не было. По-моему, она ограничилась двумя или тремя вопросами, скорее формальными, чем продиктованными беспокойством. Поэтому и запомнила. Уж слишком она, её реакция, отличалось от той, которую мы с папой ожидали. Так и не знаю, было ли ей всё равно, или то, что я всё-таки, пусть хромая, но ходила, её успокоило, и, как следствие, не вызвало и малейшего волнения.

23

В конце сентября я вернулась в Ленинград. Эту поездку я не забыла. Слишком ярким было ощущение радости от возвращения в ненавистный мне город, и слишком неординарной была встреча с одним парнем, с которым мы проговорили почти всю ночь, сидя на жёстких и неудобных откидных стульчиках в коридоре купейного вагона.

Я стояла в проходе, напротив моего купе, и смотрела из окна на убегающий в прошлое чужой мир — незнакомые дома, поля, пастбища, сады, дороги. Всегда было странно видеть эту совершенно оторванную от меня жизнь и сознавать, что и в других, неизвестных мне местах, тоже живут люди, тоже любят и ненавидят, работают и сачкуют, теряют и находят. Я пыталась представить себя живущей в таких городах, деревнях или хуторах... Но не получалось. Всё казалось нереальным и холодным.

Я стояла и удивлённо прислушивалась к своему сердцу, как оно подгоняло поезд, ускоряло ход часов и изнывало от бесплодности своих усилий. Да, я рвалась в Ленинград. И это было ново и непонятно. Тогда и услышала вопрос:

— Вам нравятся стихи?

Повернув голову, я увидела парня, стоящего у соседнего с моим окна. Ничего особенного в нём не было. Невысокий, худощавый. Но одет он был в абсолютно белый спортивный костюм, что меня и удивило. Я никогда не видела таких костюмов. И глаза у него были особые: как у влюблённых, или у поэтов. Что, в принципе, одно и то же.

— Смотря какие.

— Хотите, я прочитаю вам несколько? А вы скажете, нравятся они вам или нет.

Я ничего не имела против стихов, но раздражало подозрение, что это — только новый способ знакомства. О чём я и не преминула поставить его в известность.

— Нет, мне просто захотелось с вами поговорить. Только поговорить. Ибо самые задушевные разговоры происходят в поездах и именно потому, что вы больше никогда с этим человеком не встретитесь. Вы до Ленинграда?

Я кивнула.

— Вот видите, а я сойду намного раньше. Под утро. Так что...

— А почему вам захотелось поговорить именно со мной?

— Потому, что здесь, во всём нашем вагоне, больше не с кем. У вас у одной — глаза. А у всех других — органы зрения.

Мне стало интересно. Кажется, мы говорили с ним на одном языке.

— Вот видите, вы меня прекрасно поняли. А ещё, я уверен, у вас куча вопросов, на которые вы пытаетесь найти ответ. А люди, как правило, живут без них. Каждым днём. Сегодня хорошо и ладно. Плохо? Завтра будет лучше. Не лучше — значит, такова судьба. Всё.

— А вы?

— Я — поэт. Без вопросов не было бы поэзии. Вообще ничего бы не было. Согласны?

— Да. Даже этого поезда никогда бы не было.

— Точно! Только поиск ответов очень болезнен.

— Зато радость от найденного ответа не сравнить ни с какой другой радостью!

Он довольно кивнул и тут же прочитал несколько стихотворений. Нет у меня ни записей, ни остатков в памяти, поэтому не могу привести в пример ни одного. Но помню, что понравились. Я попросила ещё, и он уже долго не останавливался. А я полностью отключилась. Когда же он замолчал, спросила:

— Вы печатаетесь?

— Должен выйти третий сборник.

Почему я не спросила его фамилию? Он не сказал, а я не спросила. Даже имени его не узнала. Впрочем, в поездных разговорах по душам спрашивать имя-отчество-фамилию — не по правилам.

— Так писать может только влюблённый.

— А я и есть влюблённый. Ещё какой влюблённый!

И я подумала, что первое впечатление меня не обмануло: он был влюблённый поэт. Ну и смесь!

— Я влюблён в женщину с 17 лет. Познакомился с ней ещё перед армией. Она на 10 лет меня старше.

Видимо, на моём лице было написано такое изумление, что он сразу продолжил:

— Да, да! На 10 лет. Плюс ко всему, она была замужем и имела трёхлетнюю дочь. А произошло это в самой обычной, прозаичной очереди за колбасой. Она стояла за мной. Я не видел её, пока не объявили, что колбаса закончилась. Все возмутились, и я оглянулся. Тогда и увидел её. Знаете, как она отреагировала? Просто пожала плечами, развернулась и пошла к выходу. Но как она пожала плечами! Это был жест королевы! Королевы, которая только что, вынужденно, выслушала признание в любви от очередного болвана! Воспитание обязывало её выслушать, она выполнила долг, и, освободившись, ушла. Всё! А глаза! Словом, это были именно глаза — зеркало души. Я влюбился сразу и навсегда. Будто меня ударила молния!

— Вы читали эту повесть в "Юности"?

Нет, не читал. Я рассказала о статье, и мы долго её обсуждали. Он был в восторге и полностью согласился с Гольдернесом.

— Естественно, я пошёл за ней, -- продолжил он свой рассказ, -- Но сыщик из меня, как видно, поганый, так как она оглянулась, подозвала меня и спросила, что всё это значит. Я признался. Тогда она улыбнулась, сообщила сколько ей лет, про дочь и мужа, и добавила, что любит его и очень с ним счастлива. А мне это было абсолютно всё равно! Я так ей и выдал и добавил, что буду любить её и ждать всю жизнь.

— А она?

— Сказала, что я ещё мальчишка и что всё это у меня пройдёт. В тот день я написал свой первый стих.

— А потом?

— Следил за ней. Всё про неё узнал. И про мужа — тоже. Он был на инвалидной коляске — автомобильная катастрофа, прямо перед свадьбой. Да... Она даже дочь от него родила. Признаюсь, мне стало плохо. Понял, что она никогда его не оставит. Да и сама борьба показалась мне мерзкой. Не на равных. И я сделал так, чтобы она меня больше не видела. Но я-то её — да, чуть ли не каждый день! И писал стихи. Потом — армия. Когда вернулся, вышел мой первый сборник, и я не удержался — положил его под её дверь. Вся книга была посвящена ей. А через три года вышел второй томик, и она опять нашла его у себя под дверью. Я просто жил и дышал ею.

— Но ведь вы всё равно на что-то надеялись?

— Конечно! Любовь без надежды жить не может. Это ей, -- как воздух. На чудо надеялся, на... да сам не знаю на что! Но надеялся. И этим жил.

Свечерело. И мне очень захотелось есть.

— Слушайте, я очень проголодался. Пойдёмте в вагон-ресторан? Поужинаем, там и продолжим беседу. Думаю, вы теперь не откажете?

Нет, я вовсе не возражала, и через пять минут мы уже сидели в прокуренном и шумном вагоне-ресторане.

— Да, здесь особо не поболтаешь. Перекрикивать их надо, — он кивнул в сторону весёлой компании мужчин. — Ладно, поедим и вернёмся в наш вагон.

— Вы рассказывайте. Мне очень интересно.

— Да больше и рассказывать-то нечего. Чудо всё-таки произошло. Муж умер от рака, и через полтора года мы поженились. Нашей дочурке скоро годик исполнится.

— Она очень переживала?

— Она очень измучилась с ним. У калек, волей-неволей, развивается какая-то озлобленность на всех, кто здоров. Не у всех, конечно, но у слабых — точно. А его никак нельзя было назвать сильным. Уверен, что если бы он был стопроцентно здоров, она давно бы с ним развелась. Кроме того, он всегда подозревал, что она жила с ним из жалости. И каждый день упрекал её в этом. На каждом шагу. И это окончательно вытравило из её души все остатки чувств.

— Отрицаю жалость. В любом виде.

— Я тоже. Но лежачего — не бьют.

Мы закончили ужинать и вернулись в вагон. После шума ресторана было очень приятно сесть на наши стульчики, в полной тишине и с уютным, вызывающим на откровенность, неярким ночным освещением.

— Думаю, — заметила я, — она правда его жалела. Иначе он бы этого не заподозрил. Дыма без огня не бывает. А жалость сделала его лежачим. Я в этом уверена. Ведь любила же она его когда-то? А после катастрофы её любовь не выдержала, переродилась в жалость и — конец. Значит, не любила. Думала, что любила, а... Впрочем, если бы он был здоров, у них вполне могла бы получиться самая нормальная семья. Она даже не заподозрила бы, что никогда его не любила. Всё проверяется в экстремальных ситуациях.

— Знаете, а в ваших словах есть потрясающая логика! Я никогда не смотрел на эту историю с такой точки зрения. Вообще, жалость — мерзкое чувство, но так легко ему поддаться!

— Всё плохое проще и доступнее хорошего. Не замечали?

— Верно. Знаете, на вид, вам не больше семнадцати лет. Откуда же у вас столько наблюдений? И... ответов? — он улыбнулся. — Обычно, когда много увидишь и много переживёшь. И сумеешь сделать выводы. Но в таком возрасте? Или вы увлекаетесь философией?

— Нет, я просто шахматистка и... и действительно мне досталось.

— Расскажите. Теперь ваша очередь.

Было странно услышать эти слова. Никто, вот уже столько месяцев, с тех пор, как я рассталась с ним, мне их не говорил. Никого я не интересовала. Все занимались только собой. И исключительно собой. Удивительно. Да неужели люди не понимают, что только слыша других можно понять себя? Стать на "ты" с жизнью, узнать все её капканы и пропасти, получить её карту, подробную, до топологичности и гарантированно дошагать до счастья? Все величайшие мудрецы, цитаты из которых они изучают даже в школе, а потом блещут ими при каждом удобном и не удобном случае, были, прежде всего, великими слушателями! Неужели эгоизм настолько застилает людское сознание, что такие простые слова не в силах до него достучаться, спотыкаясь и разбиваясь на пустые звуки уже на подступах к нему? Неужели не соображают, что этот, всем привычный эгоизм, кроме всего прочего, является ещё и проходным билетом к собственным падениям и потерям, к жалкому разбитому корыту своей жизни и, в конце концов, к полному и непробиваемому одиночеству? Ибо он не позволит оглянуться вокруг, а значит и понять хоть каплю из целого моря истин жизни!

("Умейте слушать! И будьте уверены, что молчание даст такой же результат, как и учёба". Napoleon).

Трудно было начать говорить о себе. Не привыкла. Лишь с тобой и с ним я раскрывала свою душу. Полностью, до последних, самых дальних её уголков. Ибо точно знала, что встретят её теплом и пониманием. А тут.... Но парень ждал, и я чувствовала, что ему интересно. Что ж. Разговор в поезде имеет свои законы.

Было уже совсем поздно. За окном властвовала ночь. Холодная, осенняя, без звёзд и луны. Вагон качало, как колыбель, а стук колёс на стыках жёстких рельсов убаюкивал своим однообразием. Мой рассказ скорее походил на разговор с самой собой. Я говорила, задавала себе вопросы, сама же на них отвечала или нет, останавливалась, прежде, чем продолжить, вновь неторопливо рассказывала. И всё более навязчивым становилось впечатление, что я просто озвучиваю чей-то дневник.

Странным было и то, что внутри по-прежнему было тихо и спокойно. Озеро не рябило, не волновалось. Мне вообще уже казалось, что всё это я говорила не о себе, а о какой-то другой, вовсе мне незнакомой девчонке. Удивительным казалось и желание вот так говорить, не боясь быть перебитой или невыслушанной. И знаешь, что я ещё подумала тогда? Что может и за этим люди ходят исповедоваться в церковь, чтобы хоть кем-то быть выслушанными?

— Знаете? Первое, что я вам скажу, это то, что не вижу вас шахматисткой.

— Почему? — я очень удивилась.

—Да потому, что могу представить шахматистами кого угодно, ну, физиков, математиков, даже просто людей, которые ничего, кроме шахмат, не знают. Но убей, не могу представить шахматистом поэта. Или художника. Или композитора. Словом, тех, у кого душа поёт, бьётся, взлетает и падает. Шахматы — это реальность, более того, реальность реальности. Так сказать, костяк её, скелет. То, чего нет и не может быть у поэта. Иначе он бы не был поэтом.

— А причём здесь я? Я же не поэт?

— Ещё какой поэт! Ведь совершенно необязательно писать стихи, чтобы быть поэтом. Впрочем, может быть ещё и будете их писать. Как знать?

Он огорошил меня. Но я ему не поверила. Тогда — нет.

— Я люблю шахматы и не брошу их.

— Да никто и не говорит, что вам надо их бросать! Просто целью вашей жизни они, увы, не станут. В этом я уверен, даже если вы со мной сейчас не согласитесь. А про всё остальное... Знаете, я рад, что, такие, как вы, ещё есть. Но... Вы уже не та, которая была тогда.

— Как это — не та?, -- он опять меня удивил.

— Не знаю, как это объяснить. Тогда вы верили, летали, бились грудью за счастье, за правду. Словом, были вся — огонь и жар юного сердца. А теперь... Вот я слушал вас сейчас, как вы о себе говорили. Как... как не о себе. Вас, той, — нет. И я этого не понимаю. Я, когда полюбил, — жил! А вы умерли. Разве это любовь?

Я опешила! Ожидала сочувствия, вздохов, утешений, ну, на худой конец, равнодушия, но только не этого! Нет, ничего я не понимала, но чувствовала, как-то всей кожей чувствовала, что он — прав.

— Когда любишь — живёшь! В ней, в любви, черпаешь и силу, и радость, и смысл своей жизни. Независимо от того, сбудется она или нет. А вы требуете от неё большего, чем она может дать. И обозлились на весь свет за то, что она у вас такая огромная, недосягаемая и такая скупая. Но каждая её минутная милость равна тысячам часов других, мелких и незаметных, и вам, кстати, совершенно ненужных. Я ведь тоже прошёл через эту огромность, но радовался ей, а не пугался.

— Но ведь мы расстались! Вас-то никто не уничтожал уходом!

— Меня не могли уничтожить уходом, потому что не одаривали приходом. Тут вы правы. Но... Неужели вы и вправду думаете, что всё закончилось? Неужели в самом деле уверены, что больше с ним не встретитесь?

— А... а как же ещё думать? Я ему не позвоню. Значит...

— Да ничего это не значит! Если мужчина любит, он по морю пешком пойдёт! Слышали такое народное изречение? А если не любит, то зачем он вам?

"Это я уже слышала. А! От того случайного парня, ночью, после нашей ссоры."

— Знаете, есть одна важная разница между любовью женщины и любовью мужчины. Мужчина — охотник. Не женщина. Он добивается, а не она. Наоборот — потерянное время. И силы. Так что... Короче, я уверен, что вы с ним ещё встретитесь. Ещё как встретитесь!

— Случайно, в метро? — я хмыкнула.

— Нет, не случайно. Он вас найдёт. Потому, что любит. Я уверен в этом. Более того, думаю, что благодаря этой ссоре он и понял, что любит. И как любит.

Можешь представить, что произошло в моей душе после таких слов? Я не верила, не хотела верить! Но сердце... Будто в него вкачали целое море надежды! Озеро зарябило, заволновалось... Я не могла вздохнуть. А он всё заметил:

— Вот видите! Даже в этом тёмном коридоре от ваших глаз стало светлее — так они сейчас заблестели. Знаю, что вы всё равно мне не поверите, но ваше сердце — да. А это и есть жизнь. А про друзей... Берегите вашу Лену. Другой такой больше не будет. У поэтов друзей нет. Приятели, знакомые, товарищи, — сколько угодно, но друзей — нет. Даже среди самих поэтов.

— Одиночество?

— Да. Иначе, не было бы ни поэзии, ни картин, ни музыки. Таких, что живут в веках. А такое можно создавать, только выстрадав. И — в одиночестве.

Он замолчал. Поезд качало, колёса стучали, а ночь мигала редкими огоньками маленьких станций. Вагон спал и только мы, как заговорщики или влюблённые, или... два одиночества, продолжали сидеть на неудобных стульчиках и тихо беседовать.

— Наверное, я не такая сильная. Иначе тоже смогла бы верить, как вы.

— Нет. Вы просто слишком хорошо играете в шахматы.

Я удивилась, но прекрасно его поняла. И он закончил:

— Но это и поможет вам не только не потерять себя и вашу любовь, но и благодаря ей, этой любви, найти ту, которая сбудется... Если не сбудется эта.

Мой восхищённо-благодарный взгляд он принял спокойно:

— Не думайте, что я такой всезнайка. Просто я на десять лет вас старше.

Он сошёл около четырёх часов утра, и я больше никогда его не видела. В купе все спали. Я легла на свою верхнюю полку и долго думала о нашем разговоре, продолжая мысленно с ним беседовать. А утром соседка по купе — жирная, с нечистым лицом сорокалетняя женщина, поинтересовалась:

— Ну, как? Познакомилась?

— Нет.

— Как это — нет?

— А зачем?

— Так ты же всю ночь с ним проболтала, и не познакомилась?

— Нет. Это было вовсе необязательно.

— Как это? Ну, попробуй, пойми эту молодёжь! Всю ночь разговаривают, и даже не считают нужным познакомиться! Да что же это за времена-то такие настали?!

И стало смешно.

Поезд остановился. Выйдя на перрон, я закрыла глаза и полной грудью вдохнула свежий, бодрящий осенний воздух. И по его запаху узнала Ленинград. Да, по запаху! Лёгкое головокружение и ускоренный ритм сердца были следствием этого вдоха, будто вместо кислорода кровь получила хорошую дозу озона — озона радости возвращения. Я настолько была ошеломлена этим ощущением счастья, что не захотела сразу поехать в общежитие и решила пройтись по городу.

Оставив вещи в камере хранения, я поехала на Невский. Часа два бродила по проспекту, наблюдая прохожих, осматривая новыми глазами здания, наслаждаясь шумом и суетой большого города. Это была какая-то эйфория тихой прострации, временного перемирия с собой и со всем миром. Всё отдыхало во мне: и сердце, и мозг, и совесть. Даже встречные телефоны-автоматы не вызывали никакой реакции, что тоже неимоверно удивляло. Никогда не забуду этой прогулки. Как последние мирные часы перед страшной бурей, которая уже спокойно поджидала свои жертвы. Хронометр был включён...

Первым, кого я встретила в общежитии, был Вовка. Мы оба были рады встрече.

— Слушай, а ты похорошела! Из утёнка в лебедя превращаешься.

— Спасибо за комплимент. Но про тебя того же сказать не могу.

— И такая же колючая! У меня идея. Ты до кино доковылять сможешь?

Договорились сходить вечером в кино.

Ирка была дома. Но наша встреча почти ничем не отличилась от стройотрядовской. Именно тогда я почувствовала, что трещина в нашем взаимопонимании, в наших отношениях, появившаяся ещё тогда, когда она встретила меня, еле дотащившуюся до лагеря, целым ушатом холодного полуравнодушия, не только не зарубцевалась, но ещё больше углубилась и расширилась.

— Как самочувствие? Как нога?

— Нормально, хожу. А у тебя? Как прошла картошка? Как Денис?

— Картошка — ничего интересного, а с Денисом всё хорошо.

Поговорили...

А вечером мы с Рудым пошли в кино. Не помню, что это был за фильм, но хорошо помню фильм после фильма...

—Идём сейчас ко мне? Дома ещё -- никого, все нагрянут только завтра, так сказать, в последний момент. Выпьем шампанского, в шахматишки сыграем. Хорошо?

Ни от шампанского, ни от шахмат отказаться было невозможно. Зайдя к нему в комнату, мы разделись, Вовка достал бутылку божественного напитка и выпив, спросил:

— Слушай, а почему бы нам не начать встречаться?

— Говоришь, будто партию сыграть предлагаешь.

— Брось придираться к словам. Ты по существу говори. Ну, как?

Он уже расставил фигуры и заводил часы — мы собирались сыграть в блиц. (Шахматные часы — двойные. Устанавливается по пять минут на каждого игрока на всю партию. Проигрывает тот, у кого первого упадёт флажок, если ещё до этого он не успеет получить мат. Очень азартные партии получаются).

— Давай лучше сыграем.

—Давай, только на ставку. Кто побеждает, имеет право на желание. Проигравший будет обязан его выполнить. Идёт? Или струсишь?

Он был кандидатом в мастера спорта, а я — всего лишь перворазрядницей. Он почти не рисковал, но мне было всё равно. И я согласилась.

Первая партия прошла вничью, а вторую я проиграла.

— Поцелуй! Хочу поцелуй.

И подошёл. Да, мне было всё равно. И он выполнил своё желание. Но... не остановился. Когда стало ясно, чего он захотел, я вырвалась.

— Договор был на одно желание, а это — второе.

— Да брось ты! Давай без условностей. Уже совершеннолетняя. Не поверю, что у тебя ещё ничего и ни с кем не было. Так почему бы нам не провести приятно время?

Я задумалась: "А правда, какая разница? Не он, так другой. Не всё ли равно? Его-то у меня нет! Нет, и никогда больше не будет. Но... Нет. Надо настроиться. Не так-то оно легко, вот так, одним махом, напрочь и навсегда перечеркнуть всё, всю себя ".

— Потом. Сегодня нет желания.

— Ладно, не настаиваю. Наоборот, ценю откровенность. А то, знаешь, ломаются тут всякие, строят из себя невинность. Тьфу, аж противно!

Мне тоже было противно: "И очень хорошо, что противно. Чем противнее, тем лучше! Чем хуже, тем лучше. Так мне и надо!"

Мы ещё сыграли пару партий и распрощались, предварительно договорившись встретиться на следующий вечер. Для этого дела. Вовка брался всё организовать.

Дома, вместо Ирки, была её записка: "Провожаем в армию Валерку. Завалил сессию, и за сентябрь ничего не сдал. Мы у него. Приходи, если хочешь".

Этот Валерка был наш одногрупник. На часах было только 11 часов. Я подумала и спустилась на первый этаж. В его комнате было темно — горел только ночник, орала во всю глотку музыка и целая толпа молодёжи плясала быстрый танец. С трудом нашла виновника торжества и выразила ему своё сочувствие.

Это был высокий, худощавый парень, с сильно выраженными пролысинами, с очень красивыми, вечно грустными глазами и нежно-белыми, тонкими кистями рук, украшенными длинными, нервными пальцами -- руки пианиста. Или скрипача. Почему он не познал музыку?

— Да ничего, я не переживаю. Мама будет переживать. А я — ничего. Отслужу и восстановлюсь, или в военное пойду. Посмотрим.

— А у тебя есть братья или сёстры?

— Нет, я один. И отца нет. Папаша нас бросил, когда я ещё не родился.

Нет, говорить было невозможно. И мы подключились к танцующей массе. Я всегда обожала танцевать. Ничто меня так не расслабляло, как танец. Даже придумала такое изречение — если хочешь узнать человека, посмотри, как он танцует. Не веришь? А ведь это так! Только надо самой очень хорошо владеть телом и понимать музыку, чтобы суметь прочувствовать других.

Не знаю, как это объяснить. Думаю, если человек не может отдаться целиком музыке, он никогда не сможет и целиком отдаться любви. К сожалению, это тоже только необходимое, но не достаточное условие. А Валерка отлично чувствовал музыку. Мы понимали друг друга с полужеста, и было очень приятно с ним танцевать.

Когда все разошлись, было уже около двух часов ночи. Домой не хотелось, и я осталась у него. Мы включили спокойную, тихую музыку, сели на кровать и продолжили беседу. Оказывается, он тоже любил девушку, тоже был брошен и до сих пор не очухался от этой потери. Поэтому и учёба не шла. Они с мамой жили очень бедно, а девушка была из вполне состоятельной семьи. Банальная, всеми хоть раз слышанная история. Мы расслабленно болтали, слушали мягкую, грустную музыку, и не было ни малейшего желания возвращаться в мою, ставшую вдруг такой неуютной, комнату.

— А что у тебя с моим тёзкой, с Валеркой? Разошлись?

— Ага. Давно, ещё до лета.

— А! А то знаешь, ещё подумает что-нибудь, когда узнает, что мы тут... ну...

— Да откуда он узнает? И потом, это уже неважно. Разошлись.

— У тебя кто-то есть?

— Нет. Был. А теперь — нет.

— Очень переживаешь?

— Да. Жить не хочется.

— Знаешь, ты только глупостей не наделай.

— А вот пересплю с кем-нибудь, и всё пройдёт. Это ведь только надежда мучит. Знать бы, что всё! Что точно — всё. Тогда и жить снова можно.

— Не-е, глупости говоришь. Я — мужик, не знаю, но по-моему, чепуху говоришь.

— Вот именно, что мужик. Не поймёшь.

— А если он тебя найдёт, ну... потом, когда ты уже всё... ну, это сделаешь?

На секунду я представила себе такую возможность, и сердце аж охнуло от ужаса. Таким льдом повеяло, таким желанием смерти, что, как от удара, заколебалось сознание и пошли круги перед глазами. Но только на секунду.

("Человек может поверить в невозможное, но никогда не поверит в маловероятное." O.Wild).

— Нет. Не найдёт. Там — всё кончено. Точно.

— Как знаешь, а я — надеюсь. И докажу ей, что она ошиблась. Обязательно! Поэтому и в военное хочу. Стану офицером, покажусь ей, и она узнает, кого потеряла!

От него я вышла в пять часов утра. И тут же столкнулась с парнем, который жил вместе с моим Валеркой: их комната находилась напротив той, откуда я вышла.

Нет, ну это ж надо! Вот уж поистине, если должно случиться, то случится. Но тогда я не обратила на это внимание. Поднялась к себе и завалилась спать.

Утром, вернее, ближе к обеду, меня разбудил грохот хлопнувшей двери. Я даже услышала шум посыпавшейся штукатурки. И мужской голос:

— Вставай!!!

Вмиг открыв глаза, я обалдела. Нет, окаменела! Надо мной, весь, как сдерживающаяся перед взрывом бочка с динамитом, стоял парень, который только отдалённо, ну, очень отдалённо напоминал моего Валерку. Никогда (никогда!) я не только не видела его в таком состоянии, но даже близко не подозревала, что он способен до него дойти — состояние полной невменяемости.

И заработал мозг. Куда подевались сонливость и лень? Молниеносно просчитав тысячу вариантов, как сверхмощная вычислительная машина, он выдал единственно возможный ответ — Валерке доложили о моих ночных похождениях...

И меня прорвало. Я вскочила, как на пружинах. Будто весь гной, напополам с мёртвой, уже начавшей разлагаться кровью, что так долго и безостановочно во мне накапливался, вырвался мгновенным, мощным, всё сметающим на своём пути, чёрным, гангренным извержением...

— А!!! Узнал?! Рассказали?! Что? В очередь пришёл записаться?!

— Молчи!! А то... Сщас, как... как... По стенке размажу!!!

Его руки безостановочно двигались. Вверх — вниз, вверх — вниз. Шли на разгон, но остатками сознания он их опускал... Вверх—вниз, вверх—вниз... без конца.

Но я его больше не видела. Ничего я больше не видела и не слышала! Только одного я уже хотела, только одного! Господи, как я хотела, чтобы он меня ударил!!!

— Вмажь!!! Давай!!! Сейчас же!!! Давай!!! Ну!!!

Синее, напрягшееся до страшных судорог лицо. Бульканье вместо дыхания. Руки, спазмами, увеличили ритм дёргания вверх-вниз. Шли секунды высшего, нечеловеческого поединка воли и рассудка с животным бешенством...

И я поняла, что он не ударит. Такое можно сделать только в первом, самом диком порыве. Дальше — только круги по затухающей амплитуде... Но я ещё надеялась. Надеялась! И подбросила взрывчатки в его пламя потери разума:

— Мразь! Слюнтяй! Ты даже этого не можешь! Ничего не можешь! Даже в постель уложить не можешь!!! Другие смогли, а ты — нет!!! Ну!!! НУ!!!

И он ударил. Как задрожала стена! Ничего бы от меня не осталось, если бы такой сброс напряжения попал в меня. Тело сроднилось бы с этой белой стеной, превратив её в кусок красной агонии. Валера до кости рассадил себе кулаки и взвыл голосом, который заставил зашевелиться волосы на голове.

Никогда ни до, ни после я не видела человека, который дошёл бы до такого состояния — не иметь ничего общего с человеком. Не дай бог ещё раз увидеть такое! Но ни тени страха или жалости даже не промелькнуло. Было только бешенство и дикое разочарование, что придётся жить. Что придётся, всё-таки, продолжать жить. Не могла я ему этого простить! Не могла!

— Ничем ты не отличаешься от других! Ничем!!! А как красиво говорил! Там, у саженцев! А то же самое подумал, то же самое!! Всем вам только одного надо!! Всем! И тебе! Давай! Снимай штаны и давай! Без очереди пропущу! Ну!

Он опять ударил. По стене. Кровь хлестала из разбитых рук, а глаза были не глазами — мёртвыми, пустыми колодцами.

Бесполезно. Меня он не ударит. И я вмиг стухла. Будто выключили энергию. Упала, как подкошенная, на кровать и почувствовала, как мелкой дрожью задрожали ноги, и как сильно затошнило — до рвотных позывов. И как тоскливо-монотонно зазвенело в ушах, так, как звенит в полной, абсолютной тишине.

Не знаю, сколько времени это длилось. Но я вновь услышала его голос. Этот голос был уже узнаваем, с трудом, но узнаваем.

— Вот за это я тебя и люблю. За то, что ты такая. Чистая. А я — подонок. Правильно, что ты меня бросила. Правильно. Такой же, как все.

Он повернулся и тяжёлым, надрывным шагом вышел из комнаты. А я ещё долго, очень долго отсутствовала. Не каждый день стоишь перед верной смертью. И не каждый день, вдруг, остаёшься жить…

Наконец, я поднялась. Чтобы смыть кровь. Но подумала, что перестала себя узнавать. И испугалась самой себя. И не знала, как продолжать жить, и не знала, как завтра идти в школу, и зачем вообще будет это завтра…

Тогда-то и открылась дверь, и запыхавшийся парень сказал:

— Ты Тайви? Тебя к телефону, на вахту. Отец твой звонит.

— Отец? — изумилась я.

И сразу забеспокоилась. Что-то случилось. Но хромая вниз по лестнице, я вдруг, успокоилась: "Они просто волнуются, как я доехала! Я же забыла дать телеграмму!"

Если бы я знала, если бы я только знала! Я бы не то, что ковылять по лестнице, даже пошевелиться бы не смогла!

— Папа? Это я, что случилось?

— Я представился твоим отцом, чтобы тебя позвали к телефону. Не выдавай.

Прервалось дыхание, закружилась голова и предательски ослабели ноги. Я опёрлась об угол вахтёрской стойки, а моя левая рука прижалась ко лбу.

— Ты ходишь? Доберёшься до паровозика? Сегодня, в шесть. Хорошо?

Нет, я даже промычать что-либо в ответ не смогла. Не смогла! Как всегда, он понял моё состояние сразу, без слов.

— Молчи, если согласна. Считаю до трёх. Раз, два, три... Жду.

И в трубке пошли гудки.

А я продолжала стоять. И крепко прижимала к уху трубку, чтобы вахтёрша не услышала гудки отбоя. Она очень странно на меня смотрела. Очень странно и подозрительно. Надо было, во что бы то ни стало, овладеть телом. Но...

Огромные события, например, смерть, рождение ребёнка или... воскресение из мёртвых, которые падают на тебя неожиданно с мощностью взрывной волны, не могут доходить до сознания сразу. Наверное, проходная дверь в него слишком узкая и поэтому новость вливается в сознание лишь по каплям, или тоненькой струйкой, давая ему время приспособиться к ней и акклиматизироваться. Скорее, — это одна из необходимых форм защиты. Иначе, разум может не выдержать. Граница между ним и безумием — всего лишь дверная щель, открытая на одно "чуть" шире...

И мой мозг не мог справиться с полученным потрясением. Нет, серией, каскадом потрясений: только что меня чуть не убили, вечером я планировала убить себя сама, а сейчас меня выдернули за уши в рай. И я стояла и никак не могла заставить себя пошевелиться. Голос вахтёрши привёл меня в полусознание:

— Эй, деточка! Не случилось ли чего? Не плохо ли тебе?

Мы любили эту женщину, простую русскую старушку. Она была доброй и отзывчивой. В её смену можно было приходить и после закрытия — она всегда открывала дверь, беззлобно ворча и воспитывая. Не хотелось её расстраивать. Но говорить было трудно. Горло было сухим и язык, как после укола новокаина.

— Нет, нет. Всё хорошо. Просто... это... — и тут меня осенило! — У меня нога разболелась. По лестнице шла и... вот.

— Ой! Это же ты у нас ножку-то сломала в отряде! Ох, сердечная! Да как же ты так? А? Болит? Поосторожнее бы надо, а то бегаете тут, как шальные!

Она чётко клюнула на мою приманку и продолжала в том же духе. Но я её уже не слушала. Начала свой тяжёлый лестничный подъём. Не только лестничный...

Тогда-то и достучалось до меня колено: на нём не было эластичного бинта. Естественно. Было вовсе не до него.

Где всё это время была Ирка — не помню. Она для меня уже становилась прозрачной. Вернее, мы обе, друг для друга. И не помню даже, как прошли последние часы до встречи. Знаю только, что когда я доковыляла до комнаты, было два часа. И бешено заколотилось сердце от испуга, что я что-то неправильно поняла, ведь в тот день было воскресенье. Я несколько раз перепроверила календарь. Но школа начиналась завтра, в понедельник. Всё верно. Так может быть, перепутал дни он?

Я слонялась из угла в угол по комнате, психуя и выдирая из себя последние крохи нервов. И вдруг успокоилась. Он? Он ошибся? Перепутал? — абсурд. И дальше — провал в памяти до выхода из метро на Финляндском вокзале.

24

Было без пяти минут шесть. Я вышла на перрон и остановилась. И сморщилась. На этот раз тишины не было. Грохот вокзала ударил по перетянутым нервам. От бешенных скачков сердца мелко завибрировало тело и пошёл низкий фон в ушах. Много, очень много людей — сплошная масса равнодушия. Догадалась — только что подошла электричка. Толчки, редкие извинения, чужие органы зрения и жёсткие, острые плечи. Глаза не могли нащупать вагончик.

Я двинулась. Мыслей не было. Вдруг людская стена расстаяла, и я наткнулась на пустоту — возле вагончика никого не было. Медленно, очень медленно подошла к нему. Взгляд на часы — шесть. Его нет. Мыслей — тоже. Всё замерло. Только страх. Начал подниматься и расти. Тогда очнулся мозг: "Так ведь только шесть! Чего заволновалась? Мог и задержаться. Сейчас подойдёт. Вот увидишь!"

Бесполезно. Страх не проходил. Не только не проходил, но продолжал расти, не подчиняясь, уже неконтролируемый, ослепляющий, убивающий остатки рассудка, густея и чернея с каждой минутой, мягко, но уверенно сталкивая меня в бездну бесчувствия...

Опять часы — 18.10. Его нет. Нет. Появилась влага в глазах и застлала зрение. Платок. Теперь видно яснее, что его нет. Мозг уже не говорил — испуганно шептал, сбиваясь и путаясь: "Ну... задержка... ну... мало ли что, ну... ещё чуть-чуть... вот увидишь, сейчас придёт... Ну, бывает же!"

Опять часы — 18.25...

И заорало, нет, взвыло вспоротое отчаяние! "Не придёт! Никогда больше не придёт! Никогда! Теперь уже точно... Точно, что никогда! Он подумал и решил, что так будет лучше. Ему будет лучше! Не придёт! Никогда не придёт!!!"

Мозг ещё жил, ещё что-то бормотал, захлёбываясь и барахтаясь в жуткой трясине потери всех ориентиров. Он умирал, он уходил на дно. Добили глаза — 18.35... И я упала в ту бездну...

Всё выключилось — и звуки, и страх, и хронометр сердца, и сознание, и ощущение смысла. Всё. Мгновенные похороны надежды, ожидания, его самого, будущего, любви, и... себя. "Да, с меня — хватит. Правда, хатит. Пусть другие теперь, другие. Или... всё-таки?.. Ой, нет! Нет-нет! Хватит. Правда, хватит. Хватит!!! Ленка, ты ведь поймёшь меня, правда?"

В лихорадочном поиске спасения, я беспомощно оглянулась вокруг. И увидела электричку, рядом, в ожидании. "Поезд! Какой огромный, тяжёлый и мощный. Да. Безошибочный. Да, он не подведёт. Тут — 100%. Рельсы. Твёрдые и надёжные. Чёрные, лоснящиеся. Подожди, а почему лоснятся? А! Дождик пошёл. Как хорошо... Нет. Выгонят. Заметят и выгонят. Есть! Надо выехать, а там уже никто не пристанет. Посижу себе спокойно... Господи, как хорошо! А когда отходит? Ой, как здорово! Через пару минут! Повезло!"

Я побежала к поезду. Вскочила в первый вагон, пересекла салон и остановилась возле следующих дверей.

Электричка уже ехала. Мозг равнодушно предупредил, по инерции: "А билет? У тебя нет билета." Я машинально огляделась. Но контролёра не заметила. В конце концов, мне было только до следующей станции. И отключилась.

За окном уже стемнело. Я видела своё отражение. Только своё. Потом, кого-то ещё. Сзади меня. Мужчина. Дали информацию уши — запыхавшийся. Мозг — значит, бежал, опаздывал. Глаза сфокусировали отображение — он. Он?

Обернулась и ударилась о его глаза. Синие, рябившие волнением и вопросом. Ни мыслей, ни чувств не было. Работали только глаза. Они кричали, они надрывались в крике, что это — он! Но сознание не воспринимало информацию. Не воспринимало. Было по-прежнему пусто, сухо и темно. Уши услышали вопрос:

— Ты куда?

Я напряглась, сморщилась от усилия и надорвала голосовые связки:

— На... рельсы.

Справилась. Ответила. И опять расслабилась. Стало приятно от облегчения. Но его синева почему-то не успокоилась. Вопрос в них уже штормил, сильно, как перед бурей. Потом резко исчез и озеро пошло волнами, огромными, грозовыми и вдруг, пролилось дождём. Глаза увидели, мозг ответил — слёзы. Потом озёра резко ушли, куда-то наверх, а уши услышали шелест:

— О, господи... Что же мне теперь делать с тобой? Нет, с нами что теперь делать...

Электричка остановилась. Двери открылись. Он развернул меня за плечи и вывел на перрон. И попытался взять за руку. И повести за собой. Я упёрлась и замотала головой. Нет! Я уже приехала. Он остановился, и наши глаза соединились.

— Пойдём. Дождь. Я возьму такси. Пойдём.

Я опять замотала головой. Меня трясло, а сознание барахталось в тине.

— Пойдём!

И взял меня за руку. Обожгло. Страхом. Отдёрнула, бешено мотая головой. В ужасе. Нет! С меня — хватит! Хватит!!!

Долгий каскад синевы. Немой синий водопад. Появилась пена. Белая пена страха. И вдруг — стихло. Всё стихло. И я услышала шёпот. Тихий-тихий. Как заклинание, как волшебное слово, побеждающее всё, отпирающее все засовы и все замки:

— Иди сюда...

И только тогда умерла смерть! Взорвалось сердце, вскрикнуло очнувшееся сознание, и грохнула по темени жизнь. Я била его кулаками в грудь и надрываясь, выплёскивала её из себя, напополам со слезами и дождём.

— Ненавижу! Ненавижу! Не могу я так больше! Не хочу! Ну, за что?! Не хочу! Не надо! Не могу я больше! Хватит с меня! Хватит! Всех, всех ненавижу!

И тысячи поцелуев, горячих, обжигающих, наполнивших пересохшее, потрескавшееся сердце кровью — алой, трепещущей, бьющей жизнью и любовью, как летний ливень, осыпались на мои мокрые щёки, губы, волосы, пойманные руки и глаза.

А потом исчезла земля. Он взял меня на руки, и я больше ничего не видела и не слышала. Пока он вновь не остановился, не вернул меня земле и не сказал, как приказал:

— Стой здесь и не шевелись. Ясно?

Я кивнула. Потом подъехала машина, и он перенёс меня на заднее сиденье. Осторожно, как пакет с хрусталём. И только в машине пробилось до меня колено. Оно горело, давило и пульсировало возмущением. Я села боком и, как могла, выпрямила его. Получилось плохо и не помогло. Надо было развязать бинт. Но сейчас это было невозможно. Наверное, я застонала, так как он повернулся ко мне и спросил:

— Колено?

Я кивнула, сцепив зубы.

— Потерпи. Сейчас доедем и ляжешь. Помажем хорошей мазью, и всё пройдёт.

"Куда доедем?" — подумала я, но вслух не спросила. Говорить было невмоготу. И потом, было абсолютно всё равно — куда. Лишь бы не домой, и лишь бы с ним. Я закрыла глаза и отключилась.

Наконец, машина остановилась. Открылась дверца, и он помог мне выбраться. Было темно. Редкие лампы освещали дорогу и дома, похожие на дачные. Он прошёл вперёд, открыл калитку, вернулся, опять взял меня на руки и донёс до дома. Молча открыл замок. Я взялась за ручку, распахнула дверь и зашла, хромая и стараясь не стонать. Зажёгся свет, и я зажмурилась. Да, это была маленькая прихожая. Прямо находилась кухня, налево — зал. И я сразу заметила камин.

Он закрыл дверь. Снял с меня капающий плащ, снова взял на руки, прошёл в зал и опустил на диван. Потом вышел в другую, смежную комнату, и вернулся с белым тюбиком в руках.

— Я отвернусь, займусь камином. А ты сними брюки, развяжи бинт и намажь этой мазью колено. Сразу полегчает.

И начал быстро, привычными движениями очищать камин от остатков пепла и устанавливать в него новые поленья, лежавшие тут же, аккуратной стопкой. Когда уже начал зажигать дрова, я спохватилась и занялась собой. Сняла обувь, встала на одну ногу, с трудом спустила брюки — мешала гуля на колене, и размотала бинт.

И охнула. Оно было сине-красное и страшно распухшее, хотя сразу стало легче. Но моё невольное восклицание было услышано, и он оглянулся. Я растерянно смотрела на него. Вид у меня был, конечно, не из самых привлекательных: с мокрыми сосульками, вместо волос, с полуспущенными штанами, на которых застрял змеиными кольцами жёлтый бинт, с разными по размеру и по окраске коленками, и с очень неуместным здесь цветным красивым свитером, который и не думал прикрывать трусики. Он назывался бабулиным — это она мне его связала. Но его реакция была вовсе не такой, какой я боялась. Он и не думал смеяться.

— Больно? Давай помогу. Ложись.

Я подчинилась.

— Подвинься. Эх, ты, стройотрядовка. Крыши ей штурмовать захотелось.

Он забрал из моих рук тюбик, сел рядом, спиной ко мне, и плавными, круговыми движениями стал втирать мазь в кожу, делая одновременно так нужный мне сейчас массаж. Нет, не только колену. Всей мне.

И я стала оттаивать. Весь сегодняшний день, весь ужас и отчаяние, весь кошмар чёрных, лоснящихся рельс, стал стушёвываться, размазываться, отдаляться и испаряться от тепла его руки. Его рядом. Сначала неуверенно, а потом всё смелее и быстрее, стали возвращаться чувства, ощущения, восприятие действительности. И выздоравливать сознание. Я не хотела, чтобы он остановился, а он, чувствуя это, ещё долго массажировал моё колено, молча и, казалось, отсутствуя мыслями.

Тихо потрескивали дрова в камине, первые волны здорового тепла коснулись тела, и только шум дождя напоминал о внешнем мире. И пришло расслабление, мягкое, блаженное успокоение. И он опять почувствовал меня.

— Кажется, тебе стало лучше. Во всех смыслах. Так? — он оглянулся и посмотрел на меня.

И вот только тогда, окончательно, полностью, всеми клетками своего естества, я осознала, что это — он. Он! Слова вырвались сами, без моего участия:

— Можно... Можно я потрогаю ваши волосы? Я... так давно хочу их пощупать, ещё тогда, там, в вашем кабинете... Вот.

Сказала. И мне стало стыдно, невозможно стыдно. Ну... я готова была провалиться под землю от стыда! Ну почему у меня нет ротового "предбанника"?!

Он пересел лицом ко мне и улыбнулся:

— Сначала я тебя накрою пледом, потом поставлю чай, а потом уж дам тебе мою голову. В прямом смысле этих слов. В переносном, ты её и так уже забрала. Всю.

Он встал, взял с кресла плед, накрыл меня и вышел на кухню. И... сразу, как волной, снова ударили страх и пустота. Будто только и ждали этого момента, будто только он, и только он, мог держать их на растоянии!

Я закрыла глаза и опять расплакалась. От сознания, что всё опять кончится. Обязательно кончится. И там, за этими дверьми, снова опутает грудь одиночество, ухмыляясь и хихикая, железными, прочными прутьями, неотвратимое и бездушное. И снова стояли перед глазами рельсы, снова хотелось взвыть собакой, одинокой, брошенной, никому не нужной...

Он услышал мой немой крик. Раздались шаги, и я закрыла лицо руками. Секунда — и магические два слова. Ленка! Как я любила эти два слова!

— Иди сюда.

Его руки накрыли мои, сняли их с лица. И близко-близко я увидела его озёра. Родные и тёплые. И я взмолилась:

— Поцелуйте меня...

Но... Какая-то тень промелькнула по его озёрам. Мгновенная, как молния. Заминка. Опять тень. И они, его озёра, затвердели...

И я поняла. Всё поняла!

— Даже этого теперь нельзя, да?

Что-то тяжёлое, рвотное встало на дыбы поперёк горла. Сдавило удавкой, перетянуло лёгкие и вдруг, вырвалось смертоносным, неконтролируемым потоком, без пауз, без дыхания, без плотин. И без рассудка.

— Ах, так?! Тогда Рудому отдам! Да кому угодно! Первому встречному! Тогда можно будет, да? Тогда всё можно будет! Тогда хорошо вам будет, тогда никаких проблем больше не будет! Сегодня, — сегодня! — вот в это самое время я должна была быть с Рудым, в его постели! А в обед меня чуть не размазали по стенке! И правильно! Волжанова права! Какая разница!!! Не хочу больше, ничего не хочу! Завтра же с первым встречным пересплю! Тогда радоваться будете! Все радоваться буде...

— Замолчи!!!

И свинцовый кулак упал рядом с моей головой. Тяжёлый диван вздрогнул, как от толчка землетрясения и его дрожь отдалась по всему телу.

— Замолчи, слышишь??!

Его глаза налились фиолетом. Молнии гнева били, ослепляя и завораживая ужасом их разрядов. Я стала статуей. А он встал и бешено заходил по комнате. Туда-сюда, туда-сюда. Как маятник, как живой маятник, раненный в сердце. Долго? Не знаю. Во мне всё онемело и выдохлось.

Громко трещали поленья в камине и мерзко, по нервам, выл ветер за окном. Подумалось: как вьюга. Внутри и снаружи. В унисон.

Он остановился. Так же внезапно, как и взорвался. Резкими шагами подошёл ко мне, схватил за плечи, приподнял и тяжело, с хрипом, надрывно припал к моим губам.

И всё исчезло. Всё! Изголодавшееся, истерзанное жаждой и разлукой сердце, со всем отчаянием путника, сутками бредущего по мёртвой, выжженной пустыне, вырвалось на волю и забило, уничтожило мозг, подчинило себе тело, волю, рассудок, память — всё! Одна рука мёртвой хваткой обхватила его шею, вторая залезла в волосы, утонув в режущем ладонь шёлке, и обе, со всей силой тонущего, прижали его ко мне, к моим губам, к воронке, из которой било и рвалось это отчаяние, до боли, до отсутствия дыхания, до судорог по всему телу.

И тогда, как от ожога, резко вздрогнуло тело — оно почувствовало его руки…

Ох, как ты бьёшь, наотмашь, сластью,
Инстинктов первородных плеть!
Тебя назвали люди страстью?
Нет! Ты — клиническая смерть
Рассудка, памяти и воли,
Агония сплетённых тел!
Цивилизации оковы
Разорваны! И бел, как мел
Порыв сердец, любовь поющих!
Так прочь отсюда, боль и страх!
Пусть осветит рассвет встающий
Всех предрассудков полный крах!

Оно, моё собственное тело, и предало меня. Предало! Слишком сильно вздрогнуло… Сразу, как по приказу, исчезли его руки, оставив пылающий ожёг на спине. Вновь захлебнулись пустотой губы и взвыли

172

лопнувшие нервы. Он оторвался и прохрипел, сверля жёстким фиолетовым излучением:

— Не смей... не смей, слышишь?! Не смей себя убивать! Во всех смыслах. Себя не жалеешь? Пожалей меня. Меня пожалей! Слышишь? Ты слышишь меня?!

Нет. Ничего я не слышала. Вернее, я слушала, но не слышала. И ничего не видела. Глаза не хотели открываться. Он тряс мои плечи, хлестал словами, а у меня мучительно горело горло, жгло спину, стонали губы, и мелкой дробью билось тело. Нет. Я ничего не слышала. Я не напилась!!!

— Ещё... ну, пожалуйста! Я... не насытилась, мне мало! Я хочу ещё. Я хочу ещё!

Он перестал меня трясти. Только дыхание, рывками, как через перекрытый клапан. И треск поленьев в камине. И вечность ожидания. На всплеске всех человеческих чувств...

И, наконец, — голос. Знакомый. Его.

— Посмотри на меня. Мне нужно, чтобы ты на меня посмотрела.

Глаза открылись. И ничего не увидели. Но сжалось сердце. Оно поняло, что проиграло.

— Я сейчас оденусь, выйду и вернусь через десять минут.

Глаза прозрели. От испуга. Животного испуга. Полудохлое сознание из всего сказанного поняло только одно — он уходит.

— Нет! Нет!! Уже?! Только не это! Только...

Он опять меня встряхнул и спокойным голосом повторил. Так, как повторяют ребёнку:

— Я никуда не ухожу. Вернусь через десять минут. Мне надо позвонить. Слышишь?

Дошло. Только десять минут. Нет, целых десять минут!

— Да-да. Хорошо. Только десять минут. Хорошо. Я... постараюсь. Я...

Он опять перебил:

— Дай слово, что не сдвинешься с места, пока я не вернусь. Хорошо? Жду.

Дошло и это. Но стало страшно. Безумно страшно остаться одной! Сейчас понимаю, что это была только паника. Слепая, животная паника. Но он монотонно повторял одно и то же. И требовал:

— Мне нужно позвонить. Здесь недалеко есть телефон-автомат. Жду твоего слова.

И я подчинилась. От страха стучали зубы, когда я выдавливала эти три слова:

— Да... Даю слово.

Он встал и вышел. Через секунду открылась и закрылась входная дверь. И всё во мне замерло, превратившись в часы.

Никогда ни до, ни после я не испытывала такого ужаса. В нём не было ничего разумного, ничего логичного. Это была паника, — страх, который овладевает и гасит в тебе всё человеческое, всё, чем отличило тебя небо и земля. Ты становишься животным, без мыслей, без чувств, без рассудка. Слепой кошмар безостановочного падения. Я боялась даже пошевелиться, даже вздохнуть. Но и боялась потерять данное слово. И оно приковало меня к жизни.

Ну откуда, как, чем он так понимал меня и чувствовал?

И вдруг я увидела часы. Они висели прямо напротив. Как я их раньше-то не замечала? Они показывали 20.30. И холодной испариной обдало всё тело — скоро, очень скоро он уйдёт. Домой. А я?

И я представила, как вернусь в общагу, как пойду завтра в школу, как буду разговаривать с тенями, завтракать и обедать, как... И такой подуло беспросветностью, такой муторной, невыносимой бессмыслицей!

В памяти мелькнуло воспоминание..."Ах, да! Тот парень. Тот, ночью, после того, как он ушёл. Да. Он тоже так говорил, тоже так думал, когда пошёл на мост". И неожиданно всё стихло. Я нашла ответ, как прекратить эту агонию. "Да. С меня — хватит. Правда, хватит. Хватит!"

Хлопнула дверь. Быстрые шаги и взволнованный, внимательный взгляд. И голос:

— А теперь послушай меня. Мне на работу к девяти. Завтра утром приедет такси и отвезёт нас в Ленинград. Тебе в институт ведь тоже к девяти?

Я моргала глазами, и до меня опять не доходили его слова. Я глотала их, впитывала, но смысл добирался до сознания по-пластунски.

— Да... К девяти... А... Как это, завтра? Как-как? Что... это... до утра? Всю ночь здесь? Или я... нет, я наверно...

— Да. До утра. Но с одним условием.

— Как?.. Да? Да?! Нет, правда?? До утра?!

—До утра., -- он уже улыбался, -- но с одним условием. И здесь я буду непреклонен.

Меня уже затопил, поглотил океан счастья. Я вскочила и повисла у него на шее. А нога даже не пикнула — не посмела! Он крепко обнял меня, глубоко, сильно вдохнул моими волосами и опять сказал:

— У меня — условие.

Было абсолютно всё равно, какое там у него условие. Какая разница? Даже если для этого надо было спуститься с ним в ад! Не всё ли равно?! Главное было другое — он не уйдёт! И вдруг...

— Ты будешь спать во-он в той комнате, а я — здесь на диване. Ясно?

Ясно? Равносильно удару на всём скаку о невидимую стенку! Сердцем! Хуже ада!

— Да. И только так. И ты дашь слово, что не переступишь эти границы, — и он кивнул на пороги в прихожую и в другую комнату. — В кухню есть прямой выход из спальни, а там — и туалет. Теперь, всё поняла?

Нет. Это было ужасно, а не понятно! Я беспомощно заглядывала в его глаза, моля и заклиная. Но уже не сомневалась, что это бесполезно. Я слишком хорошо его знала. А слова рвались сами, в последней попытке его сломить:

— Я... я просто свернусь калачиком, и всё! Только прижмусь, как котёнок и... ну, ну, как брат и сестра. Правда! Ничего мне не надо, я...

Он перебил. Обдавая синевой своих озёр, он мягким, но твёрдым голосом, сказал:

— Это я для тебя могу быть братом, а ты для меня, ну, никак не можешь быть сестрой, — он улыбнулся, усталой, грустной тенью улыбки. — И потом, за этот вечер я уже дважды потерял над собой контроль. Это у тебя хорошо получается, — опять тень улыбки. — Другие всю жизнь пытаются, да всуе, а у тебя, ну, прям талант! А потому вовсе не хочу рисковать. В третий раз могу и не выдержать. Понятно теперь?

И он опять улыбнулся. И столько было нежности и любви в этой усталой, измученной улыбке, что я сразу кивнула. А на душе стало тепло и пушисто-сладко.

— Отлично! А теперь будем пить чай. С малиновым вареньем! Устраивает?

Я опять, много раз кивнула головой. Меня рвало на части от счастья. И никак не размыкались руки. Его шея так и оставалась зажатой в их кольце.

— Отпустишь? Или останемся без чая.

Ой, как трудно было заставить пальцы разжаться! Но я сумела с ними справиться, и он вышел на кухню. А я быстро юркнула под плед. Если бы не колено, пропрыгала бы вокруг стола на одной ножке.

Через несколько минут он вернулся с большим подносом, полностью заставленным чайными принадлежностями. Это было просто блаженство, видеть его в такой простой, домашней обстановке.

— Вставай, расскладывай чашки, а я сейчас вернусь. Пойду переоденусь. А ты завернись в плед. Хорошо?

И вышел. Я встала, сделала из пледа юбку и накрыла на стол. Запах чая вернул в прошлое. Вновь увидела его кабинет, чёрное кресло, давящие решётки на окне. Я встряхнула головой. Если бы мне тогда хоть кто-то сказал, что я буду с ним, вот так, вот так.... И только тогда до сознания дошли его слова про потерю контроля. И про то, что он знал о моём колене. И про стройотряд... И проснулось удивление. Откуда? Как?

Он вернулся в чёрном спортивном костюме с белыми полосками на брюках и на рукавах. Синие глаза горели кусочками неба. И я не выдержала, без "предбанника":

— Нет. Ну, так нельзя! Ну, разве можно быть таким, ну... таким красивым? Ну, это же просто нечестно! Нечестно!

Он удивлённо глянул на меня и весело расхохотался.

— Да, с тобой невозможно соскучиться. Это почему же нечестно?

— Да потому, что так можно голову потерять. Это как наркотик. Хочется смотреть, смотреть и даже... да, даже съесть.

— Съесть? — он продолжал хохотать, а мне стало обидно.

— И это вовсе не смешно! Очки буду одевать, чёрные-чёрные, чтобы ничего не видеть. Тогда будем на равных.

— Ничего подобного. Тебе очень нравится щупать, как я заметил. Так что всё равно прощупала бы и нащупала бы. Слепые видят пальцами.

— А я бы и перчатки одела! Вот!, -- но теперь уже засмеялась и я.

— Ладно. Но тогда и я, не только очки одену, но и нос заткну, как нюхальщики, знаешь? Те, что духи проверяют.

— А почему?

— Мужчины ещё и по запаху узнают люб... — он прервался, а меня обдало горячей, жаркой волной и закачался стул, на котором я сидела, но... — Словом, женщину. Это, так сказать, наша особенность.

Меня качало. И вопрос выскочил сам, прежде, чем я успела ухватить его:

— Вы... Вы хотели сказать... лю... любимую женщину, да?

Я не смотрела на него. Уставилась в свою чашку и не поднимала глаз. И не дышала. Тишина стала тягучей и бесконечной, как зима. И он ответил, голосом, который обдал меня предчувствием:

— Хорошо. Я никогда тебе не врал и не собираюсь начинать. Рано или поздно, но я должен был бы тебе это сказать. Видимо, настало время. Послушай меня внимательно, а потом... А потом будешь говорить ты. Но сначала мы допьём чай.

Он замолчал. И мы стали пить чай, ставший почему-то совсем безвкусным. Даже малиновое варенье показалось пресным.

Допили. Я подняла голову и встретилась с его глазами. И в жалкий, маленький комочек сжалось сердце, такие там были мука и тоска. И безысходность. Такие, каких никогда и ни у кого я больше не видела. И какие даже не подозревала, что увижу у него.

— Так вот что я должен был тебе сказать.

Пауза. И сразу:

— Никогда, мы никогда не будем вместе. Никогда. И не потому, что я этого не хочу, а потому, что никогда не смогу сделать тебя счастливой. Никогда.

Он опять помолчал. Потом продолжил. А у меня заныло и защемило в груди.

— Всё просто. Ты знаешь, где я работаю. А в нашей стране это не шутка. Вряд ли мне простили бы даже простой уход из семьи, но уход к тебе — никогда. Ты стоишь на учёте в КГБ, а главное, ты — моя бывшая подследственная. Ты была даже несовершеннолетней! Мне пришьют аморальное поведение и использование служебного положения в личных целях, — он тяжело усмехнулся, — а тебе... Твоё дело отдадут на дорасследование. И тогда уже точно сломают твою жизнь. Более того. Даже если мы переступим и через это, — я всё равно тебя погублю. И не потому, что потеряю работу и меня выгонят из партии, а потому, что с таким волчьим билетом не только никогда не смогу подняться, но даже вряд ли смогу найти себе хоть какую-то работу. И... Как видишь — нет даже лазейки, даже щёлочки из этого приговора. Приговора судьбы.

Каждое его слово било, как тяжёлые градины. В одно и то же место — в сердце, туда, где живёт надежда и вера, то, без чего не может жить ни одна на свете любовь. К концу его речи я уже перестала их чувствовать. Когда долго бьют по одному и тому же месту — оно неминуемо теряет чувствительность. Или сходишь с ума. Я тупо, не мигая смотрела в его озёра, а они медленно уплывали, растворяясь и расплываясь в пространстве.

— У тебя вся жизнь впереди. И я никогда на неё не посягну. Даже если... даже если для меня самого это будет равносильно...

Его озёра исчезли — он закрыл их ладонями. Потом они поднялись вверх, ко лбу, снова опустились и ушли. Теперь озёра изменились, стали другими. В них появилась капель. Как и в моих. Тихая и чистая — капель приговорённых...

— Я только сейчас, в эти три месяца понял, как ты мне дорога. Сразу же после нашей ссоры я вернулся — так испугался за тебя. Но не увидел, и уехал домой. И с того дня знал про тебя всё. Всё. И окончательно потерял голову, когда мне стало известно про крышу. Прозвучало, как предупреждение. Мистика какая-то. Больше не мог спокойно спать, изнывал от ожидания твоего возвращения. Ночами видел кошмары. Что с тобой что-то случилось. Даже жена заметила. И... и оказался прав. Как подумаю... Опоздай я всего на несколько секунд, поезд бы ушёл и... Меня задержал полковник. Прямо в дверях управления. Надо же! Наврал, чтобы сбежать. Никогда не врал, а тут... Но... я больше не знаю... я не знаю, что мне делать, какое принять решение. Уйти? Я слишком боюсь за тебя. А остаться с тобой... А дальше? Плевать я хотел на себя, но ты? Понимаешь? Я не знаю, не знаю, как быть с тобой. Как сделать так, чтобы было лучше для тебя.

Он остановился. И такая безысходность была в его глазах, такая боль, придавленная волей, чтобы сдержаться и не взвыть, что меня ударило, как плетью, и прорвало!

Всё стало ясно. Будто так долго зревший на сердце нарыв открылся, и липкая, тёмная пелена сомнений спала с глаз. И с моего сердца! Я вскочила со стула и, наклонившись к нему, всей грудью выпалила на него свою любовь.

— Лучше для меня? Любите меня... Да... Вы... Вы... Я... Нет. Я не люблю вас! Это уже неверно. Это стало мало...

Посвящается моему мужу.
Сказать, что я тебя люблю?
Нет, слишком это мало.
Сказать, что я тобой дышу?
Нет, слишком уж банально.

А может быть, сказать тебе,
Что ты — мой дождь, мой снег,
Дыханье ветра по весне
И грусть осенних рек?
Что ты — моё желанье знать,
Всё видеть и хотеть
вопросы звёздам задавать,
И их ответы петь?

А может быть, сказать тебе
Всё проще: ты есть я!
А я, благодаря тебе, —
Вселенная — Земля!

— Я просто не могу без вас жить. Да. И мне абсолютно всё равно, где и с кем вы будете находиться. Телом. Знать бы, что всем остальным — со мной. И что есть день, любой день, пусть через месяц, через год, но — мой. Что я вновь вас увижу. И тогда, всё — нипочём. Всё — как семечки. Знать бы только, что вы — мой!

Я выдохлась. И услышала заветные слова. Такие мне дорогие, такие родные, такие любимые! Эликсир моей жизни:

— Иди сюда...

Я сидела у него на коленях, и он тихо, безостановочно, лечил мою душу губами. А я подставляла ему лицо, шутливо указывала пальцем на следующее место, где болело, и он послушно лечил и его, как в далёком детстве нас вылечивали поцелуями от всех вавок. И не было никого на свете счастливее меня. А может, и нас обоих. И мы опять смогли шутить и смеяться.

И тогда я огорошила его воросом — без "предбанника":

— А много у вас было женщин?

— Ну у тебя и вопросики! Почему ты об этом спрашиваешь?

— А мне интересно! Хочу знать!

— Ну, если вы настаиваете, госпожа начальница, то получайте... Нет, сначала вы мне объясните, что такое мало, и где оно кончается, и что такое много и где оно начинается.

— Ну, это просто! — и я заметила, как в его глазах загорелись огоньки-смешинки. Я почувствовала ловушку, но не увидела её! — Мало, это — пять, ну, шесть. А много, это когда, ну, штук двадцать.

— Нет, вы уж, пожалуйста, без скачков, по-порядку. Значит, шесть — это мало?

— Да.

— А семь?

— Мало!

— А восемь?

Нет, я ещё не почувствовала подвоха!

— Ну... мало.

— А девять?

— ...Ну... думаю... что... ещё мало.

— А десять?

Я заколебалась. Чувствовала, что попадаю в ловушку. Но какую? И вот тогда-то до меня и дошло!

— Это — нечестно! Так, прибавляя по одной, вы заставите меня когда-нибудь сказать "много" и получится абсурд! Всего из-за одной цифры перескочу из "мало" во "много". А так не бывает! Так нечестно!

Он весело рассмеялся и сказал:

— Ты в самом деле хорошо играешь в шахматы. Обычно в такую ловушку попадают все. Лучше всего говорить про богатого и бедного. Перескок получается в одну копейку! Поздравляю, ты познакомилась с одним из парадоксов. Или, как переходит количество в новое качество. Всегда резко, от одной капли. Поэтому надо быть очень внимательным в дозировке. Во всех смыслах.

— Парадокс. Как интересно! А их много?

— Вся жизнь — сплошной парадокс.

— Почему?

— Ну, хотя бы потому... например, всем давно известно, что горе — от ума. Это ещё Грибоедов заметил. А рвутся к знаниям. Так? Или, что опасность может закончиться смертью, а молодёжь и за уши не оторвать от риска. Или, что политика — сплошная ложь. Все это знают и, тем не менее, лезут туда изо всех сил, стараясь получше друг друга обмануть.

— Ленин не обманывал.

— Да. Потому что его политика была в интересах большинства. Единственный случай в истории. А где играют в пользу меньшинства, там и лгут.

— Тогда я была права?

— Нет, так как ты не играла ни в одни ворота. Шла на разлом. На разрушение.

— Но ведь в гимне поётся : "До основанья, а затем..." разве не так?

— Всё-таки мне надо сыграть с тобой в шахматы.

— Ой, вы играете в шахматы?

— Кандидат в мастера спорта.

И я обомлела. Так вот он какой, мой избранник! Казалось бы ну, куда уж больше? Но я ещё сильнее в него влюбилась. И зауважала.

— Бросим политику, а? А то как бы опять не получить пулю в лоб.

Я рассмеялась, но всё-таки спросила:

— Но это значит, что вы тоже понимаете, что не всё у нас так, как нам стараются преподнести? Да?

— Да. Но верю, что такие, как я, всё-таки защищаем таких, как ты. От таких, как Наташа.

Я открыла рот, но он не дал мне заговорить.

— Всё! Про политику — табу! Давай лучше вернёмся на диван. Ляжем, и ты мне всё-всё

182

расскажешь. Каждый момент всех этих трёх месяцев без меня.

Как я любила его! Как тепло и спокойно было с ним!

Мы устроились. Я положила свою голову ему на грудь и тихо, сначала запинаясь и останавливаясь, но, мало-помалу, всё уверенне и спокойнее, рассказала ему всё. Я слышала треск поленьев в камине, удары его сердца, размеренное, ровное дыхание. И как оно остановилось, когда он узнал о двух часах, которые я простояла на улице, после его ухода, поддерживая угол дома, чтобы он не рухнул.

— А я тебя не увидел. Какой же я всё-таки болван! — он помолчал. — Да, того парня, сам бог послал. Но второй раз... Говори, рассказывай дальше.

Потом он опять меня перебил. Нет. Не только перебил. Приподнялся на локте и посмотрел мне в глаза:

— Значит, отец не дал согласие на её перевод в Ленинград?

— Нет. Он вообще ушёл из семьи, к другой женщине. Втихаря. Когда Лены даже дома не было.

— Ты получала от неё ещё письма?

— Не-а. Ни одного.

Он откинулся на спину и проговорил:

— Не нравится мне всё это. Очень не нравится.

— Что не нравится?

— Всё, — он с минуту молчал. — Продолжай.

Я продолжила. Про Кокошкина он не сказал ничего. И про №2, и про Юрку, и про Сашку. Просто слушал. Даже про больницу. А вот когда я рассказала, какая в лагере была тишина, когда я туда вернулась, и как прохладно встретила меня Ирка, перебил:

— И ты этому удивилась?

— Очень. Я была просто ошарашена.

— А зря. Но думаю, ты уже поняла, почему.

— Да. Но... неужели тот поэт прав?

— Какой поэт?

— С ним мы познакомились позже. Я потом про него расскажу.

И я вновь вернулась к жалости, которую мне пришлось испытать.

— А вы? Вы кого-нибудь когда-нибудь жалели?

— В прямом смысле слова, -- нет. Ведь хирурга никто не назовёт жалостливым. Потому, что он режет. Но вылечивает. Те, которые гладят — нравятся больше, к ним и идут охотнее, но они только не мешают человеку умереть. Но не всё так просто. Помнишь закон о передозировке? Иногда нужно именно погладить, а не резать.

— Когда?

— Когда человек уже не человек, а... лучше я приведу тебе несколько строчек из Марины Цветаевой:

«Я не более, чем животное,
Кем-то раненое в живот,
Жжёт...
— будто душу сдёрнули
С кожей...»

У меня перехватило дыхание от мощности этих строк.

— Ой. Как ... как... Как про меня сегодня, там, в поезде, когда вы меня догнали...

И вдруг!

— Подождите...

Возникшее подозрение ударило так, что потемнело в глазах. Я приподнялась на локте и заглянула в глубину его лазури:

— Так... так вы...вы... Вы меня пожа... пожале...

Он перебил меня, закрыв мой рот ладонью:

— Нет! Даже думать этого не смей. Никогда. Я не жалею тебя, а лю...

И остановился. Как споткнулся. И резко закончил:

— Нет. Я не могу, не-мо-гу тебе этого сказать.

— Почему? Ну, почему?

Я опять куда-то катилась, куда-то проваливалась, тонула и хваталась за его дыхание. Он долго смотрел мне в глаза, а потом спросил:

— Сначала ты мне ответь. Почему ты до сих пор говоришь мне "вы"?

Эффект от этих слов сравним разве что с реакцией на разорвавшуюся рядом бомбу. Всё, что угодно я ожидала услышать, но только не это. И... растерялась. Даже сморщила лоб, пытаясь впервые ответить на этот вопрос. Никогда об этом не задумывалась. Как-то пошло так сразу, с самого начала, как нормальное следствие воспитания, как самое обыкновенное поведение младшего к старшему. Но потом... Теперь? Теперь, когда мне не было роднее и дороже его на всей земле? Почему я так упорно цеплялась за это "вы"?

И что-то далёкое, запрятанное в самые уголки моего сознания, медленно стало выплывать на поверхность. И это был страх. Страх!

— Боишься, так? Хватаешься за это "вы", как за последнюю соломинку, чтобы не утонуть, не срастись со мной намертво, всей кожей с мясом. Последняя микроскопическая мембрана, которая отделяет тебя от меня, хранит твоё я, даёт шанс, пусть неосознанный, но всё-таки шанс прожить и без меня. Словом, защита. Так? Ответь.

Он был прав. И я смогла только кивнуть головой.

— Вот видишь? Так вот. Именно поэтому я не могу сказать тебе этих слов. Не имею права. Потому что разрушу и эту последнюю, пусть такую слабую, пусть даже вымышленную, но всё-таки мембрану. Твою защиту. А тогда... Приростёшь ко мне до единого кровообращения... Да и я... — он запнулся, но фразу закончил, на одном выдохе,—... тоже. И именно поэтому ты не переступишь ночью этот порог.

Нет, он не улыбнулся. Свет глаз был жёстким, сжатым волей до узкого луча. И я обречённо спросила:

— Никогда?

— Когда из тебя вырвется это "ты", как вырываются некоторые твои вопросики, без обдумывания, без стоп-кранов, прямо из сердца, и которые для меня, как мостик к нему, тогда... тогда это будет. Потому, что тогда уже без этого мы задохнёмся. Не будет больше выбора. А пока...

Он остановился. А у меня закружилась голова, и очень трудно стало дышать. Предательская мысль горячим гейзером обожгла сознание — если я сейчас скажу ему это заветное "ты", если сумею правильно сказать это "ты"!..

Но я смогла освободиться от этой дьявольской ловушки. Я никогда ему не врала и не собиралась начинать. Ни сейчас, ни когда-либо потом. Но один вопрос вылетел, и так, как должно было вылететь это "ты".

— А если бы я была уже... ну, не была больше девочкой?

Ответ был мгновенным:

— Меня бы здесь не было. Вообще ничего бы у нас не было.

— Но вы бы этого никогда не узнали! Ну, в смысле, до того, как... ну...

— Ещё как узнал бы! Не забывай, сколько мне лет. И потом, опыта мне не занимать. Лучше продолжай рассказывать.

— Значит, у вас было много женщин, да?

— Опять хочешь в парадокс поиграть?

Нет, мне этого вовсе не хотелось. Ладно. Я откинулась на спину и вернулась в моё прошлое, такое далёкое и такое... не моё. Когда дошла до разговора с поэтом, он перебил:

— Он прав. У тебя не может быть друзей. Таких, как в "Трёх товарищах".

— Но почему?

Он помолчал, а потом неожиданно спросил:

—Ответь мне, но только быстро, не задумываясь. Когда произошла твоя встреча с этим поэтом?

— Давно, ну... недели три назад...

И подскочила. Я вытаращила на него глаза, а он вовсю улыбался:

— Сработало. Да, эта встреча была вчера.

Я продолжала от изумления таращить на него глаза, а он спокойно продолжил:

— Да. Год — за миг, а миг — за год. Вот в чём разница между тобой и другими людьми. Скорость луча света 300 тыс. км в секунду. Ты летишь по жизни с такой скоростью и можешь общаться, видеть и быть понятой только теми, кто равен тебе по её значению. Тогда вы, относительно друг друга, просто стоите и ваша скорость вам незаметна. И прекрасно понимаете друг друга. Другие же, что живут с меньшей скоростью, вам невидимы, сливаются в один бесформенный фон.

— Прозрачные.

—Да. Вы живёте в разных пространственно-временных измерениях с различными показателями ватт-фарад-плотность за секунду. Кстати, я уверен, что секрет счастливой любви находится именно в этом — найти того, кто живёт с тобой в одном измерении, с одинаковыми вышеперечисленными показателями.

— Точно! Как же я раньше-то до этого не додумалась? Как же это просто! Даже стыдно. Всегда чувствовала, что разгадка секрета времени где-то рядом, совсем рядом, но никак не могла её найти. И про любовь. Как же это элементарно! Надо обязательно рассказать Ленке. Она будет в восторге. Мы с ней живём в одном измерении! И теперь понятно, почему ни её, ни меня никто не понимает. Почему мы чувствуем себя, как в пустыне. Вернее, это она себя так чувствует. У меня есть шахматы, гитара, песни. И главное — вы.

— Береги свою Ленку. Такой у тебя больше не будет. Найти человека из одного с тобой пространства, это потруднее, чем иголку в стоге сена.

— Значит, я для вас из одного пространства?

— Опять ты со своими вопросиками? Да. Из одного пространства. Пространства, где обитают сумасшедшие, -- он улыбался, и было невозможно здорово тонуть в его улыбке.

— А когда вы поняли, что я, ну, что я не такая, как все?

— Сразу. Ещё до того, как тебя увидел. Как только узнал про сцену возле туалета. И про твоё поведение в комнате ожидания. Я удивился и заинтересовался, что это за сопля ко мне идёт.

— Я не сопля!

— Ладно. Не сопля, а очень взрослая семнадцатилетняя женщина.

— Ну, ладно! Ну, почему вы смеётесь?

— Разве я смеюсь? Посмотри, какой я серьёзный!

— Я взрослая! Мне уже восемнадцать с половиной лет!

— Именно. Взрослая, восемнадцати с половиной лет женщина.

Тон был очень серьёзный, и я успокоилась.

— А потом?

—А потом я продолжал действовать по годами выработанной тактике — заставить человека постоять у входа, возле двери. Очень интересные вещи можно заметить. Практически, человек проявляется сразу и весь. Каким бы он ни был уверенным в себе, но стоять, как болван, возле двери и ждать, когда на тебя обратят, вернее, снизойдут настолько, чтобы обратить на тебя внимание — не каждому по силам. Вся показная уверенность, надуманная гордость и приписываемая себе сила быстренько исчезают, как пух с одуванчика. Но, конечно, если этот человек не является человеком. Тогда — наоборот. Он так там будет стоять, что это ты почувствуешь себя болваном и невоспитанным чурбаном. Но вероятность этого — из серии иголки в стоге сена. Поверь мне. Не один год работаю с человеческим материалом и ни разу — ни разу! — не встретил такой ситуации. Так вот, когда этот человек уже раздавлен унижением — бери его, хоть голыми руками.

— А я?

— А ты зашла и через секунду преспокойненько уселась в кресло. За все десять лет, что я работаю в этом кабинете, ещё никто и никогда не посмел этого сделать. Можешь представить моё изумление?

— Ага! А дальше?

Было ужасно интересно и весело. И очень щекотало моё самолюбие. Ну, очень!

— Тогда я поднял голову и наткнулся на твои ножки. Тебе говорили, что с такими ногами нельзя появляться в обществе?

Я весело рассмеялась:

— Говорили! Ну, дальше, дальше!

— Плюс ко всему, ты их так задрала, что я сразу заподозрил злой умысел. И решил поставить тебя на место, используя безотказное оружие — внешний вид моей персоны. Как ты сама заметила, действовал всегда безотказно. Женщины не выдерживали. Я встал и подошёл к тебе. Ты посмотрела, и я получил то, на что и рассчитывал. Но недооценил тебя, то есть нарушил одно из самых важных правил шахмат. Я расслабился, и ты всё поняла. В итоге, в первом же раунде я проиграл. И даже растерялся от этого.

— Да! Так и было! А как это может быть? Ведь мы ни одного слова не сказали! Как, на каких... не знаю, как сказать, мы общались?

— На шестом чувстве. Находились на одной частоте волн. Поэтому было так трудно что-либо скрыть. Поэтому я и вымотался с тобой, как ни с кем другим раньше.

— Да? А мне казалось, что для вас это было, как игра. Ну, как семечки щелкать.

— Ничего себе, семечки. Каждый день ждал твоего прихода, как испытания. Никогда не знал, чего от тебя ждать. На постоянном напряжении.

— А вы не чувствовали, что я, ну... в общем, когда вы поняли, что я влюбилась?

— Подозревал с первого дня, но не верил. Ты хорошо научила меня не верить тебе. Ни в чём. У нас ведь шла война. Даже когда ты сама мне об этом сказала. В первый момент, сила... да, сила твоих слов меня сильно шарахнула. В том, как ты это сказала, было столько... ну, как у Пастернака: "Чувств твоих рудоносная залежь". А потом заработал мозг и ...

— И вы спросили про оружие. Я думала, что умру от такого... от такой пощёчины. Прямо по душе, по всему, что уже тогда к вам испытывала. Это... это...

— Я не поверил тебе. Да ты подумай, ну как я мог тебе поверить? Вспомни, где всё это происходило! И потом, не забывай, что ты вела счёт, — он улыбнулся. — А если уж совсем честно, то я этих признаний столько наслушался, что... выслушивал их, в среднем, по два раза в неделю.

Я не поняла:

— У себя в кабинете??

— Нет. Вне кабинета. В кабинете — никогда. Ты — первая.

Но я всё ещё не понимала.

— Как это, вне кабинета? Вы встречались со своими...

Он прервал меня:

— Нет. Не с подследственными. Просто с женщинами. Ты хотела знать, сколько у меня их было? Получай: много. Очень много. Настолько, что перестал им не только верить, но и уважать их. И доверять этим словам.

Я замерла, потрясённая услышанным. Не столько тем, что он сказал, но как он это сказал — жёстко, сухо и холодно. И зло.

Меня наводнили обида, — до слёз! — и страх. Обида, потому что его руки касались так много чужих тел. А страх... Я испугалась моих восемнадцати лет. Потому что впервые поняла, что на самом деле они означают — я была не более, чем беспомощная и глупая девчонка, сопля и салага. А тогда как, чем я смогла бы его удержать? Если все эти женщины, наверняка красивые, умные и начитанные, с богатым жизненным опытом, которые давали ему всё, даже это, и то не смогли этого сделать?! Не только! Даже не смогли добиться от него элементарного уважения!! А тогда на что могла рассчитывать я?!

Ужас парализовал меня, как гипс. Тут же вспомнились слова Волжановой, когда она говорила, что ей нечего дать Бергеру. Какому-то сосунку Бергеру! А я, этому мужчине?! Что смогла бы дать ему я, если он даже от этого отказывался?

И только тогда до меня дошло, почему всегда было так трудно ему позвонить — каждый раз, чисто интуитивно, я боялась услышать такой голос —

равнодушно-скучающе-злой. И заранее к нему готовилась. И выдержала бы! Тогда ещё — да.

Но, теперь? Теперь, когда я уже приняла как аксиому, что он — мой, срослась и сроднилась с этой мыслью, теперь, когда одно осознание того, что я для него существую, позволяло дышать, жить, радоваться? Вдруг, теперь, теперь услышать такой голос! Это означало бы для меня... это означало бы... Нет, я даже представить себе не могла что могло означать это для меня! И паника, но совсем другая паника, намертво сковала моё тело.

Это было катастрофическое исчезновение веры в себя, мгновенное и безостановочное падение собственной дельты!

И я впервые поступила, как женщина. Нет, тогда я этого не осознала. Но сейчас — да. И утверждаю, что я впервые поступила, как истинная женщина — взяла себя в руки. Ни в коем случае он не должен был заметить моего страха его потерять. Ни в коем случае! Видимо, ещё и этим отличается любовь мужчины от любви женщины. Он это *должен* ей показывать ежедневно, ежечасно, ежеминутно! Она же ему — никогда.

Возразишь, напомнив мне про рельсы? Но они — совсем другое дело, совсем из другой оперы. Это было моё решение! Я решила, и я уходила. Первой! Не он от меня, а я от него! Не побежала к нему за милостыней! Даже такой ценой, но не побежала!

Он заметил:

— Ты вся, как окаменела. Я не хотел тебя оскорбить, но ты хотела правду.

— Нет. Всё в порядке, просто я немного озябла.

И обрадовалась, что голос меня не подвёл. Тело предавало постоянно, но голос! Какой он у меня был молодец! А внутри аж визжало от ужаса, от ужаса быть забытой им!

— Знаешь что? Уже почти двенадцать. Давай ложиться спать. Согласна?

Нет, отпустить его сейчас было выше моих сил. Надо было переждать эту волну паники. Она обязательно должна была уйти. Или, хотя бы, ослабеть.

Но этот страх, животный страх потерять его любовь, раз появившись, уже никогда и никуда больше не исчез. И это было единственное, о чём я ему не рассказала. Никогда.

— Ещё полчасика, ладно?

— Ладно. Тогда дорасскажи. Кто такой этот грозный мужчина Рудый, и что там за размазывания по стенкам.

Мне стало не по себе.

— Это Валерка хотел размазать меня по стене. Он чуть не убил меня. Это потому, что накануне я всю ночь просидела у одного парня, просто поговорили. Он в армию уходил, сессию не сдал и… ну, вот мы вдвоём до утра и просидели. А Валерке доложили. Он и подумал, что я… с тем парнем… А меня как прорвало. Так хотела, чтобы он ударил меня! Такое ему наговорила! Сказала, что он пришёл в очередь записываться, и что он даже в постель не смог меня уложить.

Мне было стыдно, но деваться было некуда. Я слышала, как зачастило его сердце под моей рукой. И как он весь напрягся. Как перед прыжком.

— Он и ударил, но по стене. Руки в кровь разбил. А я ещё больше его возненавидела, ну, что не убил меня. А накануне вечером была в кино с Рудым. Потом он предложил приятно провести время. Я сделала вид, что он у меня будет, ну, как минимум, десятый. Хотела сделать себе плохо. Очень плохо. И потом, Волжанова говорила, что если не любимому, то какая разница? Вас не было, вас не было и я… я…

— Иди сюда.

И он своим телом прикрыл моё, спрятав его от этого холодного и жестокого мира, мира одиночества, мира без него. Лицом к лицу, дыханием к дыханию, сердцем к серцу. И каждой мышцей, каждой клеточкой, через тонкий, теперь уже неощутимый плед, я чувствовала его силу. И тепло. Он наклонился и мягко тронул мои губы. Легко-легко, как трогает утренний летний ветерок лепестки ещё спящих роз.

— Не делай себе плохо. Потому, что тогда ты сделаешь плохо мне. И нам. Нам вместе. Очень плохо. Не убивай то, чего я так долго ждал. Так долго, что уже не верил, что оно вообще существует на свете. Хорошо?

— Я люблю вас, я... я просто перестаю быть, когда вас нет.

Его озёра поили меня живительной влагой, а губы залечивали раны. А я пила его ласку так, как пьют из амфоры утреннюю росу. И было тихо и спокойно на душе, как после убравшейся восвояси, несолоно хлебавши, убийственной грозы.

— А теперь — спать. Можешь сходить в ванную и принять горячий душ. А я пока постелю. Давай, вылезай.

Он встал. Ох, как мне не хотелось его отпускать, да ещё и на всю ночь! Ну почему нельзя было спать так, как мы только что лежали? Ну что здесь было опасного? Но я знала, что все мои попытки изменить его уже раз принятое решение были бы пустой тратой времени.

Я слезла с дивана, завернулась в плед и прошагала в ванную. Только после горячего душа я почувствовала усталость. Да какую! В прямом смысле слова, засыпала на ходу. С трудом заставила себя простирнуть своё бельё. Выжала его в полотенце, чтобы побыстрее высохло, завернулась в другое, большое и пушистое, и прошмыгнула в свою комнату. Юркнула под одеяло. Простыни приятно пахли свежестью и шуршали крахмалом. О таком постельном белье в общежитии можно было только помечтать.

— Устроилась?, -- спросил он, зайдя.

И получив мой кивок, чмокнул в нос, пожелал спокойной ночи и вышел, закрыв за собой дверь. А я, к моему огромному удивлению, заснула сразу, как убитая.

Утром меня разбудила щекотка. Но глаза я не открыла. Даже не пошевелилась. Поняла, что это был он — щекотал мой нос щёточкой своих усов. И я с головой окунулась в счастье. Не хотелось, чтобы он отошёл. И потом, нужно было время, чтобы прийти в себя, — не так-то это просто, прямо с утра, бултыхнуться в его озёра. Но стало очень щекотно. Я обхватила его руками за шею и прижала к себе. Он легко дотронулся до моих губ и вырвался.

— Доброе утро.

— Доброе-предоброе!

— Вставай. Смотри, что я тебе принёс.

Я повернула голову. На тумбочке стоял большой поднос с завтраком. И с горячим, пахучим кофе.

— Ой! Спасибо! Мне никто и никогда не приносил завтрак в постель!

— Тогда, у нас у обоих сегодня дебют. Премьера.

— Как это?

— У тебя — в роли потребителя. У меня — в роли того, кто его приготовил и принёс в постель.

— Правда?

— Правда. Ешь и вставай. А я пошёл умываться.

И ушёл. Я с аппетитом поела, но вставать не хотелось. Отставила поднос и опять залезла под одеяло. Впрочем, даже если бы я и захотела подняться, всё равно бы не смогла этого сделать — я нигде не видела своего белья. Но не успела удивиться. Голос из зала всё объяснил:

— Твоё бельё я повесил возле камина, а то бы не высохло. Сейчас принесу.

Он зашёл, и я ахнула. Буквально онемела, и сильно защемило в груди. Он был раздет до пояса, и это тело, смуглое и сильное, с мышцами, которые откровенно радовались жизни от каждого его движения, в сочетании с чёрными влажными волосами и светящимися утренней бирюзой глазами, вызвало сладкий, томящий восторг. И я зажмурилась, чтобы не сделать какую-нибудь глупость.

— Что-то случилось? Нога болит?

— Нет. Не могу я так. Так нельзя!

Нет, он не понял.

— Что нельзя?

Я открыла глаза и ткнула пальцем в его торс. Тогда он рассмеялся.

— Хочешь пощупать?

— Ага.

Он подошёл и сел на кровать. Я протянула руки и...

Нет, это не был Кокошкин. Это был мужчина. Любимый мужчина, тело любимого мужчины. Мне ошпарило ладони. Они прилипли к его коже, и не было сил их отодрать. Я видела мои голые руки, ощущала наготу моих плеч, раскрытых до груди, чувствовала, как замерло вытянувшимся стеблем моё тело, как напряглись его мускулы, как мощно заштормили озёра и слышала, как зазвенела, зависла, натянулась струной тишина. Как перед взрывом. Как перед ударом молнии. И беспомощно смотрела ему в глаза, умоляя прекратить эту пытку. Бесконечную, беспрерывную пытку жаждой. Самую страшную пытку.

Коснись же тела моего! Коснись его! Сожги
Весь мрак и ужас темноты, что бьют его плетьми.
Терзай губами, рви, кромсай, смертельную тоску.
Душа без тела твоего, как в бездну, мчит ко дну!
Там страх, там рельсов чёрный след, там вопли, а не смех,
Там тысячи прожитых лет, тебя в которых нет.
Там тени бродят вместо тел, глазницы вместо глаз,
Там солнца нет, и жилы рвёт утопленников глас!

Так дай же счастья хоть глоток, размером в океан,
Зальёт собой он бездну ту, отцом он станет нам.
И вздрогнет мир от крика тел, вдруг слившихся в одно,
И вся Вселенная замрёт, нам распахнув окно!

И забилась раненой птицей тишина. Он не смог, не смог отречься! И... всё исчезло. Всё! И я, и эта комната, и он, и мысли, и захлёбывающиеся в голодном крике две души. Был только шквал прикосновений, бессчётных, рвущих на части, вырывавших из меня животный стон всей горечи, всего ужаса, всей смертельной тоски быть без него. Они жгли моё лицо, губы, глаза, шею, грудь, живот, всё моё измученное тело. А его руки вытягивали из него жилы и заставляли биться в беспрерывных, блаженных конвульсиях. Мои, нет, не мои, а те руки, которые раньше были моими, сдирали с него кожу, впивались в неё всем мясом и не разрешали отрываться от моей.

Нет, это не был апогей любви, нет. Уже нет. Это было проклятие всей нашей судьбе. Мы проклинали всё, что прокляло нас и приговорило к пожизненному заключению быть друг без друга. К жизни птицы без одного крыла, к телу без сердца, к бегу без ветра, к зиме без весны, к венам с рыбьей кровью, к смеху без радости, к дыханию без кислорода. И я зачёркивала и проклинала все завтра без него, все тюрьмы и решётки, стоящие между нами и, надрываясь, рвала с него последние остатки препятствий, чтобы хоть на миг, на одно мгновение победить это проклятие, этот безжалостный, неумолимый рок и стать с ним единым целым, с одним сердцем, одним дыханием и с одной любовью на двоих. А завтра? Завтра было проклято! И ничего мне не надо было в этом завтра. Ничего!

Но... ему оно было нужно. И там, в этих завтра, должна была быть я. Обязательно должна была быть я!

Какой же силы была любовь этого мужчины, какой же силы она должна была быть, чтобы, хрипя и скрипя зубами, всё же вырваться из клещей безрассудства, суметь победить эту страсть, такую страсть, которая сжигает и убивает в тебе всё, что только дало тебе право называться человеком? Да, он отвоевал это завтра.

Нечленораздельные звуки вырвались из его сухого, полуоткрытого рта. С силой, делая мне больно, он разжал мои руки. Тяжело и часто дыша, приподнялся и замер, глядя в потолок.

И тогда я поняла, что он отверг меня. Только это я поняла! И взорвались, лопнули струны до гула натянутых нервов.

— Ненавижу! Не-на-ви-жу! Ты... ты не человек! Ты... железный чурбан! Кусок холодного мозга! Бесчувственный, ледяной айсберг! Я ненавижу, ненавижу тебя!

И наступила реакция — я забилась в истерике, даже не отдавая себе отчёт, что сказала ему "ты". Вернее, проорала ему это "ты".

Он — как очнулся. Опустил глаза, тяжело, пристально посмотрел в мои. Потом наклонился и громко, перекрикивая хор всхлипов и "ненавижу", защищаясь от моих попыток его ударить, голосом, только отдалённо напоминающим его, сказал:

— Можешь ненавидеть меня, сколько хочешь, но... в кино со мной пойдёшь? Сегодня вечером. Я официально приглашаю тебя в кино. Идём?

Секунды три потребовалось, чтобы до моего сознания дошли его слова.

— Что-что? В кино? Сегодня?!

Нет, он не шутил. Он приглашал меня в кино! Ох, Ленка, никогда не думала, что такое заурядное, "от нечего делать" развлечение может стать таким удивительным чудом! И куда подевалась истерика? Мгновенно, как губкой, её стёрли с моей души.

— Да. Хотел сделать тебе этот сюрприз позже, перед самым выходом из такси, но... Кстати, машина будет минут через 40, так что, вставай.

— Мы правда пойдём в кино? В самое обыкновенное, банальнейшее кино? Как самые нормальные, самые обычные, самые...

— Да, как самая обыкновеннейшая пара. Но фильм вовсе не обыкновенный. Ты слышала что-нибудь о таком режиссёре, как Тарковский?

— Слышала! — было приятно хоть что-то знать. — Нам наша классная о нём говорила. Тогда шёл его фильм "Зеркало". Она очень уговаривала сходить посмотреть его. Ленка моя была. Она была в восторге. А я... Ну, все говорили, что он очень тяжёлый и серьёзно-философский фильм, и я не пошла. Теперь очень жалею.

— Не жалей, тогда тебе ещё рано было его смотреть. А твоя Лена — не от мира сего. Фильм называется "Андрей Рублёв". Идёт только сегодня, и только в самом захудалом и маленьком кинотеатре.

— Почему?

— Не кассовый фильм. Не кассовый режиссёр. Но на мой взгляд, Тарковский — один из величайших гениев нашего времени. Ну что, идём?

Я обняла его за шею и впервые сама поцеловала. В щёчку. И только тогда заметила, что я была в абсолютном нагише.

— Ой!

Он засмеялся:

— Отлично! Значит, пришла в себя. Вставай, одевайся, умывайся и едем.

Он поднялся и вышел в другую комнату. Ленка, как я его обожала!

В такси мы молчали. Мне было спокойно. Очень спокойно! Мы просто расходились по делам. Он — на работу, я — в институт. И всё. А вечер был опять наш, что было абсолютно ново и вовсе мне незнакомо. И я смаковала это свежее, только что родившееся ощущение счастья. Не минутного, не украденного на два-три часа, а постоянного, непрекращающегося, повсеместного, как земное тяготение!

Как быстро, как молниеносно быстро мы привыкаем к счастью! Сростаемся с ним, роднимся с ним всеми клеточками своего естества и начинаем принимать его, как своё нормальное состояние. Как обыкновеннейшие будни! И вовсе не задаём себе вопрос, что бы с нами было, если бы оно вдруг исчезло, вырвалось из наших сердец, отлетело в сторону и мы не смогли бы его больше поймать...

Такси остановилось возле метро. Я опять чмокнула его в щёку и выпорхнула из машины. Всего через девять часов мы вновь должны были встретиться! И мне хотелось бежать по эскалатору, петь песни, шутить, смеяться и обнимать всех встречных и поперечных. Интересно, а можно задохнуться от избытка счастья?

25.

На вахте меня ждало твоё письмо. И как-то нехорошо сжалось сердце. Радость, бьющая из меня, как Ниагарский водопад, замерла, как на стоп-кадре. Она просто не знала, что ей теперь делать — пересохнуть или опять политься весёлым потоком.

Я разорвала конверт. И первое, что прочитала, сдавило горло нехорошим предчувствием: "Я познакомилась с моей новой мамой. И у меня больше нет отца, то есть, исчезла бухта, куда я прибегала залечивать раны. А у каждого человека должна быть гавань. Иначе он погибнет при первом же ветре. А у меня нет больше даже дома. И я поняла, что никому не нужна. Даже самой себе."

И моя Ниагара пересохла.

Дальше пошла сплошная белиберда, то, что пишет человек, который не хочет ныть, или, зевая от скуки, выводит на клочке бумаги бессмысленные каракули. Потом были вопросы о моей ноге, о нём, об учёбе и новая просьба беречь свою любовь.

И в эту же пятницу, предупредив тебя телеграммой, я решила ехать к тебе. Стало легче. Но зайдя домой, меня поразило ощущение, будто я не была здесь, по крайней мере, с месяц. Да, со скоростью 300 тыс. км в секунду...

Я быстро переоделась, собрала портфель и пошла в институт. Ирку я не видела.

В тот день занятия закончились в три часа. Я успела пообедать раньше, поэтому, после окончания лекций, погнала, насколько это позволяла мне нога, в курилку. Сто лет я не видела Волжанову! Она, как бессменный часовой была на своём посту. Мы обе были рады друг другу.

— Рассказывай! Как у тебя с Володей?

—Всё хорошо, только видимся редко. Занимается много. Учит еврейский. Готовится к отъезду.

— Что, уже разрешили?

— Нет, но всё равно разрешат. Поэтому заранее учит язык. И за французский взялся. Я очень уважаю его за это.

Но голос её был грустным. Её любовь тоже была обречена. Но почему я не видела ничего другого сходного в наших чувствах?

— Ленка, а Вовка тебя полюбил, или всё, как раньше?

— Он никогда меня не полюбит. Слишком он выше меня. Что я могу ему дать? Ну, кроме постели? А взаимная любовь возможна только при равных потенциалах.

Эти слова резанули. Очень. До вновь проснувшегося страха. Того самого. И перед душой встало сегодняшнее утро.

— Ленка, а если мужчина тебя не хочет?

— Знаешь, есть такой анекдот. Учитель по анатомии спрашивает своих учеников: "Как называется мужчина, который хочет, но не может?" Один парень тянет руку. Учитель кивает головой и раздаётся ответ: "Импотент!". "Правильно", — похвалил учитель и захотел уже продолжить тему, как вдруг встала одна девица и спросила: "А как называется мужчина, который может, но не хочет?" Учитель растерялся и тут раздался крик всех девиц: "Сволочь он, сволочь!"

Я конечно, рассмеялась, но всё-таки настояла.

— Ну, а если серьёзно, то этот мужчина — либо импотент, либо полностью к тебе равнодушен. Потому, что даже если он сыт по горло, всё равно бы не отказал.

— Как это, сыт по горло?

— Ну, когда у мужика столько баб, что он на них даже смотреть не хочет.

И я чуть не взвыла! Ну почему мы скорее верим другим, чем своему сердцу?

— А чего ты об этом спрашиваешь? Тебя что, кто-то послал куда подальше?

Нет, говорить я больше не могла — мною вновь владел страх. Даже не страх, а ужас уверенности в неизбежности его потери. И осязаемое подозрение, что он меня, всё-таки, пожалел, из-за рельсов. Поэтому и возился со мной, поэтому и отказался от меня. Равнодушен.

— Ты что замолчала?

— А есть способ это проверить? Чтоб точно знать?

— Да что проверять-то? Не крути ты вокруг да около! Выкладывай!

И я всё рассказала.

Ленке принадлежало моё бесспорное уважение, вера в её трезвый ум и рассудительность. А сейчас мне было нужно только это. Не сочувствие и утешение, а только ответ. Поэтому мой рассказ был по-деловому сух и краток, без подробностей, ровно в том объёме, чтобы ввести её в курс дела и получить решение её холодного и развитого ума. А к своему, доверия больше не было — он был полностью заражен страхом, как ржавчиной.

Она слушала молча, спокойно, не перебивая и вовсе ничему не удивляясь — нормальная реакция Ленки. Когда я закончила, уточнила:

— И ты говоришь, что была с ним всю ночь, что утром — даже нагишом, и он всё-таки тебя не взял? Так, или я что-то недопоняла?

— Так.

— Тогда или он, в самом деле, тебя очень любит, но, к сожалению, такая любовь бывает только в книжках, или он тебя пожалел, как глупого неоперившегося цыплёнка и, конечно же, не захотел взваливать на себя лишнюю ответственность. Всё. Третьего не дано. Впрочем, в любом случае, ему не откажешь в благородстве. А вообще, ты даёшь! Майора КГБ! Собственного следователя! Здорово. Я даже восхищаюсь тобой. Но и говорю, что таких дур как ты — мало. Впрочем, я тоже особым умом похвалиться не могу.

— Значит, он не любит меня?

— О, господи! Да спустись ты на землю! Ты же шахматист! Просчитай всё сама! Ну что такой мужик, которого ты сама мне только что описала, мог найти в тебе, сопливой дуре, которая ещё вчера под стол пешком ходила?! Да он любую бабу может иметь, в сто раз умнее и красивее твоей персоны. Очнись! Ну, я же себе иллюзий с Бергером не строю! И ты не строй. Хочешь с ним видеться — никто тебе этого не запрещает. Радуйся, пока есть возможность, но не строй себе воздушных замков!

Логика была убийственно шахматно-железной. И мне стало дурно.

— Слушай. Ну, подумай сама. Вот ты с крыши сиганула. Самый что ни на есть — глупый, детский, мальчишеский поступок. Ну какая ты, после этого, женщина?

— Не могла я не прыгнуть! Я не трус!

— Хорошо. Ты хотела доказать, что ты не трусиха. Но скажи, кому доказать? Ты хоть одного человека в том отряде уважала?

— Нет.

— Так почему же тебя так беспокоило их мнение? Я, например, дорожу мнением только тех людей, которых лично уважаю. И всё. Остальные для меня со всеми их тра-ля-ля просто не существуют.

— Да плевать мне было на их мнение! Мне самой было бы стыдно, перед самой собой!

— Понятно. Тогда вообще неисправимо.

— Что неисправимо? Не понимаю.

— Ни одна женщина не станет прыгать с крыши, чтобы доказать себе, что она не трусиха. И раз ты этого не понимаешь, значит, не доросла. Женщине не надо для этого сигать с крыш. Ей вообще ничего себе доказывать не надо! Она знает, кто она! Точно знает, иначе — она просто баба. Или — недоросль, как ты. Ясно?

Да. Она была права. Она тысячу раз была права...

— Что же мне теперь делать? Ну, как его удержать?

— А что сделала я? И видишь, функионирует. Встречаемся. И никого у него кроме меня нет, — она посмотрела мне в глаза. — Уложи его в постель. Вот что ты должна сделать. Всё-таки, молодое, свеженькое тело не может быстро надоесть. Но не строй себе иллюзий, всё равно всё кончится. Всё кончается.

Меня мутило от её слов, но я ничем не могла ей возразить. Логика была на её стороне. А про сердце я забыла. Начисто.

— А как мне это сделать? Ведь он же не хочет меня! Не хочет!

Я ужзе еле сдерживалась, чтобы не разрыдаться. Ленка это почувствовала:

— Успокойся. Всё поправимо. Научу. Ни один мужик не устоит, если правильно всё сделать. Постель — это ведь тоже наука.

— Как это, наука? Что надо делать?

— С умом надо. Ты хоть знаешь, что такое эрогенные точки?

— Чего-чего? Какие точки?

— О, господи! Серость ты, а не женщина! А ещё мечтает о таком мужике!

— Ну, Ленка, ну, скажи! Ну, прошу тебя!

— Слушай, когда он к тебе сегодня утром прикасался, тебе было приятно?

Я вспомнила, и голова резко пошла кругами, а дыхание остановилось. В ответ я смогла только кивнуть

— Вот это и есть эрогенные зоны. Он опытный мужик и знал, что делал.

— А... а... — ох, как трудно было говорить это о нём! — У него они тоже есть, эти самые ну, точки?

— Конечно, есть! У всех есть! Так нас господь Бог создал.

— А... а где?

Ленка посмотрела на меня, как на ребёнка, и очень гордо заявила:

— Ладно, просвещу так называемую женщину.

И она шёпотом рассказала мне такое, от которого уши мои сначала стали красными, а потом свернулись в трубочку. Но было жуть как интересно! Хоть и стало абсолютно ясно, что у меня нет никаких надежд.

— Ленка! Это же кошмар! Я ничего об этом не знаю и не умею. Что же делать?

— Завтра я принесу тебе кое-что почитать. Мне Володя дал. А потом поговорим. Не расстраивайся. Он у нас ещё попрыгает, твой недотрога, вот увидишь. Мы такое ему устроим! Договорились?

Она говорила очень уверенно и со знанием дела. И мне стало легче. Да, я не знала тогда, что это облегчение было лживым, как бывают лживы все лёгкие, проторенные дороги — они всегда ведут к пропасти. Я хваталась за первую попавшуюся соломинку, чтобы суметь удержать его возле себя. Пусть ненадолго, пусть только на малый отрезок времени, но всё-таки задержать. И зерно сомнения в его любви, зародившееся во мне ещё накануне вечером и вызвавшее во мне панику, было очень хорошо удобрено. И... проросло, как сорняк, забивая и заглушая все попытки сердца вернуть меня к себе.

Нет ничего ужаснее перестать верить своему сердцу. Это — как снежный ком, как первые звенья цепи, первые колечки. Потому что последнее колечко в этой цепи — потеря друг друга — прозрачность.

("Мысли находятся в сердце, а ищут их в разуме". A.Dufresne).

С этого момента, чтобы не нарушать хронологию событий, мне придётся начать делать специальные вставки и писать от третьего лица. Почему? По двум причинам. Во-первых, некоторые из этих событий, я не могла знать, ибо происходили они без меня, а во-вторых....

Когда отключается память? Иногда, когда до отказа заполняется её объём и мозг просто стирает хранящуюся в нем информацию, освобождая место для следующей. Иногда, когда совершенно нечего запоминать — один день накладывается на другой, как снежные покровы, сливаясь в однообразную, единую и неразличимую массу, не оставляя в памяти ни малейшего пятна, ни чёрточки. А иногда потому, что самого тебя в эти периоды не было. Ведь не обязательно умереть — достаточно омертветь...

Хронометр был включён. Бикфордов шнур горел, и чем меньше времени оставалось до взрыва, тем более жёстко било по сердцу. И отключало память...

По рассказам самих участников событий, по их воспоминаниям, я смогла восстановить эти мёртвые зоны памяти. Но, естественно, не могу их передавать, как собственные.

И раз уж решено сохранять хронологию, то и те события, которые напрямую касались моей судьбы, но происходи без моего физического присутствия, я буду описывать от третьего лица, сохраняя, таким образом, последовательность фактов.

Он

Он зашёл в свой кабинет, сел за стол, раскрыл папку с бумагами и через минуту резко их отодвинул. Встал, отошёл к окну. Замер. Тишина ничем больше не нарушалась. Он стоял так долго, не шевелясь, глядя, но не видя, в окно. Потом вернулся к столу и набрал по телефону номер.

— Это я. У вас всё в порядке?.. Да, всё нормально... Да, на работе. Забегу в обед переодеться... Нет, задержусь и сегодня. Ужинайте без меня, пока.

И положил трубку. Потом подумал и снова позвонил:

— Наташа? Это я... Да, его, и как ты догадалась?.. Нет, лучше уж тебе держаться от меня подальше, а то, глядишь, ещё влюбишься! И кто тогда будет звать моего Тольку к телефону?.. Спасибо... Толя? Привет... Во-первых, хочу предупредить тебя, что сегодня ночевал на даче... Нет, не за старое, а скорее, за новое... Потом объясню. Собственно, потому и звоню тебе. Поговорить надо... Да, случилось. И... в общем, поговорить надо... Нет, не сегодня. Сегодня не могу, завтра. Приеду к тебе с ночёвкой... Да, не помешает. Водка — это как раз то, что нам будет нужно, если, конечно, Машка не разворчится... Да нет, успокойся, дома всё в порядке... Нет, расскажу при встрече. Ну, бывай. Привет Машке.

Потом он ещё долго сидел перед раскрытой папкой. Но смотрел не на неё, а сквозь.

На часах было уже почти пять, когда я забежала в шахматную секцию. Встреча с Розенбергом оказалась неожиданно тёплой и радушной. И вообще, запах шахмат взбодрил душу.

— Наконец-то! Ну что, начнём всерьёз заниматься или ты уже передумала?

— Нет, что вы! Обязательно! Только я сейчас тороплюсь. А в четверг — точно!

— Нет, приходи ко мне домой. Завтра. Не будем тянуть. Через две недели турнир на первый кандидатский балл. Времени в обрез. Вот тебе мой домашний номер телефона и адрес. В шесть. Хорошо?

— Договорились!

Кровь моя взволновалась, как у гончей, почувствовавшей дичь. Скоро важный турнир! А главное, у меня появился личный, собственный тренер! И даже разговор с Ленкой стушевался и отошёл на второй план. Впрочем, ненадолго.

По мере приближения к месту встречи, по прямо пропорциональной зависимости, стал расти тот страх и, к моему ужасу, ещё и стыд. Невообразимый стыд, за только что подписанный договор с Волжановой. Самообладание полностью испарилось, и появилась обречённая уверенность, что при первой же встрече с его глазами я выдам себя со всеми своими потрохами.

Полнейшая растерянность, дрожь во всём теле и убеждённость в собственном ничтожестве — вот какой я вышла из метро. А грязь от сговора с Ленкой уже успела высохнуть и превратилась в зловонную, жёсткую коросту, не дававшую дышать.

Мы сразу увидели друг друга. И я не смогла посмотреть ему в глаза.

— Всё в порядке? Ты какая-то не такая. Что-то случилось?

Я упорно избегала его глаз. И впервые наврала. Одно кольцо потянуло другое.

— Нет-нет. Всё в порядке. Устала, наверно.

Он не поверил. Я почувствовала, что он не поверил. Но не настоял.

— Хорошо. Предлагаю пойти где-нибудь поужинать, а потом — в кино. Устраивает программа?

Меня устраивало всё что угодно, лишь бы он больше не мог искать моих глаз. Кивнула в ответ, и мы двинулись. Было плохо, очень плохо рядом с ним — это уже работало взрослее во мне недоверие: ложь, которую я сама же, своими руками поставила между нами. Ведь договор с Ленкой означал только одно — не было больше к нему доверия, и эта моль стала грызть сердце. Моль сомнения в его любви.

Мы зашли в метро, и он стал на ступеньку ниже, прямо передо мной. Теперь уже было совершенно невозможно не встретиться с его озёрами. Так и случилось. И они как обожгли. Не выдержав даже секунды, я мгновенно отвела взгляд.

А через секунду прозвучал голос, жёсткий и остывший:

— Ты только что мне солгала. Или скажешь, что случилось или… или думаю, что нам лучше разойтись. Не хочу лжи между нами. Никогда. Думай. Пока не спустимся.

Нет, я не поняла, что он только что спас нашу любовь — не позволил появиться третьему колечку, разом оборвав начинающуюся цепь. Я просто взвыла! От безвыходности, в которую сама же себя и запихнула. Знала, что если не заговорю, то он выполнит своё решение. А врать было невмоготу! Это было бы ещё хуже, если вообще существовало хоть что-то хуже нашего договора с Ленкой.

Но я никак, ну, никак не могла ему о нём рассказать! Ну почему он видел меня насквозь? И почему я ничего, ничего не могла от него скрыть?! Что же было делать?

Эскалатор быстро спускался. Секунды липли к горлу, и я уже еле сдерживалась, чтобы не завыть во всю глотку. Как только он повернулся ко мне спиной, готовясь к выходу с лестницы, я не выдержала:

— Да. Да! Я всё расскажу. Всё. Всё!

Меня трясло, как в лихорадке. Не каждый день приходится выбирать вид собственной казни. Я выбрала эшафот. Всё лучше, чем медленная, мучительная смерть от удушья. Да, лучше уж эшафот — быстрее.

— Хорошо. Пошли в поезд, а поговорим в ресторане. Это рядом с кинотеатром.

Всю дорогу длилось молчание, и я по-прежнему не могла смотреть ему в глаза. Робкое воспоминание о словах того ночного парня, что любящий мужчина прощает всё, даже не задели — не было ни малейшего сомнения, что такого не сможет простить никто. Мелькнула мысль как-то умудриться и красиво соврать, быстренько придумав что-нибудь, пока едем. Но от этой мыслишки поднялась такая вонь, что я чуть не задохнулась. Нет! Лучше уж эшафот, но чистый, чем утонуть, захлебнувшись в собственном г...не. Точно.

Когда доехали, я уже почти успокоилась, вернее, во мне всё умерло, как у человека, которому накинули петлю на шею.

Это был небольшой, уютный ресторанчик. Народу было много, так что никто на нас не должен был обратить внимание. Известно ведь, что самая лучшая пустыня — толпа. Но к моему удивлению, здесь его знали. И сразу хлестнуло по сердцу — значит, он приходил сюда со своими женщинами. Я — очередная. Почему-то в это поверилось сразу и целиком. Никогда до этого я не была в ресторанах Ленинграда, но эта премьера прошла абсолютно незамеченной: какая разница, где будет проходить казнь?

Подошла девушка, и мне совсем не понравилось, как она посмотрела на него и как поглядела на меня.

— Добрый вечер, Валерий Сергеевич! Давненько вы к нам не заходили! — она опять зыркнула в мою сторону, — столик на троих?

— Добрый вечер, Зиночка. Нет, как всегда, на двоих.

Она снова скосила на меня свои зенки, улыбнулась ему многозначительной улыбкой и пригласила следовать за собой.

Мы впервые были среди людей, и я впервые видела, как на него смотрели женщины. И не только эта Зиночка, но и те, мимо которых мы проходили. Не ускользнули и недоумённые взгляды, которыми они осыпали меня. Одно дело — догадываться, но совсем другое — убедиться воочию.

И я просто взбесилась: "И столик, видите ли, на двоих! Как всегда! А как он улыбался этой Зиночке! И как он оценивает этих баб! и... и... я ненавижу его!" Вовсю кипела и рвала ревность. Но я ещё не знала тогда, что это — ревность. Никогда не забуду, какой это страшный кошмар — ревность!

Так вот ты какая — ревность?!
Так вот оно как — под ножом?!
Мгновение смерти и — вечность
Разорванных вен потом!
Убийца любви — невидимка,
Он выиграл в душевном бою,
Держи ж результат поединка —
От слова "люблю" — шелуху!

Зиночка привела нас к самому дальнему столику, в противоположном конце зала. Отсюда было видно всё, но шума и света было намного меньше. Я догадалась, что это были привилегированные места. И ещё больше разозлилась. Теперь было уже абсолютно всё равно, что и как ему говорить. Хотелось только одного — побыстрее отомстить! За что? За всё! И за эти ощупывающие взгляды, и за улыбочки, и за "столик-как-всегда-на-двоих ", и за то, что я — очередная!

— Что будешь есть?

А вот этого не хотелось. Но я, по-прежнему не глядя ему в глаза, ответила:

— Отбивную с картошкой.

Он заказал, и Зиночка улетучилась.

— Выкладывай, -- голос был спокойный, но твёрдый, как принимаемые им решения.

— А вот и скажу! Всё скажу! Говорила с Волжановой и договорилась, что она научит меня, как вести себя с мужчинами в постели, вот! Чтобы, чтобы ... — и я почти выкрикнула. — Чтобы не было того, что произошло сегодня утром! Чтобы вы не могли отказаться от меня! И уйти! Я теперь всё знаю! Даже про эро.. эро...

Кошмар! Я забыла, как назывались те самые точки! Это было ужасно! И я растерянно залепетала:

— Ну, про эти... про эти самые... как их? Ну... специальные такие зоны. Она всё...

Он очень серьёзным голосом перебил меня:

— Про эрогенные?

— Да-да, про эти самые! — я была ужасно благодарна ему за подсказку. — И тогда вы никуда бы от меня не делись, вот! И вообще, улыбаетесь тут всяким, как... как ... Ленка правильно сказала, что вы... что я... Ну и что? Научусь, и тогда ещё узнаете! Она мне книжку принесёт! Всё прочитаю!

И он опять очень серьёзно заметил:

— А теория без практики — ничто. Разве вас не учили этому в школе?

Хватило запала ответить и на это:

— Ничего! Пока — теорию изучу, а как до практики дойдёт, так всё и опробую! Шахматы тоже с теории начинаются!

И вот тогда он уже не выдержал. Он буквально взорвался смехом! До слёз! И никак не мог остановиться. А я? Просто остолбенела. Глупо моргала и ничегошеньки не понимала. Все посетители, как по команде, повернули к нам головы, а он продолжал заливаться, как ненормальный. В конце концов я тоже начала улыбаться. Нет, я ещё не догадывалась, что его так проняло, но он настолько заразительно смеялся, что... что я тоже, в итоге, прыснула! А он приостановился только для того, чтобы вытолкнуть:

— Нет, ну чего угодно мог ожидать, чего угодно! Но только не этого. Только не этого! Она, видите ли, ликбезом занялась! Зоны эрогенные стала изучать! И кто же там в учителях? Роковая женщина по имени Волжанова! Договор составили, как меня соблазнить! О господи, я сейчас умру!

И он опять закатился в смехе. Но теперь уже не отставала и я. После его последних слов было уже невозможно оставаться слепой!

Керосину в огонь добавляли ещё и ошарашенные, недоумённые и... завистливые взгляды посетителей ресторана. Это был праздник смеха, но только нашего смеха, такого, который побеждает все страхи и сомнения, все зародившиеся семена недоверия. Никогда мне не было так легко, как в те минуты сумасшедшего, бездумного, всёлечащего смеха!

Вконец обессиленные, мы остановились. Но всё ещё срывались на смешки.

— Так-так! Ну, расскажи, поделись знаниями, может и меня подучишь?

— Ну, хватит! Ну, ладно! Ну, всё! Ну... я больше не буду! — было очень неловко за свою глупость. Но в тоже время было так хорошо! Опять я чувствовала себя маленькой и наивной девочкой. Почему я с ним, и только с ним, всегда становилась ребёнком? Но это было ужасно, ужасно приятно! И я спросила:

— А что, это всё неправда? Ну, про мужчин?

— Правда, правда — он всё ещё срывался на смех. — Только брось ты эту учёбу, ладно? Меня ты вряд ли чем удивишь, а если придёт время, то я и сам тебя всему научу. Договорились?

— А... а придёт?

— Ну, сегодня утром ты уже прокричала мне это "ты". Правда, между ударами.

Воспоминание о том, что произошло у нас утром, бросило в краску. Я мгновенно вспомнила себя, его и... перехватило дыхание. Но и удивилась, сильно удивилась услышанному:

— Как это? Я говорила "ты"?

— Да. Так что, вполне возможно, что и второй раз скажешь. Только, уже без криков, ладно?

И он опять улыбнулся. Подошла Зиночка с заказом. Расставляя тарелки, заглянула ему в глаза и сказала:

— Вижу, вам у нас весело. Рада! Заходили бы почаще, а то скучно без вас.

— Обязательно, Зинуля. И спасибо за отличное обслуживание.

И тоже ей улыбнулся. И тогда прорвался яд:

— Что, из ваших бывших? Или из будущих?

— Да ты, никак, ревнуешь?, -- он изумлённо, как очнувшись, смотрел на меня.

Я остолбенела. Ревную? Я? Этого не может быть!

—Никогда! Просто, бабы на вас так смотрят, что... да и вы тоже... Не отворачиваетесь!

— Точно, ревнуешь! Послушай меня. Хочу рассказать тебе кое-что об этом чувстве. Запомни, ревность — удел слабых. Уверенный в себе человек никогда не опустится до такого унижения. Причём, двойного. Ведь своей ревностью, своим недоверием он унижает любимого человека. Никакая любовь этого не выдержит. Никакая. Потому что никакая любовь не простит недоверия. Всё ясно?

Да. Как под микроскопом. Я всосала в себя его слова, как сухая, потрескавшаяся земля впитывает долгожданный дождь. На всю жизнь.

— А вы? Вы когда-нибудь ревновали?

— Нет. Это ниже моего достоинства.

Коротко, как отрезал. Да. Всё ясно.

— Подумай, ведь это так просто! Если тебя кто-то оставил, или предпочёл другую, то что это может означать? Только одно — ошибка! Ты любила не того! Выдумала его! И его чувство к тебе тоже было придуманным, ненастоящим. Тогда по кому печалиться? По призраку сна?

— Да. Поняла. Согласна.

— Мало быть согласной и понять. Надо пропустить через кровь — тогда это будет твоим "я". Иначе, — останется только теорией, красивой и гладкой. А муки ревности продолжатся. И как бы ты ни старалась их скрыть, всё равно замечу и... уйду. Ибо, как ни крути, а ревность -- самое настоящее предательство. Единственное, чего я никогда и никому не прощу.

И никогда, никогда больше я не испытала этого чувства. Ни к нему, ни к кому-либо другому. С меня хватило одного урока, чтобы выучить его на всю жизнь.

— А можно вам задать один вопрос?

— Конечно.

— Сколько женщин вы сюда приводили?

212

— Ни одной. Ты — первая.

— Как это? А столик-как-всегда-на-двоих?

— А! Так вот почему весь этот сыр-бор? Что же ты сразу-то не спросила? Я со своим другом сюда захожу, с моим единственным настоящим другом. Просто посидеть, поговорить, побыть вдвоём. С яслей вместе. Вернее, втроём. Его жена тоже была нашей подружкой. Они потом поженились. Его Анатолием зовут. Дача на которой мы были — тоже его.

— А там... там были другие женщины?

Моментная заминка. А потом...

— Да.

Меня ударило, как плетью.

— Но после тебя там никогда и никого больше не будет. Слышишь? Посмотри мне в глаза.

Мои внутренности всё ещё выли от удара, а его глаза добавили мучений.

— Ты веришь мне?

Нет. Такие озёра не могли лгать. Я кивнула. И сразу отпустило.

— Спасибо... А теперь быстренько доедай, и побежали в кино, а то опоздаем.

Кинотеатр был забит до отказа. Прямо перед нами сидели две лысые головы и закрывали, как минимум, треть экрана.

— Ничего, потерпи минут 10-15 и перед нами никого не окажется.

— Как это?

— Этот фильм далеко не для всех. Вообще, труд гениев, как правило, не для современников. Вернее, не для обывателей. Впрочем, на то они и гении, чтобы, живя в настоящем, жить в будущем.

И он оказался прав. Как всегда. Уже после первых минут проката обе лысины испарились. И не только они. Никогда я такого не видела! Люди вставали и уходили толпами! На выходе из зала скопилась очередь. Шум и толкотня, во весь рост поднимающиеся и закрывающие собой экран тела, беспрерывные просьбы людей из нашего ряда приподняться и дать пройти — всё это раздражало, мешало смотреть фильм и... поражало.

Не буду я это комментировать. Зачем? И так всё понятно. Но меня этот фильм потряс. Настолько, что я совершенно рефлекторно даже взяла его за руку. Никогда я к нему не прикасалась первой — не могла. А тут! С экрана лил такой сгусток энергии, такой клубок муки и боли, что стало просто необходимо хоть как-то защититься! И я защитилась им. Он понял и сжал мою ладонь.

Говорят, чем больше души вложит художник в своё детище, тем сильнее и длительнее будет его биозаряд, так называемое, биополе. И тем сильнее будет действовать оно на людей. Знаешь, всего несколько лет назад стало известно, что биополе у картин "Иисус в Пустыне" и "Иван Грозный" достигает 12 метров!

Только тогда я поняла, почему никогда не могла простоять возле этих картин больше, чем несколько минут. Начинало происходить что-то совершенно непонятное, будто какая-то сила буквально затягивала меня в картину, завораживала и гипнотизировала! И всё это сопровождалось морозом по коже, но только очень отдалённо напоминающим озноб. Потом начиналось падение. Я куда-то падала, падала со всё возрастающей скоростью, до головокружения, до потери ощущения реальности. И, от испуга, приходила в себя. Но только напряжением воли могла вырваться из этого коридора — воронки в другое измерение. Думаю, что и книги и стихи, словом всё, что создаётся гением человечества, заряжены этой энергией — энергией космоса. Ибо гении — люди, обласканные Вселенной. Но... её лаской, которая сильно отличается от людской...

— Очень тяжело? — спросил он, едва мы вышли из кинотеатра.

Я кивнула. Меня что-то сжимало и не получалось вдохнуть полной грудью.

— Ты никогда не задумывалась, почему гении, как правило, глубоко несчастны?

— Да, задумывалась. Это — нормально. Иначе, они бы не были гениями. Они просто не от мира сего. Скорость у них, как ты сказал, 300 тыс. км. в секунду и поэтому они всегда одиноки. И, как правило, непоняты. Ничего нет хуже одиночества. Ничего.

— Согласен. Но по-моему, нет ничего хуже... пира во время чумы.

Я изумлённо посмотрела на него, но не переспросила. Некоторое время мы прошагали молча. Я размышляла. Поняла и возразила:

— Не согласна. Нет ничего хуже живыми лечь в могилу.

Он остановился.

— Знаешь, некоторые твои мысли меня просто поражают. Вынужден согласиться. Ты права. Но... могил не будет.

Мы стояли друг против друга и говорили глазами. Редкие прохожие нас обходили, холодный ветер играл его волосами, а моя ладонь по прежнему ощущала его тепло. И от этого было тихо и надёжно. Но внутри продолжало давить. Наверное, это ещё действовало биополе фильма.

— В тебе есть то, чего нет ни в одной другой женщине. Уникальное сочетание детской непосредственности с неподкупной и гордой, до абсурда, чистотой сердца, и с жёсткой мужской логикой. И характером. Я просто схожу от тебя с ума. Оставайся такой всегда, ладно?

Он улыбнулся. Стало грустно и мягко на сердце. И я тоже улыбнулась.

— Ты всё ещё там?

Как всегда, он понял меня без слов. Я кивнула, и мы пошли к метро. На лестнице, когда он уже стоял напротив меня, я спросила:

— Почему к радости всегда надо идти через страдание?

— Потому что ничего и никогда не даётся даром. И чем больше получишь, тем большей ценой заплатишь.

Я подумала.

— Значит, любовь изначально трагична?

— Да. Думаю, это есть проклятие Земле, или... высшая ласка Вселенной.

— Иисус?

— Раньше. Вспомни Адама и Еву.

— Поняла. За любовь Отца они отплатили предательством. А дальше — только следствие.

— Да. Даже потоп, со всей его трагичностью — ещё одна демонстрация любви Бога к Земле. Такой любви. По уши в крови, но всё-таки, любви.

Эскалатор спустился, и мы остановились посередине хола. Близко-близко, почти касаясь друг друга дыханием. Шли последние секунды нашего "рядом". Нам было в разные стороны.

— Но ведь любовь всегда побеждает?

— Да. Но не всегда в земных представлениях о победе.

— Если с тобой об руку Вселенная — всегда. Во всех представлениях.

— Ты загнала меня в тупик. Сдаюсь.

Он улыбнулся, как бы подтверждая своё поражение, но я ему не поверила. Он просто не захотел ответить. И не ошиблась, потому что он всё-таки ответил:

— Чтобы иметь под руку Вселенную — надо быть её детьми, — и он твёрдо посмотрел мне в глаза. — Но... могил не будет. Лучше уж пир во время чумы. Так?

Я ответила глазами. Он ещё раз улыбнулся, махнул рукой и пошёл к своему поезду. Я сделала тоже самое.

Впервые я смогла говорить с ним, как равная, и впервые не испытывала ни тоски, ни ужаса, глядя, как он уходит. Наверное, это действительно работало ещё то биополе.

26

На следующий день, во вторник, вернувшись домой из института, я получила сюрприз — Алка! Она сразу же бросилась ко мне на шею:

— Ой, Тайка! Так рада тебя видеть! Так соскучилась! Прямо не могла больше! Ну, рассказывай, рассказывай! Всё хочу знать! Всё-всё!

Я тоже невозможно была ей рада. Мы расселись, и я вкратце рассказала ей про стройотряд, про ногу, про Кокошкина и про Розенберга.

— Шахматы, это — всё! А с ногой, значит, всё в порядке? Не болит больше?

— Болит, но как-то, периодами. Наверно, когда даю слишком большую нагрузку. Хожу всегда с бинтом. Но сказали, что полностью пройдёт.

— Я всегда знала, что ты сумасшедшая, но теперь... Теперь, по-моему, и я становлюсь сумасшедшей!

— Что? Поняла! Ты влюбилась!

— Да! Да! Да! Как последняя дура! Если бы ты только его видела, если бы ты только его видела!!

— Да рассказывай же! Ну? Не тяни!

— Он — военный, учится в академии, играет на гитаре, прекрасно поёт и сам сочиняет стихи и музыку! И красивый, как... как.. ну, даже не знаю как!

— Когда? Когда ты с ним познакомилась, где? Да рассказывай же ты всё толком!

— На танцах, у нас в институте! Пригласили курсантов из их академии и... Ой, Тайка, я как увидела его, как увидела! Ну, как ударило меня, ну... не знаю даже как объяснить! Прямо с первого взгляда!

— Когда? Когда же?

— Да в субботу! Три дня назад! А кажется, что уже вечность прошла! Понимаешь?

— Конечно, понимаю! Ну? А он?

— Ну, что он? Не знаю я. Надеюсь.

— Как? Так ты познакомилась с ним или нет?

— Ну, он пригласил меня на танец. А я чуть не умерла. Ну... и всё.

— Как, всё? Всё?!

— Да... Но я надеюсь, что он придёт на следующие танцы, через две недели.

— Так ты всё-таки поговорила с ним или нет?

— Да нет же!

Так. Я уже ничего не понимала. Да неужели все влюблённые, нормальные влюблённые, так непоправимо тупеют? Да ещё и умудряются затупить мозги и их ближайших друзей!

После долгих расспросов, наконец, картина прояснилась. Алка с ним даже словечком не обмолвились, но умудрилась всё разузнать, выпотрошив общих друзей. Вот откуда она о нём всё знала.

— Как я за тебя рада! Вот было бы здорово, если бы у вас получилось!

Мне очень, ну очень захотелось видеть её счастливой. Ну, хоть кого-то! Полностью, без оглядки, счастливой!

А про себя я ничего не рассказала. Почему? Знаешь, мне моё казалось таким хрупким, таким невосполнимо-незаменимым, что я просто боялась к нему прикоснуться. Панически боялась! Не могла я рисковать пролитием даже одной капли! Поэтому и огораживала, и защищала его от всех и вся. Каждую секунду моего существования я чувствовала его присутствие, жила и дышала этим, боялась вдохнуть полной грудью, чтобы не спугнуть радость. Даже телефоны-автоматы, прямо с утра, удивили меня своим дружелюбием. Весь день они вызывали улыбку, будто стали самыми близкими и надёжными друзьями, будто превратились в моих помощников, в моих гарантов, в мою скорую помощь и поддержку. Словом, стали мостом к нему. Или к себе?

Но и мысли не было ему позвонить. И я совсем себя не сдерживала. Нет! Просто знала, что теперь я это могу сделать в любой момент!

Мы вместе пошли к метро. Алка уехала домой, а я — на моё первое занятие к Розенбергу. По пути дала тебе телеграмму, где уведомляла о моём приезде в субботу.

Квартира моего тренера запомнилась навсегда. Она просто поразила. Будто вдруг, с головой, окунула меня в прошлый век — век Толстого и Пушкина. Такие квартиры я видела только в кино. И дело было не только в высочайших потолках, таких, что их просто не ощущаешь, ну, словно с тебя скинули шляпу, и не в мебели, пахнущей столетиями, а в самом духе, атмосфере этого жилища.

Тогда я была уверена, что привидения или души умерших не существуют; не знала, что мысли материальны и вечны; не пришла ещё к выводу, что никто и ничто не исчезает бесследно. Словом, я была отпетой, пусть и с кучей неотвеченных вопросов, материалисткой. Но ощущение, что в этой квартире не всё было так, как в других, было чётким и почти осязаемым.

Словом, чувствовалось присутствие чего-то такого, чего не было в обычных жилищах. И ещё. Там господствовал, властвовал, был полноправным хозяином удивительный, нереальный покой. По-моему, в такой квартире никто не посмел бы стукнуть кулаком по столу или повысить голос. Этого бы не позволила Квартира.

Но... заночевать в таком месте одной? Спасибо! Все мы — материалисты, но только пока находимся на приличном расстоянии от кладбищ или... от таких квартир.

Впрочем, сами хозяева, наверняка, этого не чувствовали. Может потому, что квартира разрешала находиться в ней только своим?

— Проходи, проходи. Сейчас познакомлю тебя с моей мамой и бабушкой.

Геннадий провёл меня в зал, прямо по курсу от входных дверей, и через секунду из других комнат вышли обе женщины. Они точно гармонировали с квартирой, и казалось, не смогли бы без неё жить. Как и квартира без них. Маме было лет 55, а бабушке около 80. Обе очень радушно со мной поздоровались, но чувствовалось, что меня оценивали. Как "что"? Или как "кто"? Тогда я этого не знала, но поняла, что понравилась им – они пригласили меня попить чай. Отказать не могла — квартира этого не позволяла. Женщины стали накрывать на стол, а мы пошли заниматься.

Комната самого Геннадия была очень и очень деловой. Там господами были только шахматы, и даже квартира это признавала — здесь её владения кончались.

— Давай сначала выберем открытие партии, с e2-e4, или с д2-д4. А потом уже, займёмся выбором самого дебюта.

И начались шахматы. А когда они начинались, то замирало и уходило прочь всё остальное. Даже время. Поэтому когда к нам постучали, я очень удивилась. Оказывается, прошло полтора часа.

Чай уже был готов. Его запах вызвал приятные ощущения, а сервировка стола внушила уважение. Не знаю, какой там был сервиз, китайский, советский или венецианский прошлого столетия, но помню, как мне стало тоскливо. У меня была чисто студенческая душа и все эти барские замашки очень выбивали из колеи.

Что ж! Пришлось вести себя так, как всю жизнь мне вдалбливали дома, особенно мои бабушки — родная Надежда Платоновна и её сестра, тётя Вера: внимать разговору старших и вставлять своё слово только для ответа на обращённый ко мне вопрос. Да, одно дело видеть эти дела в кино, но совсем другое оказаться в прошлом веке самой!

За столом выяснилось, что их Генуся — единственный сын, что он недавно развёлся, что молодому мужчине ну никак нельзя оставаться одному, что отец его умер пару лет назад, что был он выдающимся профессором не помню чего, что дед работал архитектором, что их семья обитает в этой квартире полторы сотни лет и что их Гена тоже имеет два высших образования, как и было принято у мужской ветви их рода.

Это было интересно, но я вовсе не понимала, зачем меня посвящают во все эти семейные гордости. В конце концов, решила, -- из тщеславия. И успокоилась.

Наконец, пошли вопросы о моей особе. И кто я, и сколько мне лет (были явно довольны, когда услышали сколько, выдав себя возгласом, что думали, что меньше!), и откуда я, и кто мои родители, и как учусь в институте, и т.д., и т.п. Прям, допрос! И похлеще, чем у него, потому что всё это делалось с такой воспитаннной, такой доброжелательной улыбкой, что я никак не могла перестать отвечать. И потом, мне тоже вменялось в обязанность быть воспитанной — этого требовала квартира.

— А вам нравится Ленинград?, -- задала очередной вопрос бабушка, -- Все сюда так рвутся, так рвутся! Истинных, коренных ленинградцев, таких, как мы, знаете сколько осталось? Всего 60 тысяч!

— Так мало?! , -- я была просто поражена!

— Да, да! Представляете? Вот вы тоже сюда приехали, замуж за ленинградца выйдете и останетесь. Но...

Я с нетерпением ждала, когда она закончит, чтобы получить право высказаться. Да, тяжко жилось молодым в прошлом веке!

— ... это вовсе не будет означать, что вы станете ленинградкой. Только когда поколениями живешь в этом городе, начинашь его чувствовать, любить, думать, как он. Как вы считаете?

Наконец-то!

— Извините, но мне вовсе не нравится Ленинград. И я ни в коем случае здесь не останусь. А если выйду замуж за ленинградца, то это он поедет со мной по распределанию, а не я останусь с ним здесь.

Надо было видеть их изумление! И я почувствовала себя отомщённой за целый час изнывания за этим чаепитием. Но и увидела, как довольно-заговорщески переглянулись они между собой, все трое, и мамаша, и бабуся, и Генуся.

Через час, с кучей домашних заданий, я была дома.

Он

Дверь открыл невысокий, полный мужчина, ещё молодой, но уже с явно наметившейся лысиной. Одет он был по-домашнему, в спортивные тёмно-синие брюки и цветную футболку с коротким рукавом. На ногах были шлёпки, а на круглом, добродушном лице читалось скорее беспокойство, чем радость:

— Валерка! Привет, привет, заходи. Заждались уже. Давай, раздевайся и шагай на кухню. Сразу ужинать будем.

Толя помог гостю раздеться, и через пару секунд они уже сидели за кухонным столом. Моложавая, худенькая блондинка орудовала тарелками, накрывая на стол:

— Давно ты к нам не заходил. Совсем пропал. Даже обижаться на тебя стала.

— Маша, ты же знаешь, как я вас люблю. Кроме вас никого у меня нет. Но работа, дела, да и вообще... Скажи лучше, как Витька? Всё в порядке?

— Ох, Валерка! Век тебе буду благодарна! Если бы не ты...

— Брось, Машка!, -- перебил он, -- А то совсем заходить перестану. Замучила ты меня своими благодарностями!

— Ладно, не буду, не буду. Но, если бы не ты... даже страшно подумать...

— Ты лучше мужиков накорми., -- вмешался Толя, -- Есть хотим!

Маша послушно замолчала, и пошёл нейтральный разговор.

— Толька, так как там, насчёт твоего повышения, намечается?

— Надеюсь. Кандидатов только двое. Так что, шансов у меня 50 на 50.

— Не сомневаюсь. Вот увидишь. Скоро праздновать будем.

— Не знаю. Всё-таки, история с сыном... Знаешь, наркотики... Это так просто не забывается.

— Ты работаешь в конструкторском бюро детских игрушек, а не в КГБ.

— Знаю, но всё равно...

— Успокой его, а то он весь извёлся. Переживает, ночью плохо спит.

— Вот сейчас поужинаем и вместе успокоимся.

— Валерка, а у тебя-то что случилось? — спросил Толя. — Может, расскажешь? Или так и будешь мурыжить? Ты какой-то не такой сегодня. Не похож на себя.

Но Валерий промолчал, и Толя понял, что он не хотел говорить при Маше.

Они поели и вышли, чтобы не мешать ей убрать со стола. Естественно, ибо все серьёзные разговоры происходят на кухне. Но в зале Толя не утерпел и опять спросил:

— Что-то на работе?

— Толька! Вот сядем, выпьем и поговорим. Ты лучше про Витьку, да поподробнее.

— Работает. Хвалят. Сегодня он в ночную. А вчера заявил, что в следующем году обязательно поступать будет. Учиться захотел. Машка чуть с ума не сошла от радости. В общем, она, конечно, права. Если бы ты тогда не помог...

— Опять ты за своё. Если не перестанешь, уйду и никогда больше не приду!

— Всё! Не буду. Единственный ведь. А твои?

— Да всё хорошо. Дочь собралась на инженера-механика идти. Представляешь? Уже школу заканчивает. Господи, как бежит время! Стареем мы с тобой! Стареем!

— Чего это ты, вдруг, о старости? Думаю, энергии тебе не занимать, учитывая частоту твоих похождений...

— Вот именно., -- резко перебил его Валерий, -- Про мои похождения, как ты сейчас совершенно правильно выразился, я и хочу с тобой поговорить.

Толя замолчал. Тон, каким были сказаны эти слова, его явно изумил. И в этот момент в комнату зашла Маша:

— Выметайтесь. Кухня в вашем распоряжении. Только слишком уж не усердствуйте. Не забывайте, завтра всем на работу!

В "зале заседания" было прибрано, а на столе стояла председательша — "Московская", только что из холодильника. Рядом, на аккуратненьких тарелочках были разложены маринованные грибки и солёные огурчики. Они сели, молча разлили по первой и залпом выпили.

— Так. Слушаю. Выкладывай.

— Нет, давай ещё по одной. А то что-то духу не хватает. И пообещай, что сначала выслушаешь, а потом уж...

— Знаешь, почти 35 лет тебя знаю, но... как первый раз вижу. Вроде ты, да не ты. Пугаешь ты меня. Ну, давай ещё по одной.

Они опять выпили и тогда Валерий сразу, одним духом выпалил:

— Полюбил я. По-лю-бил. Как мальчишка, как последний идиот и болван. Вот что случилось.

Наверное, враз обвалившийся потолок в кухне произвел бы значительно меньший эффект, чем только что произнесённые слова.

— Ты?!

Если бы Толик должен был голосом продемонстрировать экзаменаторам в театральный смесь неописуемого изумления и полного недоверия, то только одним этим возгласом он, несомненно, выиграл бы конкурс и поступил. Но Валерий не улыбнулся, а только несколько раз кивнул головой и опять налил по стопке.

— Ты влюбился? Ты? Да ты издеваешься надо мной! Или за дурака меня принимаешь. Ты?! — Толик никак не мог прийти в себя от полученного шока, и всё повторял и повторял своё уникальное "ты".

— Давай лучше ещё выпьем. А? И перестань меня сволочью делать.

Они выпили, и Толик возмущённо возразил:

— Это не я тебя сволочью делаю. Это ты сам себя таким сделал. С пелёнок тебя знаю, про все твои похождения знаю! Ко мне, а не к кому-то там, твои бабы бегали! Такое про тебя понарассказывали! Всё знаю! И теперь ты хочешь, чтобы я так спокойненько, покивал головой, посочувствовал и главное, поверил тебе?

— Да! Хочу! Нет! Требую! — выкрикнул Валерий.

И без того, почти круглые глаза Толика, превратились в обведённые циркулем круги, а его спокойное, добродушное лицо, лицо человека, который всю жизнь делал игрушки для детей, стало таким, будто только что рождённая им игрушка неожиданно взорвалась у него в руках. Никогда он не видел Валерия таким! Даже не представлял, что тот способен так взорваться. И совершенно растерялся.

— Ну... это... Это ж надо... В общем, ты... ты успокойся. Давай лучше ещё выпьем, да грибками заедим. Хорошие, Маша делала.

Он быстро наполнил рюмки и они опять выпили. Но к грибкам никто не притронулся.

— Ты... это, извини. Сорвался, — голос Валеры был уже почти нормальным.

— Да ничего. Я сам хорош! Пошёл про твоих женщин... Но ведь... у тебя их столько было, что... Ну, всё, всё, не буду. Давай, говори, это что, серьёзно?

— Да.

— Да? А... то есть, как? .. Ну... ты что, семью свою... Так, подожди, давай всё по-порядку. Хорошо? Кто она, где работает, замужем или нет, ну, всё, как полагается. По порядку. Давай!

— Даже не знаю, как тебе это сказать.

— Постой, так это ты с ней в воскресенье был у меня на даче?

— Да, с ней.

— Значит, взаимно. Это хорошо. Впрочем, насколько я знаю, у тебя всегда было взаимно, так что, извини, не понимаю, чего ты так взволновался. А дров наломать... Ну, переспи с ней ещё пару...

Но он был перебит, грубо и резко:

—Стой! Не то! Не то ты говоришь. Не то. Выслушай меня сначала. Я познакомился с ней... у себя в кабинете. Была моей подследственной.

— Что?! — Толя опять не выдержал. — Да ты совсем спятил, или как?! Так ты же никогда, никогда себе этого не позволял! Ты что? Партбилет тебе надоел? Экзотики, что ли, захотелось?!

— Замолчи, тебе говорю! Замолчи, или я сейчас же уйду!

Валерий гаркнул так, что Толик опять растерялся. Он уже явно ничего не понимал. Но атмосфера в кухне стала опасной.

— Замолчи, слышишь? — Валерий с трудом подавил гнев. — Выслушай меня, пожалуйста. Молча. Договорились?

— Да. Хорошо. Буду молчать. Говори.

— Так вот. Я не собирался влезать в эту историю. Не собирался! Но... всё... всё произошло, как без меня. В общем, ладно. Случилось... И... словом... Она...

И Валерий замолчал. Он вдруг понял, с кристальной ясностью понял, что то, что он сейчас должен будет произнести, прозвучит просто ужасно. И... не смог. И тогда начал с конца.

— Я познакомился с ней около шести месяцев назад. В это воскресенье опоздал на встречу. Полковник задержал. Так еле успел. Практически... с рельс её снял.

— Каких рельс? — не понял Толя.

— С самых настоящих, железных! Понял теперь?

У Толи глаза стали вылезать из орбит:

— Как это? Да она что, сумасшедшая? Так вы же взрослые люди! Да...

— Стой! Стой, говорю, — перебил Валерий. Но на этот раз, голос его уже не кричал. Он стал голосом обречённости. — Не взрослые... вернее, это она не взрослая... Впрочем, вряд ли и меня теперь можно назвать взрослым.

— Не понимаю. О чём ты? Как это, не взрослая? Психически что ли не..

— Нет! Нет, Толя. Нет. Ей... ей восемнадцать лет.

На секунду Толик онемел, замерев в столбняке от услышанного. А потом вскочил, как ужаленный:

— Что-что? Восемнадцать лет?! Да... — Толик уже задыхался. — Да как ты посмел?! Ведь она же ещё ребёнок!!! Ты... Ребёнка тронул? На детей потянуло? Мало тебе баб было, так теперь на детей руку... — он запнулся и остервенело выкрикнул. — Энто место поднял?!

И удар кулака по столу отозвался звоном падающих рюмок и визгом испуганных вилок. Ничего от прежнего Толика больше не осталось. Это была сплошная багровая маска ненависти и гнева.

Мгновенно на ногах был и Валерий, и его кулак оказался ещё более результативным — он заглушил голос Толи:

— Как... как ты мог так обо мне подумать? Ты всю жизнь меня знаешь! Как ты можешь так обо мне думать?

— А как ещё я должен думать?! Ты сам признался, сам! что всю ночь на даче с ней провёл! А сколько ещё, в других местах...

И Валерий не сдержался. Он заорал со всем ужасом и отчаянием человека, которому не поверил его ближайший друг.

— Не тронул я её, слышишь? Не тронул!

— Ты? Ты не тронул? Как... как...

Толик уже не мог даже кричать. У него открывался рот, но оттуда вырывались лишь какие-то нечленораздельные звуки, напоминающие остервенелый рык. Они стояли друг против друга, упершись побелевшими кулаками в стол и сжигали недоверием свою тридцатипятилетнюю дружбу. Достаточно стало одной искры, чтобы эти кулаки подчинились рвущей нервы и рассудок ненависти.

Валерий первым оторвался от стола. Рывками, усилием воли, набрал воздуха в лёгкие, круто развернулся и пошёл к двери.

И Толик даже не шелохнулся! Они накрест перечёркивали друг друга. Два чистых сердца, заподозривших друг друга в гнили. Что может сделать миг недоверия!

Дверь распахнулась и, как вихрь, в кухню влетела Маша. Она практически столкнулась с Валерием. Женское сердце видит и чувствует быстрее, чем любой, самый тренированный мозг. Мгновенно почувствовав запах катастрофы, она собой преградила Валерию путь:

— Стой. Не пущу. Тебе надо будет меня ударить, чтобы пройти.

Самое удивительное было не то, что она сказала, а как! Чётко, спокойным, без эмоций голосом. Голосом силы. Куда подевалась та Маша, которая только что ласково и мягко щебетала за столом, со всей женской слабостью болея за сына? Ничего не осталось от той Маши — это была мать, спасающая грудью свой очаг.

Несколько секунд Валерий не шевелился. Но она твёрдо смотрела ему в глаза, тоже не двигаясь, с уверенным спокойствием скалы. И победила. Валерий опять вздохнул, и тогда она приказала:

— Обоим сесть за стол.

Они неохотно подчинились. Она повернулась к двери, крутанула ключом в замочной скважине, положила ключ в карман и только тогда села за стол:

— Так. Ты, — она повернула голову к Валерию. — Расскажешь, из-за чего вы тут чуть глотки друг другу не перерезали, а ты — это уже относилось к мужу, — не раскроешь рта. Ни разу. Понял?

Толик послушно кивнул головой, а Валерий не оторвал взгляд от стола. Они оба ещё тяжело дышали.

— Но для начала, налейте-ка мне пятьдесят грамм, а то в горле пересохло.

Муж достал третью рюмку, поставил её на стол, поднял упавшие и наполнил все три. Они выпили, молча и не чокаясь.

— Говори. Я слушаю.

Валерий ещё несколько секунд молчал. Потом, как очнулся:

— Нет. Я уже всё сказал. Пусть теперь твой муж говорит. С меня — хватит.

— Хорошо, — Маша, казалось, не удивилась. — Толя, я слушаю. Но... без эмоций. Слышишь? Только факты. Ты меня понял?

Голос открыто угрожал. Толя пожал плечами, глубоко вздохнул и выпалил:

— А что? И скажу. Только вряд ли тебе это понравится.

— Я сказала — без коментариев! Ясно? Только факты!

— А я и говорю только факты. В общем... — и вдруг, голос его задрожал, как от перенапряжения. — Влюбился он! Ясно? Влюбился! И знаешь в кого? С кем он теперь... Мало того, что она его подследственная, а... а... с ребёнком! Ей восемнадцать лет! До рельс довёл девочку! Это он с ней на даче развлекался! Всю ночь развлекался! Вот какие факты!

Пока Толя говорил, Валерий не поднимал глаз. Только сильно заходили желваки на его челюстях, и побелели сжатые кулаки.

А Маша перестала дышать. Она потерянно смотрела мужу в глаза, ища подтверждения его слов. И окаменела -- он не лгал.

Но уже через секунду Маша оправилась. Её сердце отказывалось поверить в то, что услышали уши. А сердце женщины-матери сильнее всех фактов:

— На... налейте-ка мне ещё одну рюмочку.

У Толи заметно дрожали руки. Она залпом выпила. Вздохнула и спросила:

— Валера, это правда?

Он даже не пошевелился. Тогда она опять повторила свой вопрос. И добавила:

— Я знаю тебя 35 лет. Ты... ты не мог этого сделать. Не верю. Не верю! Говори, чёрт бы тебя побрал! Ну?!

На этот раз он оторвал взгляд от стола. Встретился с ней глазами, и она чуть не ахнула от неожиданности — такую она увидела там тоску и беспросветность!

— Нет. Не правда. Не тронул я её. И никогда не трону. Но... про рельсы — правда. И я... я не знаю теперь, что делать. Всё произошло так неожиданно, так... И теперь... потому к вам и пришёл. Я не знаю больше, как поступить, как сделать так, чтобы вернуть этой девочке... её жизнь. А я... да плевать я на себя хотел! Ясно теперь?!

На следующий день, в среду, после занятий, я, как всегда, забежала в курилку. Ленка, её неотъемлемой частью гарнитура, сидела на месте. Едва я уселась, она сразу задала вопрос по существу. Волжанова никогда не крутила вокруг да около.

— Привет! Ты чего не зашла вчера? Второй день таскаю с собой эту книгу. Или передумала?

Я замялась. Совсем забыла о нашем договоре. Что было делать? Читать этот учебник мне уже вовсе не хотелось: было чувство, что опять его обману. Но и не могла об этом сказать Ленке — она бы меня не поняла. Осенило! Взять, но не раскрывать! Как в той поговорке: и овцы целы, и волки сыты.

Но... ох, если бы я знала! Если бы я только знала! Ну, зачем я её взяла?

— Нет, не передумала. Вчера никак не могла забежать. Давай.

Она порылась в сумке и протянула мне этот кошмар. Мелькнула мысль, что теперь её надо будет хорошо припрятать, а то, не ровен час, попадётся кому-нибудь на глаза! Я положила книгу в портфель, поблагодарила и спросила про Бергера.

— Вчера были у него дома. Родителей не было, так мы... Какой он в постели ласковый! Совсем другой человек. Знаешь, я прекрасно понимаю, что со стороны моя любовь кажется унизительной. Ну, вроде рабской. Но я так не считаю. Если бы я это чувствовала, тогда — другое дело. Но не чувствую. Значит, этого нет. Видимо, только такая любовь мне и была нужна.

— Другими словами, любовь всегда знает, гордая она или нет?

— Да. Уверена. Ты сама это чувствуешь. Себя-то не обманешь!

— А если чувствуешь раболепное унижение, что тогда делать?

— Ясно, что — уходить. Всё равно из такой любовишки ничего не родится.

Я задумалась над её словами. Потом проверила себя и сразу успокоилась — такой почувствовала прилив гордости! Дальше была уже только философия:

— Так-то оно так. Да не все могут это сделать.

— Так пусть и пеняют потом только на себя! А то судьбу вспоминают. Какая там судьба! Всё — своих рук дело. Тьфу, аж противно. Терпеть не могу хлюпиков!

— Я тоже. Я их вообще за людей не считаю. Но... Ленка! А когда он уедет? Ну, расстанетесь насовсем, что ты тогда будешь делать?

— Ну, посхожу с ума, как все, а потом пройдёт. Замуж выйду, детей нарожаю.

Внешне она была спокойна. Но голос выдавал волнение. Сильное волнение. И я поняла, что она об этом думает. Постоянно думает и готовит себя к неизбежному. Заранее роет могилу, куда придётся лечь живой.

Мне стало не по себе. Я не хотела готовить себе могилу. И потом... он сказал, что могил не будет!

— Вчера ко мне Алка прибегала. Знаешь, она влюбилась!

— Да? Передавай ей мои поздравления. И пожелания, чтобы у неё всё было легко и просто. А то... что-то не верю я, что она может много выдержать.

— То есть, как?

— Крылышки себе пообжигает. Ясно? Перестанет порхать, как бабочка. Станет простой серостью, как большинство.

Я подумала. Но так и не смогла ни согласиться с Ленкой, ни возразить ей. Риткову я любила и, естественно, была слепа.

Вскоре мы распрощались, и я поспешила домой. Куча уроков и, главное, невыполненных шахматных заданий, властно звали меня к себе.

А на следующий день случилось то, что сразу мною было воспринято, как страшное предзнаменование -- бикфордов шнур уже горел...

Я шла по длинному коридору самого верхнего этажа. Скорее, -- по галерее, так как с одной стороны, вся стена коридора была напичкана окнами, выходящими на улицу. А с другой располагались аулы для семинарских занятий. Не помню, куда я направлялась и почему вообще там оказалась. Было почти полностью безлюдно, что доказывало, что занятия шли полным ходом. Лишь в конце коридора беседовали два преподавателя, и далеко впереди от меня быстрым шагом шла какая-то девушка.

Никогда бы я её не запомнила! Ничего в ней не было особенного или странного. Ну, торопится человек. Что ж тут исключительного-то?

Одними глазами, очень лениво я наблюдала пространство коридора. Боковое зрение отметило, что эта девушка где-то на середине галереи остановилась. Подошла к окну, открыла его, глянула вниз, залезла на подоконник и прыгнула. И тут же я услышала глухой, мокрый удар об асфальт. Всё.

Потребовались долгие секунды, чтобы осознать то, что произошло на моих глазах. Тело не двигалось, замерев статуей, а мозг лихорадочно орал, пытаясь разблокировать рассудок. И только когда глаза увидели, как оба преподавателя бросились к раскрытому, но уже пустому окну, до меня дошло всё...

Нет, я не хотела подходить. Я всеми силами сопротивлялась этому. У меня оглохли уши и перестали видеть глаза, так я насиловала себя, чтобы остановиться. Но ноги неудержимо приближались к зияющей пасти, которая только что проглотила жизнь. И я подошла к ней прежде, чем эти двое мужчин настолько опомнились, чтобы этого не допустить.

Никогда уже не сотрёшь из памяти эту победу смерти — алая кровь на чёрном с белыми пятнами, то ли от снега, то ли от ужаса, асфальте. Всё, что осталось от чужой надежды...

Когда я отошла от окна, вокруг уже была толпа людей. Нет, теней, так как они раскрывали рты, но звуков не издавали, и у них не было тел, так как я уверена, что прошла сквозь них. Медленно, очень медленно. Помню звон в ушах и пустоту в голове. Ни одной мысли. И только когда я уже вышла на улицу, меня догнал и ударил страх. Страх и ужас от увиденного.

А дальше? Дальше всё было рефлекторно. На автомате, без мыслей и рассудка.

И началась цепь. Первое колечко потребовало второе. Только что было сказано "а". Значит, должно было прозвучать и "б".

Я доплелась до будки телефона-автомата. Нашла двушку и набрала его номер. Пошли гудки и...

— Да! Слушаю.

Его голос победил панику, сдавившую до удушья гортань.

— Это я.

И меня оглушило тишиной. Хорошо помню, как вдруг съёжилось пространство и замерло время.

— Знаешь, — из трубки подуло льдом, а равнодушие наступающей зимы выстрелило точно в сердце... — Я сейчас очень занят. Ты позвони мне как-нибудь потом. Скажем, через недельку. Постараюсь тогда освободиться. Хорошо? Ну, бывай!

И бой гудков окончательно добил слух. И сознание. И чувства.

Не помню, сколько времени я простояла с прижатой трубкой. Но помню моё удивление, когда я выбралась из кабинки. Будто нырнула с головой в инородный, безжизненный поток — рядом был чужой, голый, безмолвный и беспредельный в своей бессмыслице мир. И я ослепшей душой смотрела в его глазницы.

Лепова

Симпатичная, невысокая, пухленькая блондинка лежала на кровати и читала книгу. Дверь открылась, и в комнату зашла не менее, если не более, приятная девушка. Впрочем, дело вкуса. Эти две девушки, внешне, совершенно не походили друг на друга. Вошедшая была значительно выше первой, стройная, как берёзка, смуглая, как чай, и с чёрными, недлинными, прямыми волосами.

Но поражали её глаза. И не тем даже, что они были на редкость большими, цвета сажи и правильной миндалевидной формы. А тем, насколько они были невидящими. Нет, правильнее сказать, безжизненными. Это удивляло и вызывало неуверенность, так как на вид этой девчушке было не больше семнадцати.

Она молча разделась и, так и не произнеся ни слова, легла на кровать, повернувшись лицом к стене.

— Ты чего? Неприятности? — спросила блондинка, отрываясь от книги.

Ответа не последовало, и она продолжила:

— А я сегодня с таким парнем познакомилась!

Чёрненькая пошевелилась, повернулась лицом к подруге и спросила:

— Да? А как же Денис?

— Не знаю я ничего! Но этот парень мне очень нравится. Он с рабфака. Ему двадцать четыре года, и красив, как рыцарь.

— Не понимаю. Ты что, разлюбила Дениса?

— Да не знаю я! Думаю, что люблю, но уже год прошёл! И ещё целый год ждать. Откуда я знаю, как мы встретимся? Может, оба поймём, что всё это было только детским увлечением, а может и убедимся, что любим друг друга! Не знаю. Но зато точно знаю, что этот парень мне нравится!

— Это потому, что у тебя слишком всё спокойно с Денисом. Ты просто уверена в его любви и тебе стало скучно. На развлечения потянуло.

— Ну и что? Я ничего плохого делать не собираюсь. Сегодня вечером я вас познакомлю. Только не вздумай его отбивать. А то возьмёшься за старое! Хорошо?

— Нужен он мне! Да и не будет меня, шахматы у меня сегодня. Кстати, мне надо заниматься. Ещё не все задания выполнила.

— А едешь завтра в Москву?

— Что, хочешь одной на ночь остаться?

— Тая, ты чего, сдурела?

Тайви равнодушно пожала плечами, поднялась с кровати, достала учебники по шахматам, тетради и ушла в другой мир — мир тридцати двух фигур.

Розенберг открыл дверь и очень радушно пригласил зайти.

— Ну, как? Осилила? — спросил он, когда мы уже уселись в его кабинете.

— Да. Полностью. Только... Сейчас покажу.

234

Я быстро расставила в позицию фигуры и показала ему место, оставшееся мне неясным. Геннадий явно обрадовался:

— Это ситуация из партии Толика.

— Какого Толика? Неужели Карпова??

Ты, конечно, поняла, что не позиция меня поразила, а то, что мой тренер назвал чемпиона мира по шахматам, моё непревзойдённое божество, просто Толиком!

— Да-да. Его. Смотри...

— Как, Толика?, -- перебила я, -- Вы называете его Толиком?

— А, вот ты про что! Конечно! Он мой хороший друг, и мы не раз с ним занимались. Я помогал ему в доскональном анализе теории.

— Ой! Как я вам завидую! Не знаю, что бы дала, чтобы с ним познакомиться!

— Ну, это не так уж и сложно. Через пару дней он проведёт сеанс одновременной игры с пионерами, собранными со всего Союза. Самыми лучшими. Если хочешь, возьму тебе билет. Будет тебе там чему поучиться.

Я чуть не подпрыгнула от радости.

Риткова

В комнату ворвалась невысокая девушка, с короткими рыжими волосами. И тут же, до краёв, заполнила её радостью — таким обильным потоком лилась она из её глаз. Девушка светилась, будто внутри у неё пылала сверхновая.

— Тайка! Мы познакомилась! Вчера, на танцах! Сам подошёл. И домой проводил!

Тайви сидела за столом, за шахматной доской и даже не подняла головы. Тогда девушка затормошила её:

— Да ты меня слышишь? Эге-гей! Очнись!

Черная головка оторвалась от доски и спокойно ответила:

— Алк! Слышу, конечно, но только мне некогда, понимаешь? Через пару дней турнир начинается. На кандидатский балл. Не шутка. Заниматься надо.

— Да ты что? Совсем свихнулась? Я тоже буду там играть, но это же не значит, что мы должны заживо похоронить себя за доской! И потом, подруги мы или нет? Я к тебе прибежала, а ты...

— Алка! Да отстань ты от меня! Ну познакомилась, ну и хорошо. Что ты от меня-то хочешь? Мне сегодня к Розенбергу идти, а я ещё не все домашние задания выполнила. Понятно теперь?

Секунду Алка смотрела на свою подругу изумлёнными глазами. Потом развернулась и ушла, громко хлопнув дверью.

Лепова

Ира влетела в комнату, как ошпаренная и сразу же накинулась на подругу:

— Зачем ты это сделала?

Тайви сидела за шахматной доской и не сразу отреагировала. Она медленно, с трудом оторвалась от фигур и машинально переспросила:

— Ты что-то сказала?

— Не делай вид, что ты меня не слышишь!

— Да не кричи ты так. У меня голова болит. Говори толком и быстро, а то мне некогда. Что надо?

— Некогда ей! А вчера на танцах было время? Зачем к Славке пристала? Он же с Люськой уже полгода встречается! Жениться собирались! Зачем ты это делаешь?

— А, вот оно что! И чего ты так взбесилась? Тебе-то какая разница? Ну, собирались пожениться, а теперь не собираются, — и Тайви нехорошо усмехнулась.

Ирку как подхлестнуло:

— Я вообще тебя не узнаю! Уже не знаю, что и ждать от тебя! Зачем, ну зачем ты это делаешь?!

— Развлекаюсь. У каждого своё хобби. У меня — это. И вообще, скажи спасибо, что я твоего Сергея не тронула. Раззвонилась тут вся!

— Я... я боюсь тебя. Ты... ты зверь, а не человек. Ясно?

— Ясно-ясно, только не мешай больше. Ладно?

И она спокойно вернулась в шахматы. Её лицо размягчилось и стало почти счастливым. Ира, онемев, какое-то время ещё смотрела на подругу. Потом вышла из комнаты. Тоже хлопнув дверью.

Как я любила Чигоринский клуб! Едва я переступала его порог, вдыхала полной грудью его неповторимый запах и... возвращалась к жизни.

В начале ноября начались соревнования и для начинающих -- для тех, кто собирался выполнить второй разряд. В него записалась Волжанова. И однажды, перед началом партии мы, все трое: я, Алка и Ленка, заскочили поболтать в курилку.

— Девчонки! Я такая счастливая, что даже не верится!

— Тая говорила, что ты влюбилась. Как его зовут? — поинтересовалась Ленка.

—Володя. Володя Антонов. Он руководитель вокально-инструментального ансамбля у себя в академии.

— Военный, что-ли?

— Да. И отличник по всем статьям. Вот! — Алку распирало от гордости.

— Ну, ну! Выйдешь за него замуж, закончит академию, и как зашлют его на какие-нибудь Курилы, так и узнаешь, что это такое — любить военных.

— Да я за ним, хоть на полюс поеду! А у тебя, с твоим Бергером, как?

— Нормально, без изменений.

— А ты, Тайка, ещё не влюбилась?

Помню, как полоснуло по нервам, и как покачнулся кафельный пол. Ответить не смогла, только отрицательно помотала головой...

Заскочив, в очередной раз, в курилку, я застала там одну Волжанову. Она уже выиграла и балдела от счастья.

— Как там книга, продвигается?

Сначала я даже не поняла, о какой книге она говорит. Это было так, ну так давно!

— Да, почти уже закончила, — соврала я.

— Вопросы есть?

— Пока нет, — продолжала я без зазрения совести. — Когда будут, спрошу.

—А как там с твоим следователем? Что-то ты давно молчишь. Есть какой-то прогресс?

Через всё тело прошла молния. Пришлось переждать, пока не отпустило настолько, чтобы я смогла заговорить:

— Он бросил меня. Ты была права. Он просто меня жалел.

Мой голос не дрожал. На удивление казался очень спокойным. Но... не моим.

— Да? Вот видишь! Хорошо, что ты так спокойно это восприняла. Впрочем, ты не могла не понимать, что это не могло продлиться долго. Такого мужика удержать возле себя... — она хмыкнула и неожиданно добавила. — Знаешь, кто смогла бы? Миледи из "Трёх мушкетёров". Я восхищаюсь ею! Ум, воля, обаяние, хитрость и красота. И стерва, каких свет не видывал. Компотик, от которого все мужики сходят с ума.

— Не читала. Дай!

— Хорошо, принесу завтра в школу. Прочитай. Тебе будет полезно.

— Слушай, а стихов Пастернака у тебя нет?

— Пастернака? А зачем он тебе? Он очень сложный. Не с этого бы тебе надо...

Я перебила её, хватаясь за эту ниточку, как за последний вздох:

— Ленка! Есть или нет?

Она удивлённо глянула... и протянула эту ниточку.

— Есть. Принесу. Но так и не поняла, зачем он тебе нужен.

На другом конце этой ниточки был он. Но эта ниточка стала бесконечной.

Он

Валерий замолчал. В кухне наступила тишина, такая, какая бывает только в давно покинутом жилище. Она длилась долго. И наконец, зашевелилась Маша:

— Так. Всё ясно. Только... Пойми меня, Валерка, пойми меня правильно. Трудно, очень трудно поверить тебе.

Валерий захотел что-то сказать, но она резко, приказом оборвала его попытку:

— Не перебивай! Никогда тебе не врала и не собираюсь начинать! Тридцать пять лет дружбы просто обязывают меня быть искренней. Как и тебя — выслушать и попытаться меня понять. Без обид! Так вот. Ты даже на своей Томке женился только потому, что все женились. Ты никогда и никого не любил, кроме своей матери и детей.

— И вас, — тихо, как бы про себя, поправил её Валерий.

— Да. И нас, — она помолчала, прежде, чем продолжить. — Кроме того, ты всю свою жизнь шлялся по бабам, как грибник по лесу. Ни одну от себя не отпустил без... ну, понятно. Посмеивался, что ищешь королеву, а находишь свинопасок. И теперь ты приходишь и говоришь, что твоя королева — восемнадцатилетняя девочка? И что ты провёл с ней целую ночь и не тронул её? Но добавляешь, что почти снял этого ребёнка с рельсов! Плюс ко всему, она — твоя подследственная! Поставь себя на наше место. Ты бы поверил? Или, хотя бы, смог вот так, сразу, всё это понять?

Новое тягучее молчание прервал Валерий. Его голос был спокоен и бесцветен:

— Хорошо. Если я именем матери своей, её памятью, поклянусь, что всё мною сказанное — правда?

Он твёрдо смотрел ей в глаза. Долго. И Маша первая прервала этот немой разговор:

— Не надо. Я верю тебе. Теперь верю. Но... но тогда это — ужасно.

— Почему ты сразу не остановился? Почему сразу не порвал, в самом начале?

Это уже ожил Толик. Лицо его опять стало лицом доброго, надёжного друга.

— Сам не знаю. Даже мысли не было, что всё это может стать таким серьёзным. Она позвонила. Мы встретились. Ну, думал, что просто приятно погуляем, поболтаем и всё. А она... она уже меня любила. Не знал я этого! Или не верил? Не знаю... Даже про себя-то всё понял только потом, когда уже поздно было...

Опять потянулось молчание. На сей раз его прервал Толя:

— Ты ведь никогда не сможешь с ней быть. Никогда! Если бы хоть не была твоей подследственной! Но так... тебя не только с работы и из партии погонят, тебя ещё и посадить могут! Пришьют аморалку, развращение...

— Плевать я на себя хотел, ясно? — грубо оборвал его Валерий. — Не об этом сейчас речь! А о том, что её жизнь сломаю! Понятно теперь?

— Ты и так её уже сломал! Раньше думать надо было!

Атмосфера снова накалилась. Маша властно вернула себе бразды правления:

— Молчать! После драки кулаками не машут! Ясно? Нечего теперь вздыхать и охать. Надо выход искать, а не нервы друг другу портить! Вместо того, чтобы тут руками размахивать, лучше скажи, что ты предлагаешь. Или слабо?

Она гневно посмотрела на мужа, и он стух. Когда Маша была такой, он сразу сдавался. И правильно делал.

— А может оставить всё, как есть? — неуверенно предложил Толя. — Молодая же! Совсем ещё ребёнок. Ну, влюбилась. Бывает же? Потом само пройдёт. Растает, как снег весной. Встретит молодого, свободного, любящего — и всё!

— А если не пройдёт? А если ещё сильнее в него врастёт? В этого болвана? Что тогда будем делать? — Маша вопросительно посмотрела на мужа, но он промолчал...

Лепова

Был поздний ноябрьский вечер. Тайви вернулась домой с занятий по шахматам. И на неё сразу же обрушились слёзы и крики Ирки.

— Это твоя книга?! Это ты её сюда принесла?

Ира рыдала. В руках у неё была та самая книга. Тайви среагировала удивительно равнодушно: пожала плечами, сняла пальто и спокойно ответила.

— Нет. Не моя. Но принесла её я. А что?

— Меня... меня... чуть не изнасиловали из-за неё! Он как увидел её, так и подумал, что со мной всё можно! Зачем ты её принесла? Да ещё и под мой матрац подложила?!

— Принесла, потому, что не хотела кое-кого обижать. А под твой матрац положила потому, что твою кровать никогда не убираем, когда устраиваем здесь вечеринки с танцами. Вполне логично.

— Посмотри на меня! Посмотри, что твоя логика со мной сделала!

А вид её был ужасен: цветной халатик разорван, на лице, шее и запястьях --багровые пятна, а слёзы лились из её глаз, как из переполненного озера.

— Слушай, а кто он такой? — спросила Тайви.

— Калмыков Миша, учится на четвёртом курсе. Ты на меня посмотри!

— Да посмотрела, посмотрела я на тебя. Откуда я знала, что эта книга может так растравлять желания! Да и ты хороша. Чего его привела?

— А что, на нём написано, что ли, что он насильник?! И разве я знала, что у меня, у меня! — под матрацем эта гадость лежит! Ты меня предупредила?! А он как увидел её, так и решил, что со мной всё можно, что только поломаться люблю!

Новый приступ рыданий вызвал у Тайви лишь гримасу, очень похожую на презрительную.

— В людях разбираться надо. Тогда и такие книги смогут хоть на подушке лежать. Впрочем, это интересно. С насильниками я ещё не знакомилась. Надо будет с ним поговорить.

— Ты что?! Тайви! Я умоляю тебя, не приводи его сюда! Слышишь?!

Да, милая моя Ленка. Даже эта трагедия Иры не оставила в моей памяти ни малейшего следа. Не пробила скорлупы, куда упрятались все мои чувства. Она стала бронированной, и сквозь неё не был слышен даже гром.

Не перестаю удивляться рассказам подруг обо мне в тот период. Настолько, что даже не верится, что говорят они обо мне. Впрочем, история с той злополучной книгой ещё раз доказывает, насколько в жизни всё взаимосвязано, насколько мы в ответе за других, за тех, кто с нами рядом. Откажись я её взять, не началась бы цепочка лжи, которая привела другого человека к трагедии. Мелочь, какая мелочь! А как сильно выросла за те несколько недель, пока лежала, никем не обеспокоенная, в тёмном и тихом месте. Ждала своего часа и дождалась.

Из всех тех месяцев в памяти остались только шахматы, твой приезд ко мне и… телефоны-автоматы. Да, телефоны-автоматы. Каждый раз, выходя на улицу, мои глаза натыкались на них. И они уверенно разбивали мою скорлупу и нещадно оглушали воспоминаниями. Сначала шаги замедлялись, потом замирали совсем. Глаза устремлялись к небу, серому и пустому, и я обреченно ждала, когда вновь ноги обретут способность ходить, а глаза — видеть.

Никогда, ни до, ни после, не испытала я таких мук от простого их наличия. А было их много в Ленинграде. Так много, что мой путь "до" и "из" института стал ежедневным прогоном сквозь их строй, неизбежной порцией беспрерывных палочных ударов по сердцу. И каждый раз я спрашивала себя, сколько же ещё можно выдержать? Но ответа не не находила. Время шло, а ни одной палкой не становилось меньше. И удары их не ослабевали…

Знаешь, говорят, что время лечит всё. У меня по этому поводу появились большие сомнения. Или, точнее, я не уверена, что слово это подобрано правильно — лечит. Лечить можно от болезни, а разве потеря любви или близкого, дорогого тебе человека — болезнь? Это неправильное слово. Время тебя не лечит. Время тебя смиряет. Смиряет с потерей. Дыра в душе никогда не затянется. Но ты научишься с ней жить. Если научишься. А если нет... Да и сколько времени требуется, чтобы научиться? Зависит от того, насколько большой клок вырван из твоей души. И сколько там её ещё осталось, твоей души. И вообще, если еще что-то от неё осталось...

Когда Розенберг торжественно-весело сообщил, что выхлопотал для меня у зам. декана разрешение на свободное посещение занятий, я очень обрадовалась — дорога пытки перестала быть ежедневной.

Турнир прошёл отлично, и я набрала свой первый кандидатский балл. Это была заслуженная победа, и я несказанно была ей рада. Второй кандидатский балл ждал меня в феврале, после каникул.

Единственный длительный выход из моей скорлупы — твой приезд.

Это было в начале декабря. Включение памяти — с открытия двери моего дома. Ничего до этого момента в ней нет.

Я зашла в комнату и остолбенела — глаза увидели тебя, сидящую на стуле в нашей прихожей. Потребовались секунды, чтобы вернуться в себя. Рефлекторно отметила, что ты похудела, и что это тебе очень шло. Наконец, ты уже пищала в моих объятиях.

— Ждала тебя, ждала... А ты даже ничего не написала. И вот, приехала.

— Ой! Я же телеграмму тебе дала и... ой! Прости меня, ладно? Тут, тут...

Я замолчала. Говорить стало трудно. Ты помогла:

— Я так и поняла, что у тебя что-то случилось. Рассказывай.

— Давай сначала пообедаем. У нас суп есть. Быстро и вкусно. Я хоть и пообедала в двенадцать часов, но уже опять есть хочу.

— Согласна, я тоже голодная. Давай, помогу.

— Нет, уж. Ложись на мою кровать и отдыхай. А я пойду на кухню.

— А клопы меня не съедят?

— Нет. Они у нас ночные охотники. Так что не беспокойся.

Захватив кастрюлю, я сходила на кухню, поставила её на огонь и вернулась.

— Пока согреется, с тобой побуду. И на стол накрою. Но первая будешь рассказывать ты.

— А что рассказывать? Это у тебя всегда море событий. А у меня...

— Неужели ты так и не влюбилась?

— Есть один парень. Но я не люблю его. Мне с ним просто хорошо и всё.

— Ой! Расскажи! Кто он?

— Чех. Жена и дети.

Мне стало не по себе.

— Где жена? И сколько ему лет?

— Жена далеко, дома, а лет ему 29.

Я обрадовалась. Не мальчишка. Наверняка он понимал, с кем имеет дело. И не тронет Лену. Как он.

— Что... Ну, что у тебя с ним было, и когда вы познакомились?

— Познакомились неделю назад, и ничего у нас ещё не было. Как у тебя.

Ты улыбнулась. А мне опять стало не по себе:

— У... у меня было.

Ты — как проснулась. Даже привстала с кровати, на которую я тебя всё-таки уложила, почти силком. Но я не удивилась твоему беспокойству.

— Нет. Того самого не было.

И я отметила, как ты сразу успокоилась.

— Просто ночевали вместе. А утром... в общем, он не захотел меня. Не нужна я ему. Просто жалел меня. А я думала, что любит.

Горло забастовало, и я убежала за супом. Вернувшись, молча стала разливать его по тарелкам. Но твой вопрос меня ошарашил:

— Ты действительно думаешь, что если он отказался от твоего тела, то он тебя не любит?

— Конечно! А что другое тут можно подумать? И потом, после того утра, всего через три дня, я позвонила ему, и он... — слёзы сами повылезали из глаз. — Если бы ты слышала, если бы ты только слышала, каким тоном он со мной говорил... Нет, даже не говорил. Просто отбрил.

— Что он тебе сказал?

Я дословно передала его фразу.

— Расскажи мне всё. И по порядку.

Мы ели суп, и я медленно ворошила свою рану. Кровь из неё лилась слезами, соля суп. Но я этого не замечала. Замолчала с последней ложкой. Встала, собрала посуду, и пошла на кухню мыть. Но ты увязалась за мной.

— Если бы хоть кто-то меня так полюбил, я бы не зря прожила свою жизнь.

Помню, как меня саданули твои слова.

— Ленка! Да ты меня не слушала! Я же тебе всё рассказала! Всё! Он послал меня, послал! Просто отвязался, как хирург от опухоли. Зачем ему такая ... такая дура, как я? Возиться со мной!

— Если бы он тебя взял, я бы с тобой согласилась. А так... дурёха ты дурёха! И за что тебе такое счастье? И даже не понимаешь, что это — счастье! Где справедливость?

И ты посмотрела так, как смотрел он, когда я говорила ему какую-нибудь детскую глупость.

— Ленк, ну хоть ты сжалься надо мной! Ничего я не понимаю!

— Хорошо. Я добрая. Помоем посуду, и я всё тебе объясню.

Мы вернулись в комнату и уселись на кровати. Напротив друг друга.

— Что такое любить?

Ты стала серьёзной. А я растерялась. Одно дело — любить, и совсем другое — объяснить, что это такое.

Но я попыталась. И про Гольдернеса рассказала и про степени, и про одиночество и скорость в 300 тысяч км в секунду. Но когда закончила, ты опять задала всё тот же вопрос. И я сдалась.

— Ладно, скажу. Всё, что ты сейчас говорила — прекрасно и очень интересно. Но сложно и запутано. Всё значительно проще. Любить — это значит жалеть.

— Что??? Никогда!

Ты подняла руку, и я замолчала, как по приказу.

— Вслушайся в то, что я сейчас произнесу. Улови разницу! Ты должна её уловить! Он её жалеет. И... он её пожалел. Чувствуешь?

Нет, ничего я не почувствовала! И тогда ты сказала:

— Русский народ имеет душу безмерной глубины. Ни один народ в мире даже рядом стать с ним не может. И всё потому, что как страдал он — даже в кошмарном сне не приснится никакому другому народу. А именно страдания роют колодец души всё глубже и глубже. И рождают новые, ни на какой другой язык в мире не переводимые слова. Ведь если не испытано значение слова, не может родиться и слово, его обозначающее. Так вот. Как может любить русский народ — никакой другой народ просто не в состоянии. Но знаешь, как говорили в народе про мужчину, который любит свою женщину, будь-то его мать, невеста, или жена?

— Как?

— Он её жа-ле-ет!

Я вытаращила глаза. И замерла. Потому что на этот раз, до меня дошёл запах этих слов. И такой волной подуло, таким вселенским откровением, что я просто перестала дышать!

— Любящий мужчина, прежде всего, будет жалеть свою любимую, ограждать её от ударов, подставлять себя, свою грудь, лишь бы ей было мягко и спокойно, как в перине из гагачьего пуха. Словом, сделает всё, чтобы она была счастлива. Что он и сделал.

И пришло прозрение. Будто пелена, липкая и мерзкая, упала с сердца и впервые за два месяца я смогла его услышать. А оно захлёбывалось в вопле, раздирая в кровь свою гортань и пытаясь вернуть мне зрение и слух — сердце знало, что оно любимо.

Но тогда... Тогда тот телефонный разговор для него означал...

— Вот почему, вот почему накануне он мне сказал, что любовь — изначально трагедия! Он уже готовил меня!

Ты внимательно посмотрела на меня. Помолчала, а потом сказала:

— Нет. Не поэтому, хоть это и так. Тогда он это сказал, как факт. Это потом, когда он остался один... Или поговорил с другом. Принял решение отучить тебя от себя. Для тебя же! Он жалеет тебя и не хочет довести до трагедии. Всё, как видишь, просто. Только я всё равно тебя не понимаю. Как ты могла усомниться в его чувстве? Ведь то самое утро и должно было окончательно убедить тебя в его любви! Ведь куда эгоистичнее было бы пойти на поводу инстинктов! Да и приятнее! А он даже тогда, даже тогда думал, прежде всего, о тебе!

— Лен, ну, не мучь меня! Ну, не знаю я! Он... он такой красивый, такой взрослый, умный, ну... ну что он мог во мне найти? Чем я могла его привлечь? А тем более, удержать? И Волжанова то же самое говорит. Тут кто хочешь засомневается!

— Нет. Не кто хочешь. А только тот, кто перестаёт верить своему сердцу. И не только когда касается любви. Вообще. Всегда. Тогда такие дела можно наворотить! Всю жизнь будешь расхлёбывать — не расхлебаешь! Впрочем, он тоже хорош.

— Почему?

— Потому что пошёл на поводу у рассудка. Если бы послушал сердце — никогда бы тебя так не ударил. Хотел, как лучше. А в результате, ты дошла до ручки, да и он — неизвестно что и как сейчас...

Он

На этот раз первым заговорил Валерий.

— Я не хочу больше рельс. Вот всё, что я хочу.

— Я знаю, что тебе надо сделать, — Маша уверенно посмотрела в глаза Валерию. — Вряд ли тебе это понравится. Но другого пути нет.

— Говори, — голос Валерия был натянут ожиданием приговора.

— Ты должен всю эту историю спустить на тормозах. Постепенно, медленно, видясь с ней всё реже и реже. Пока всё само не заглохнет. Толик прав. Девчушка очень скоро о тебе забудет. Не пройдёт и месяца, как она уже весело будет щебетать с каким-нибудь молодым, симпатичным парнем. И весь этот ужас останется в прошлом. Все вздохнём спокойно. Все, кроме тебя. Но...

— Не обо мне речь, — Валерий почти шептал. — Если вы оба так считаете... Но...

— Что "но"?

— Да тут, — он указал в область сердца. — Аж хрипит, так оно с вами не согласно. Душит!

— Ясно. Тебе-то не очень хочется отпускать её! — голос Маши полил ядом.

— Нет! Ты не так поняла. Не о себе там хрипит, не о себе! О ней!

— Так если о ней, — отпусти! Понял? Дай ей жить! У неё вся жизнь впереди!

— Валерка, Машка права. Нет у тебя другого выхода. Да понимаешь ты или нет, что вам никогда не быть вместе?! Не говоря уже о твоей семье!

— Хорошо. Я сделаю это. И... дай бог, чтобы мы не ошиблись.

— Молодец. Теперь верю, что ты её любишь. — Толик смотрел на своего друга с восхищением и... жалостью. — У тебя тоже всё пройдёт. Всё проходит. Время такая штука...

— Толя, -- перебил его Валерий, -- ты забыл об одной малюсенькой детали. Это ей — восемнадцать, не мне... Слишком долго я её искал. Слишком долго.

— Валерка, миленький, — Маша вновь стала ласковой и тихой, — Пройдёт, обязательно пройдёт. Ну, если и не совсем... Но жечь — перестанет. Увидишь. Заходи к нам почаще. Посидим, выпьем, душу облегчишь. Всегда легче, когда друзья рядом. Ведь так?

Мы помолчали. Я переваривала услышанное и удивлялась тому, что всё равно не могу ему позвонить. И не понимала, почему. Но ты объяснила и это.

— Естественно! Теперь *ты* его жалеешь, *ты* себе на горло наступаешь. Ясно?

Да, ясно. Но и ужасно. Просто ужасно. Если вообще могло быть хоть что-то ужаснее двух месяцев, проведённых в уверенности, что он меня не любит. А теперь? Ни вперёд, ни назад, как в ловушке. И это было начало конца...

— Ленка, я... я сто раз бы выдержала, если бы он меня бросил. На одной гордости, и то смогла бы выехать. Хоть как-то удержаться на плаву. Как все эти два с гаком месяца. А теперь... Ленка... я боюсь. Я...

— Я тоже за тебя боюсь. И уже вообще... Знаешь, что думаю? Что лучше бы он был ну, хоть капельку, с гнильцой. Ты бы это почувствовала! И сама бы от него ушла. И всё бы у тебя прошло! Само! А так... Так вполне можно рехнуться или руки на себя наложить. Неужели счастье и трагедия должны всегда идти нога в ногу?

— Нет белого, нет и чёрного, нет счастья, нет и трагедии. Разве не так?

— Нет, не так. Я верю, я всё равно свято верю в победу любви. Той, по третьей степени. Она даже смерть побеждает. Ведь не зря же сказано, что Бог — это любовь. А так любить означает стать Богом. А Бог побеждает всегда. Даже если силы зла и вставляют палки в колёса. Они всё равно проиграют. Рано или поздно, но всё равно проиграют!

— Нет, Ленка. Нет у нас с ним будущего. В любом случае — нет! И здесь он — прав! Тысячу раз прав!

— Тайка! Да откуда ты знаешь, что будет завтра? Это только будущее знает! А твоё дело маленькое — помогать ему, этому будущему. Верой! Полной и без оглядки. Понимаешь?

Да. Но ещё яснее я понимала другое — так верить я не умела. Как сказал тот поэт, я слишком хорошо играла в шахматы.

— Я не умею так верить. Не умею и не хочу. Я верю только в логику. Жёсткую логику. Логику шахмат. А она против твоих слов.

Ты опять легла на кровать и неожиданно попросила меня спеть. Я несколько секунд приходила в себя. Потом взяла гитару и...

Когда выдохлась, ты лежала на моей кровати с закрытыми глазами. Потом встала и села ко мне на колени. И мы долго, долго сидели вот так, молча, обнявшись и слившись воедино душами. Очень со многими можно поговорить, но с очень немногими помолчать...

— Ты никогда не думала, что такое на самом деле белое и чёрное?

Твой вопрос меня не удивил. Я уже давно привыкла к твоей манере говорить со мной, высказывая вслух только конечное звено предварительных размышлений.

— Это отсутствие компромисов. Или-или.

— Да. А почему в природе есть тысячи разных оттенков?

— Это — другое. Это цвета, а не решения. Решения в природе только "да" или "нет". Без гибридов. И даже если они и случаются, то не имеют права на размножение. А исключения только подтверждают общее правило.

— Так. А почему?

— Потому, что Гармония Вселенной допускает к себе только такие же, так сказать с такой же частотой и амплитудой волны, как и она сама — белое и чёрное. Чёрное — дьявол, белое — Свет. Но всё, что не белое, изымается из обращения, если так можно выразиться.

— Выдаётся билет в ад. На обдумывание и на покаяние. Так? Отлично. А теперь скажи, любить — это белое?

— Конечно.

— Значит, в унисон со Вселенной. А что происходит с волнами одной частоты?

— Они накладываются. И...

— И происходит всплеск. Так вот скажи, какая сила может выдержать такой всплеск? Волна твоего сердца, помноженная на волну энергии космоса?

И я опять была на лопатках. Нет, это ты хорошо играла в шахматы, а не я!

— Ленка, ты — гений!

— Нет. Просто ты останавливаешься на полпути. А надо всегда идти до начала, до печки! Копать, пока всё не состыкуется без единой зазоринки, без единой щёлочки. Тогда и только тогда ты придёшь к истине! Ведь говорил же ещё Шерлок Холмс, что каким бы невероятным ни был вывод, к которому привели тебя рассуждения, построенные по законам логики, он будет единственно правильным. Каким бы абсурдным ни казался! И тогда останется только перестроить свои мозги.

— Это просто удивительно, как с тобой всё становится ясно! Только... я всё равно не знаю, что мне делать.

— Подумай и поймёшь.

Я подумала и сказала:

— Положиться на всплеск.

—Правильно. Только это очень трудно — ждать. Время Вселенной, увы, несоразмерно с нашим. И ещё. Ты всё волнуешься: что он мог в тебе найти. А что в тебе нашла я? Глаза египетских цариц. Вот что он в тебе нашёл. И никогда, нигде он их больше не найдёт.

Я снова изумилась. А ты была грустной и очень, очень отсутствующе-серьёзной.

В тот же вечер мы расстались. У тебя были завалы в школе, и ты не могла задержаться. Договорились, что встретимся на каникулах и будем часто-часто друг другу писать. Обо всём. Уже прощаясь, на перроне, ты неожиданно сказала:

— Знаешь, а у Мирослава тоже усы.

— Да?!

— Слушай, а когда он тебя целует, не щекотно?

У меня перехватило дыхание, но я всё же ответила:

— Не знаю. Не помню. Я вообще всё забываю, когда он ко мне прикасается.

— Если бы ты знала, как я тебе завидую! Пусть с такой кровью, но то, что ты испытываешь — дороже жизни. Береги это. Такое не повторяется. Никогда.

Я опять стала статуей, а ты поцеловала меня, обняла и вбежала в вагон. Поезд тронулся... и моя скорлупа захлопнулась, оставив в памяти только телефоны-автоматы.

Лепова

— Заходи, — сказала Тайви, обращаясь к парню, с которым пришла домой.

Парень потоптался на пороге, неуверенно заглянул внутрь, будто хотел в чём-то убедиться и, решившись, прошёл в прихожую. Это был высокий, грузный молодой человек, с большой жёсткой шевелюрой, неприятным лицом и бегающими глазами. Вообще, он производил впечатление человека давно не общавшегося с душем.

Из спальни, через занавеску, выглянула светлая головка Ирки. И исчезла. Если бы кто-то сейчас посмотрел на неё, он бы онемел от неожиданности. Обычно приятное, спокойное и радушное её лицо превратилось в жуткую маску целой смеси человеческих чувств: растерянности и страха, мольбы и отчаяния, ужаса и... ненависти. Она застыла на своей кровати, натянувшись, как струна и глядя расширенными глазами на занавеску, за которой улавливался тихий говор, топтанье ног, шорох снимаемой верхней одежды.

Наконец, в проёме двери показался парень. И окаменел, встретившись с Ирой глазами. Но через секунду, толкнув его в спину, в спальню прошла и Тайви:

— Ну, чего стал, как памятник? Проходи и садись. Поговорим.

Но парень продолжал мяться. Тогда Тая прикрикнула, теряя терпение:

— Мишка! Да говорю тебе, садись! А если Ирке не нравится твоё присутствие — пусть уходит. Эта комната такая же моя, как и её.

Дальнейшее произошло одновременно. Парень подчинился приказу и сел, а Ирка подскочила, будто последние слова подруги сняли с неё столбняк. Она со всей ненавистью, на которую только была способна, по очереди глянула в глаза Миши и Таи, а затем выдавила:

— Да, я уйду отсюда. Но только потому, что не могу дышать с этим подонком одним воздухом! Но из дома не уйду. Останусь в прихожей. Хочу посмотреть, как он теперь тебя будет насиловать. Ты, Миша, не беспокойся, на помощь никого не позову. Даже помогу, если потребуется.

Она вышла из комнаты. Послышался звук отодвигаемого стула и чиркание спички. А те двое, на которых только что обрушился этот выплеск ненависти, спокойно начали свою беседу. Тайви первая прервала молчание:

— Вот что мне скажи. Сколько баб ты изнасиловал и зачем ты это делал?

У парня отвалилась челюсть. Некоторое время он даже слово вымолвить не мог.

— Ты что?, -- наконец заговорил он, тряхнув головой, -- В самом деле считаешь, что это, так сказать, моё любимое время препровождение?

— Да. Ведь ты пытался изнасиловать Ирку?

— Да не так всё было! Просто мы с ней друг друга не поняли. Есть же такие бабы, которым нравится, когда их берут силой! А у неё ещё и книжка под матрацем лежала, соответствующая обстановке. По теме, так сказать. Вот и всё.

— А что, ты всегда считаешь, что если женщина говорит тебе "нет", то это значит, что она просто ломается?

— Ну, как сказать, — парень замялся. — Вообще... да. И потом, когда тебя вечером приглашают домой, то что, чтобы разговоры, что ли, разговаривать? Согласись, что это — смешно!

— Слушай, а тебе хоть раз, хоть одна женщина, признавалась в любви?

— Нет, а что?

— А ты любил кого-нибудь?

— Я? Ну... нет, пока. А какая разница? Что же теперь, монахом, что ли, заделаться, пока меня кто-нибудь не полюбит?

— Тебе это не поможет. Даже если станешь монахом, даже если на всей земле, кроме тебя ни одного мужика не останется.

— Это почему же?

— Впрочем, если прекратишь думать, что бабы хотят быть изнасилованными, у тебя появится шанс.

— А что они хотят, по-твоему?

— Очень просто — быть любимыми.

— Что? Думаешь, что все бабы, которые ложатся к мужику в постель, любят их?

— Нет, я так не думаю. Но в любом случае, они хотят этой постели. А точнее, хотят ласки, а не силы и синяков. А те, которые хотят синяков — только исключение из общего правила и кроме того, я уверена, они чётко дают это понять. Ладно, — Тая перебила саму себя, — Можешь идти. С тобой всё ясно.

— Как это, всё ясно? Слушай, я так и не понял, чего ты меня сюда привела?

— Изучаю. И-зу-ча-ю. Теперь, понятно?

Нет, парню ничего не стало более понятным. Но Тайви с ним больше не церимонилась — она беспардонно вытолкала его из комнаты.

Как только дверь закрылась, перед ней, стеной, встала Ирка. Она не плакала, но была страшна в своём спокойствии:

— Я умоляла тебя его сюда не приводить. Умоляла! А ты... Посмотри!

И она вытянула вперёд свою левую руку. На запястьи бросались в глаза свежие, кроваво-чёрные раны. Лёгкий запах горелого мяса ударил в ноздри.

— Новый способ тушить сигареты. Не знала? Вот до чего ты доводишь!

— Ну и дура. Подумаешь! Из-за этого так психовать?

Ирка выскочила из дома. Дверь сильно хлопнула.

Да, Лена. Даже это меня не тронуло, не пробило моей скорлупы.

Содина

В дверь культурно постучались. После звучного "Да!", в комнату вошла высокая, приятная девушка. От всей её фигурки, стройной и как-то нереально хрупкой, веяло мягкой, грустной женственностью. Это впечатление усиливалось ещё и белой махеровой шапочкой и таким же шарфиком, обвязанным вокруг шеи поверх пальто.

— Привет, Тайка. От тебя сто лет ни слуху, ни духу. Вот и решила заехать к тебе.

— Олька! Здорово, что ты приехала. Заходи, раздевайся. Хочешь чаю?

Тайви встала из-за шахматной доски и обняла подругу. Оля разделась, и они уселись за стол.

— Не откажусь. Так холодно на улице. Ужас! Пока шла, до костей продрогла.

— Тогда сиди, отогревайся, а я побегу на кухню, поставлю чайник.

— Хорошо. А где твоя Ирка?

— А кто её знает? Шляется где-нибудь по общаге.

Тайви вышла с чайником, а когда вернулась, Оля уже накрывала на стол.

— Ну, рассказывай, какие у тебя новости, как с Грифом?

— Всё хорошо. Я даже боюсь. Знаешь, когда всё хорошо, всегда боишься, что будет плохо. Ну, как зебра. После белой полосы обязательно должна начаться чёрная.

— После белой — чёрная, согласна, а вот, что после чёрной — белая... Не знаю.

— Да? Нет, я уверена, всё поровну. Сколько белой, столько и чёрной. У меня сейчас — белая. Он такой ласковый со мной. Мы практически всегда вместе.

— У вас уже всё было?

— Да, когда он домой ко мне приезжал. В общем, я решилась. И ничуть не жалею. А моим он понравился. Целых две недели у меня пробыл.

— Как я рада, что у тебя всё хорошо. Подожди, пойду принесу чайник.

Через пару минут они уже пили горячий чай с вишнёвым вареньем.

— Мама прислала?

— Ты про варенье? Да, только Иркина. Моё уже съели.

— Мне мои тоже часто присылают.

—Ирка завтра ещё посылку принесёт. Ей всегда пастилу присылают. Вкуснятина! Её как-то из фруктов делают. Объедение.

— А всё-таки, ты чего пропала? Случилось что? Да и бледная ты какая-то, похудела. Может, болеешь? У тебя температура?

— Нет. Просто много занимаюсь. И школа, и шахматы. Сессия скоро. И почему-то плохо спать стала. Раньше недобудиться было, а тут... Кручусь всю ночь, как юла. Когда вертеться надоедает, беру Пастернака и читаю.

— Кого-кого?

— Да поэт один такой, не слышала?

— Не-а. Тебе надо, ты песни сочиняешь. А мне зачем? Вся моя поэзия — Гриф. Только ты всё равно мне не нравишься. Ты бы температуру померяла.

Но Тая только устало отмахнулась.

— А где Новый год будешь встречать? — спросила Оля. — Четыре дня осталось.

— Как-как? Уже Но-овый го-од?!

Возглас Тайви был настолько изумлённым, что Оля просто опешила. Глаза её округлились, как монетки в пять копеек.

— Ты чего?.. Ты что? Забыла про Новый год? Да ты точно заболела!

— Да нет, нет, не заболела. Просто... заучилась, наверное.

Но голос Тайви шелушился отсутствием.

— Ты... ты.. ну, как не ты. Да что с тобой?

— Устала. Ничего. Сдам сессию, поеду домой... — и она резко поменяла тему. — Знаешь, ко мне Ленка приезжала. В начале декабря.

— Здорово! Что же вы ко мне-то не заскочили?

— Да она только на полдня приезжала. Завал у неё.Торопилась назад.

— Хорошо, а то я уже волноваться стала. Целый месяц на моё письмо не отвечает. Так что ты, всё-таки, думаешь про Новый год?

— Про Новый год? — Тайви помолчала, а затем тусклым голосом ответила. — Дома встречу, одна...

И вдруг, перебив саму себя, вспыхнув энтузиазмом и каким-то слишком мажорным, чтоб не сказать, безумным, счастьем, выкрикнула.

— Нет! Не одна! С Пастернаком! Точно! Куплю шампанское! Полусладкое! Одну гвоздику и встречу Новый год! Самый счастливый Новый год в моей жизни!

Оля ошарашенно-испуганно посмотрела на подругу. Глаза Тайви горели нездоровым, лихорадочным огнём...

Он

В кухне шумела бежавшая из-под крана вода, гремела в раковине посуда, а на плите разогревался чайник. Тут хозяйничала женщина.

Мужчина средних лет, высокий, спортивно-плотного телосложения, броской, мужественной красоты, зашёл на кухню, закрыл за собой дверь, сел на стул и сказал:

— Тамара, мне нужно с тобой поговорить.

Тон, каким были сказаны эти слова, заставил замолчать посуду и прекратил поток воды из крана. Женщина развернулась и испуганно-ожидающим голосом тихо произнесла, нервно вытирая руки о передник:

— Да? Хорошо. Я слушаю тебя.

— Сядь, пожалуйста, — мужчина сделал приглашающий жест рукой.

Она безропотно повиновалась, не сводя с него глаз.

— Скажу сразу суть, — голос мужчины напоминал кремень, а глаза прямо, не прячась, смотрели в глаза женщины. — Некоторое время, не знаю сколько, я часто не буду ночевать дома. Я устал и хочу... нет, мне нужно побыть одному. Бросать семью я не собираюсь. Скажешь детям, что у меня просто новая сложная работа. Вот и всё, что я хотел тебе сказать.

Пока он говорил, Тамара, как загипнотизированная, почти не дыша, смотрела ему в глаза. Она выпрямилась, на стуле, и лишь руки её теребили фартук. Когда же он закончил, в кухне воцарилась тишина, нарушаемая только звуком закипавшей воды в чайнике. Наконец женщина, заметив, что муж собирался встать, очнулась:

— Валера, я... я никогда не попрекнула тебя твоими... твоими женщинами. Ты ведь знал, что я знала. Но... но я очень боюсь тебя потерять и поэтому давала тебе полную свободу. Главное, что ты всегда возвращался ко мне. Всегда. А... а теперь...

В глазах женщины были слёзы. Она из последних сил сдерживала истерику.

— Ты плохо меня слушала. Я же сразу сказал: из семьи уходить не собираюсь.

— Правда?

— Я когда-нибудь тебе лгал?

— Нет. Значит, эта женщина.... эта новая...

— Нет никакой женщины. Теперь всё ясно?

Тамара долго смотрела мужу в глаза, переваривая услышанное. Он ждал.

— Да-да. Хорошо. Я тебе верю. И детям всё скажу. Ты только не волнуйся. И... приходи домой почаще, ладно?

Он встал и подошёл к ней. Обнял и тихо уронил:

— Не волнуйся. Я как в тюрьме — никуда не сбегу.

И резким шагом вышел из кухни.

Лепова

— Ну, зачем, зачем ты это делаешь? Он же не нужен тебе! Не нужен! Зачем?

Иру трясло, и она ненавидящими глазами взывала к своей подруге. А Тая стояла перед ней, спокойная и холодная, как зима:

— Ты сама меня зверем назвала. Так что ты от зверя хочешь?

— Я не понимаю тебя! Ты... ты как с цепи сорвалась! Все пары разбила, никого не пощадила, а теперь и за меня взялась! Ты наслаждаешься, видя разрушения, которые сеешь. Всё ломаешь, к чему прикасаешься. Всё и всех!

— Про своего Сергея забеспокоилась? Так благодарить меня должна! Он ведь в любви тебе признался! А я тебе показала, чего стоит его любовь! Радуйся! И все остальные благодарить должны, а не жаловаться. А с твоим Сергеем мы вообще, до загса дошли! Вот как он тебя любит! Тебе и этого доказательства мало?!

— Ты даже в свидетели меня приглашаешь?!

— Конечно! Я же ничего не скрываю! Иначе зачем всё это тогда? Ценить должна!

— Но ты же не выйдешь за него замуж, я же знаю! Зачем тебе эта комедия?!

— А просто так, для развлечения. И чтобы тебе глаза раскрыть, на кого Дениса променяла!

— Не трожь! Если ты... если ты, когда он вернётся...

— Если я его и не трону, то точно не ради тебя. А ради него! Ясно?

— Ладно. Ну пусть ты всё это делаешь мне из мести. Но все остальные, они-то, в чём виноваты? Они же тебе ничего плохого не сделали?!

— А я терпеть не могу лжи. Никакой. И когда вижу эти поцелуйчики, да сальные глазки.... Нет любви, ясно? Всё — только жалкие её копии! Призраки! Никто, никто меня не послал! Никто не удержался! Сразу же своих любименьких позабывали! Так чего стоит такая любовь? Проверяла я, ясно?

— Да кто тебя просил проверять-то? Кому от твоих проверок стало лучше?

— Мне! Иллюзий больше нет! Насквозь всех вас вижу! И... блевать хочется!

На этот раз из комнаты вышла, хлопнув дверью, Тайви. А на следующий день Ирка, вконец измочаленная полученными потрясениями, улетела домой. Бросив зачётную неделю, наступающую сессию и... Таю.

А я из всей этой сцены помню только одно, да и то очень и очень смутно — что Ирка улетела домой, в Узбекистан, накануне Нового года. Я просто удивилась, что она улетела так далеко, несмотря на надвигающуюся сессию.

Волжанова

В комнату зашла девушка. В её узком, тонком лице, прежде всего обращали на себя внимание её глаза — серьёзные и очень, не по годам, умные и холодные. Удивляла и вызывала невольное уважение и манера держаться: достоинство и уверенность. Нет, не показные, а именно органичные, присущие человеку, точно знающему себе цену и искренне верящему в себя.

— Привет. Всё за шахматами? А чего пропала? В курилку не заходишь. Даже "Трёх мушкетёров" и Пастернака не вернула.

— Ленк, оставь мне ещё Пастернака, а? Дюма можешь забрать, а...

— Да чё ты так испугалась?! Аж задрожала вся! Да держи ты его у себя сколько хочешь! Мне он не нужен. И перестань меня обнимать! Не люблю я эти телячьи нежности! Знаешь, ведь! И чё ты так приклеилась к этому Пастернаку?

— Я с ним Новый год буду встречать!

Лена внимательно посмотрела на свою подругу. А потом сказала:

— Или ты рехнулась, или у тебя температура. Бросила бы ты пялить глаза по 24 часа в сутки в эти 64 клетки, — и она кивнула головой в сторону раскрытой шахматной доски. — А то опасения стала вызывать. За твой рассудок.

Встречу того Нового года я помню хорошо. Всё, до мельчайших подробностей, до таких, что даже чувствую еле уловимый, зимний запах той гвоздики. Я накрыла стол... ну, образно говоря, так как, кроме приготовленной бутылки шампанского, красивого хрустального бокала (убей не помню, где я его достала), огромной красной гвоздики, красовавшейся в бутылке из-под молока, и томика его любимого поэта, ничего другого на столе не было, вышла в спальню, села на кровать и взяла в руки гитару. Перебирая её струны, тихо пела. И слышала новогоднюю какофонию звуков, доносящихся из-за запертой на ключ входной двери — звуки мира, с которым я не хотела иметь ничего общего. Помню, как часто стучались в мою крепость, как громко звали меня по имени, как настырно дёргали ручку двери, пытаясь ворваться...

Но мне было хорошо. Впервые за столько месяцев я была с ним. Думала о нём, вспоминала его "рядом", мечтала о его ласке. И ничто внутри больше не жгло и не стягивало жгутом. Просто он был в другой комнате, сразу за занавеской, и надо было только дождаться боя курантов, чтобы вновь захлебнуться его теплом. Я поглядывала на часы и мирно ждала этой встречи, зная наверняка, что она наступит, как бы ни ленились стрелки. Да, я не сомневалась, что он — там и тоже ждёт боя курантов.

Стрелки двигались неохотно. Но я их не торопила. Хотелось продлить уже давно позабытую радость ожидания жизни. И по мере их неуклонного приближения к заветному моменту, усиливалось сладостное волнение, наполняя глаза влагой. А сердце — счастьем.

Наконец, обе подошли вплотную к волшебному часу. Я встала и тихо-тихо раздвинув занавески, вышла в прихожую. А там, равнодушный, не умилостивившийся стол ждал только меня...

Секунду я приходила в себя. Потом села, открыла шампанское и, под звуки курантов, всё ещё ожидая чуда, до краёв наполнила бокал. Дождалась последних ударов и, продолжая молить Вселенную свершить невозможное, закрыла глаза и залпом его опорожнила. Но когда чуть разлепила ресницы, на малюсенькую щёлочку, увидела лишь зияющую обречённость в облике голого стула...

Я взяла в руки гвоздику, положила её на томик Пастернака, налила себе второй бокал и сказала:

— С Новым годом.

Выпила.

И только тогда жахнуло болью...

Но я не плакала, не стонала, не роптала. Просто согнулась пополам...

А за дверью плескался смех, счастливые выкрики поздравлений с Новым годом сопровождались беготнёй и выстрелами хлопушек, разная, но весёлая музыка заглушалась буйством гитар и всё это сливалось в один сплошной похоронный плач...

И всё. Память снова отключилась.

Он

За праздничным, богато и вкусно накрытым столом сидели Толик, его жена Маша, их сын Витька, Валерий с женой Тамарой, их дети — Светлана и Ярослав, родная сестра Тамары Марина, её муж Василий и их уже взрослый, двадцатичетырехлетний сын Аркадий. Возле стены, противоположной пылающему жарким огнём камину, красовалась пышно убранная ёлка, горящая десятками цветных стеклянных свечей, и их свет переливался на витиеватых гирляндах, таких же весёлых и ярко блестящих. Во всю горланил телевизор, и за столом было шумно и радостно.

До Нового года оставалось минут двадцать. Все уже были тёпленькими — следствие долгих и многократных проводов Старого года, и с нетерпением ждали, когда же, наконец, прозвучат кремлёвские куранты.

— Это уже в который раз мы встречаем Новый год вместе? — спросила Марина. — Давайте-ка я подсчитаю...

— Не считай. С тех пор, как Толик с Машей поженились. Они эту дачу купили на следующий год после свадьбы, а женаты они... — начал было Василий.

— Да уж скоро 19 лет будет, — перебила его Маша.

— Точно! Так что, восемнадцатый раз. Только Валерка ещё не был женат. Ты ведь после Толика, недолго задержался в холостяках?

— Недолго. В этом мае мы уже 16 лет отпраздновали, — посмотрев на мужа, ответила Тамара.

— Да.... Как бежит время! Мы вот, тоже уже 25 лет вместе, — сказал Василий.

— Слышали, молодые? Вот как надо жениться, да замуж выходить. Чтоб на всю жизнь! Поняли? — Толик был уже не тёпленьким, а горяченьким. А когда он бывал горяченьким, очень любил поучать молодёжь.

Ударили куранты, и все шумно поднялись. Разлив по бокалам шампанское, начали вслух считать удары, ожидая последнего, двенадцатого, чтобы опустошить их до дна и поздравить друг друга с наступившим Новым годом.

Почему мы так радуемся этому празднику? В сущности, он лишь приближает нас к нашей роковой минуте. А мы радуемся. Может потому, что с последним ударом курантов нам кажется, что перевёртывается старая, истёртая страница, изношенная неудачами, разочарованиями и потерями, а новая, едва перед нами раскрытая, всегда будет белой и чистой, благоухающей молодой, нетронутой Надеждой?

— Ура! — закричали все.

И звон бокалов заглушил даже телевизор, а объятия и поцелуи завершили момент прихода Нового года. В поднявшейся суматохе только Анатолий заметил, как Валерий снова наполнил свой бокал и, ни слова не говоря, вышел из комнаты.

На улице господствовал мороз и удивительный покой. Перепад между душной, жарко натопленной комнатой и застывшей в безмолвии природой был резким и неожиданным. Валерий замер на несколько секунд, шумно вдыхая крепкий, бодрящий воздух. Постепенно успокаивались нервы и расслаблялись уставшие мышцы лица. Потом отошёл от двери, свернул в сад и почти сразу же утонул в снегу.

— С Новым годом, — прошептал он и посмотрел на чёрное, без единой звёздочки немое небо.

Потом залпом опорожнил бокал. И его догнал Толик. На свежем, морозном воздухе он заметно протрезвел:

— В одиночку пьёшь? А я? И вообще, чего перестал заходить? Друг ты нам, или не друг? Машку обижаешь, боится, что обиделся на нас за что-то. Чего пропал?

— Да ничего, Толик. Всё в порядке. Просто работы у меня много. Устаю. Пойдем-ка лучше в дом, а то простынешь.

Он обнял друга за плечи и они вместе вернулись в дом.

27

В начале января, в понедельник (день недели мне стал известен потом), я шла по внутреннему двору института. Куда и зачем — не помню. Но зато хорошо помню дальнейшее: вдруг, совершенно вдруг!, качнулась земля, и...

Когда открылись глаза, первое, что они увидели, был чистый белый потолок, а первое, что услышали уши, был мужской, добродушный голос:

— Очнулась? Вот и хорошо. Ну и напугала ты всех! Шумихи наделала, страсть! "Скорую помощь" вызывали, начальству доложили. А она, оказывается, на диете сидит.

Помню, как поразили меня его слова. Никак не могла понять, о какой такой диете он говорит. Но сообразила, что я лежу на кровати в нашем институтском медпункте, что в вену мне вливалось что-то по каплям, и что говорящий со мной мужчина — врач.

— Какая диета?

—Самая идиотская! Такая, что доводит до голодных обмороков. Ты когда последний раз ела? Ну-ка?

Всё, что он говорил просто поражало. Ничего не понимая, я всё-таки попыталась ответить, но вынужденно сдалась.

— Так вот, милая девочка. Диета, стройная фигура, это, конечно, очень хорошо. Но только, не до голодных обмороков. Ясно?

Кристально! И безразлично-скучно.

— А теперь лежи. Вкачаем в тебя глюкозу и отпустим. Но чтобы дома сразу же поела! Чего-нибудь лёгонького. Ну, супчик там, или кашку. Договорились?

Я кивнула, желая только одного — чтобы меня оставили в покое. Очень хотелось спать. И когда врач ушёл, я мгновенно заснула. А когда проснулась, рука моя была уже свободна, без капельницы.

Я встала. Но тут же села — сильно закружилась голова. Равнодушно подумала, как нелегко мне будет добраться до дома. Неторопясь оделась, поблагодарила дежурную медсестру и вышла на улицу.

Как же было холодно! Я закрыла рот шарфом, нагнула голову, как бык, идущий на штурм красного платка, и поплелась против ледяного ветра. Но идти было трудно. Я задыхалась, кружилась голова, и всё время не покидал страх падения. Поэтому шла рядом со стенами домов: за них можно было подержаться, если бы качнуло сильнее.

До общаги добралась без приключений, хоть и промёрзла до костей. Но подниматься на шестой этаж оказалось ещё мучительнее, чем просто идти по улице. Приходилось останавливаться после каждого пролёта, чтобы перевести дыхание.

Войдя в комнату, я разделась и сразу же легла в кровать. Поесть? Только от одной этой мысли меня потянуло на рвоту. Хотелось спать, спать и никого больше не видеть и не слышать. После недолгой борьбы мозг сдался, и я блаженно расслабилась.

Никакая сила не смогла бы меня больше поднять.

Он

Валерий лежал на диване и смотрел телевизор. Но зрачки его не двигались. Как и лицо, не выражавшее ничего, кроме изнуряющей, непроходящей тоски. Валерий даже не пошевелился, когда в очередной раз зазвонил телефон.

Комната, где он находился, как бы точно соответствовала его лицу — была такой же голой и нежилой. Чувствовалось, что она давно уже необитаема. Странно, но это сразу и безошибочно понимается, едва попадаешь в такое жильё. Но мебель и вся обстановка комнаты, были богатыми и красивыми. Особенно восхищал книжный шкаф, снизу доверху забитый истинами жизни.

Спальня, в которую вела открытая дверь, была такой же просторной и голо-роскошной. А огромные, персидские ковры только подчёркивали это разительное несоответствие — квартира дышала уютом, покрытым изморозью…

Звонок в дверь, требовательный до нахальства, заставил его вздрогнуть. Он подошёл к двери, задержался, как бы взвешивая, открывать или нет, и наконец, решительно отодвинув язычок английского замка, распахнул её.

— Толька, ну зачем ты сюда пришёл?, -- спросил он тоном человека, которому вовсе никого не хотелось видеть.

— Где она?, -- а Толик спосил тоном человека, который еле сдерживался, чтобы не взорваться.

По лицу Валерия прошла волна удивления. И чего-то ещё, очень похожего на изношенное терпение:

— Здесь никого нет.

— Дашь пройти?, — но тон гостя не изменился.

Валерий колебался. Неучтиво стоял в дверях и неприязненно смотрел на Анатолия. Но посторонился, как бы мысленно махнув рукой, и непрошеный гость ворвался в квартиру.

Он обегал её всю, заглянув даже в ванную. И лишь тогда упал в кресло. За это время Валерий успел закрыть дверь и снова лечь на диван. В наступившей тишине слышалось только тяжелое дыхание Анатолия.

— Где она? — недобро спросил он.

— Её здесь нет. И никогда не было — бесцветно ответил Валерий.

Опять молчание.

— Тогда почему не ночуешь дома? — и взрыв. — Два месяца!!

— Это моё дело.

— Нет! Не твоё! У тебя семья есть! Томка сегодня всё Машке рассказала, рыдала в трубку! После Нового года ты вообще дома не появлялся! Если у тебя с этой... с этой стервой...

— Не смей.

Валерий уже стоял, чуть пригнувшись, готовый сорваться в прыжок. Эти два слова не были криком, нет. Голос напоминал предупреждающий звериный всхрип...

И Анатолий замолчал. Мгновенно, будто его выключили. Неподдельный испуг появился в его глазах. И они в упор, не отрываясь, смотрели на Валерия...

— Ну, ладно... Всё... не буду... погорячился. Прости. Но... Ты тоже меня пойми. Томка, ну, просто с ума сходит. И... и... знаешь, что мне Машка сейчас сказала, сразу после разговора с Томкой?, -- пауза, а затем снова крик, -- Что она тоже тебя любила!

Но только лёгкое движение бровей стало ответом Валерия.

— Да! И что она вышла за меня только потому, что не хотела оказаться на месте Тамары! Всегда знала, что так будет. Всегда! Потому что понимала, что она -- не принцесса. А ты принцессу искал, всегда, сколько тебя помню. Я чуть с ума не сошёл от всего этого! Машка так плакала, так плакала, что я... я просто озверел. Ты... ты конечно здесь ни при чём, я всё понимаю, но...

— Не так. Маша любит тебя. Может, раньше так было. А теперь — нет.

— Да? Ты уверен в этом? Она тоже мне так сказала. И что счастлива со мной. И... что рада, что открыла мне свою последнюю тайну. Давила она её. Всю жизнь давила. Вот.

— Я рад за вас. Всегда знал, что вы счастливая пара. И... завидовал вам.

— Да? Правда?

— Правда.

Анатолий глубоко вздохнул, расслабляясь и сшивая разорванные нервы.

— Ты мне только одно скажи. Правду. Ты... ты знал об этом?

— Толька, брось ворошить прошлое. Зачем?

— Я хочу знать! И... крест поставим на всей этой истории. Слово!

— Знал. И догадывался, и она сама мне об этом сказала.

— Сама? А ты?

— Ответил, что скорее себе перережу горло, чем другу.

— Да. Я тоже... А она тебе нравилась?

— Нет. И я сказал ей об этом. Один раз мы об этом говорили. Только один. Всё.

— Когда?

— Лет десять назад. Не помню точно. И хватит об этом. Дал слово.

— Хорошо. Да. Не буду.

Они опять замолчали. Телевизор продолжал требовать к себе внимание, но все его усилия были напрасны. Толик заговорил первым.

— Ты... Ты совсем ушёл из семьи? Или... в общем...

— Нет. Никуда я не уходил. И не собираюсь уходить. Просто захотелось побыть одному. Пройдёт, — и, с заминкой, — наверно.

— Подожди. Хочешь сказать, что всё это из-за неё? Из-за... — но поймав на себе насторожившийся взгляд Валерия, неуверенно закончил, — ...той девчонки?

Но Валерий не ответил. И тогда Анатолий снова вскипел:

— Скажи мне правду! Только правду! Ты... ты был с ней? Ну, с того нашего разговора? Был?

— Правду хочешь? — голос Валерия зазвенел злостью.

— Да! Хочу! Нет, требую!

— Тогда получай её, если так хочешь! Я ни разу, — ни разу! — не видел её за все эти три месяца! Не только не видел, даже по телефону не поговорил! Ясно теперь?

На лице Анатолия по очереди промелькнули целая волна чувств. Сначала это было неописуемое изумление, граничащее с шоком. Потом появился ужас. А он, в свою очередь, сменился растерянностью и полнейшим недоумением.

— Как это? Как... а... тогда... подожди. Нет! Я ничего не понимаю. Тебя не понимаю! Так ты из-за этого? Из-за этого? Но... подожди, Валерка! Ты же взрослый мужик! Ты же должен был это понимать! Ну говорила же тебе Машка, и я говорил! Она же молодая! Юная! Слишком юная! Конечно, нашла себе другого! И...

Валерий медленно поднял руку, останавливая друга. И голосом, втугую перетянутым болью, выкорчевал из себя:

— Ей сегодня скорую вызывали. Прямо в институте. Шла и упала. Голодный обморок.

Лучше бы он кричал. От этих тихих, исторгнутых откуда-то из пустоты слов, Анатолий буквально взлетел с кресла.

— Что?! О, господи! О, господи. Да что же это такое, а? Да что же это такое?!

И он пружинно-нервно завертелся по комнате, не останавливаясь, молча, теребя руками свою бедную, почти лысую, голову.

Вдруг, он резко остановился. Посмотрел на Валерия странным, будто только сейчас прозревшим взглядом и заговорил. Тоже тихо и... мёртво:

— Ну... значит, судьба ваша такая... Болваны мы. И я, и Маша. Нет, все трое. А ты — особенно. Послушал нас. А собственное сердце — нет. Никого и никогда больше не слушай. Только своё сердце. Не обманет. Никогда не обманет. И... иди к ней... Спасай. И её, и себя. Да. А там... Там видно будет. Бог милостив, может, и помилует.

Несколько секунд Валерий не двигался. Потом крепко обнял друга и сказал:

— Спасибо. Точно ты сказал. Болван я... если... если вообще не подонок.

И стал быстро переодеваться.

— Ты куда? Ведь уже почти полночь! И потом... тебе же нельзя туда!

— Не беспокойся. Я ещё не совсем сошёл с ума.

Я проснулась до свету. Сразу почувствовала жажду, но вставать было невмоготу. Какое-то время тело боролось с психикой, но очень скоро победила последняя. И я не поднялась. А пить расхотелось. Краем сознания промелькнуло напоминание о сессии. Но на слабый писк совести, что надо бы к ней готовиться, я просто перевернулась на другой бок. Совершенно не представляла себе не только как буду сдавать надвигающуюся сессию, но даже как поднимусь с кровати. Одна мысль об этом доставляла такую муку, что она тут же отбрасывалась.

И ещё. Я не думала о нём. Вообще! А точнее, вообще ни о чём не думала.

До сих пор не знаю, что со мной тогда происходило. Я словно тихо погасала, как свеча, у которой уже выгорел весь воск. И не забывай, -- я была одна-одинёшенька. Если бы хоть Ирка была рядом, хоть одна живая душа! Но вокруг истошным голосом орала пустота и безудержу глушила остатки сознания и рассудка. И убивала все абсолютно желания.

Каждая душа имеет свой предел прочности. Я не имела ещё ни опыта, ни осторожности. И переступила черту. Красную черту...

И вновь приятное забытьё сна. Но его нарушили громким, уверенным стуком в дверь. Открыть — означало встать. И я не открыла. И те, или тот, или та, что стучали, вскоре ушли и оставили меня в покое.

К обеду встать, всё-таки, пришлось — захотелось в туалет. Заметив, что спала в одежде, обрадовалась этому, ибо не пришлось тратить силы на одевание.

Я сходила в туалет, очень осторожно, так как голова не баловала устойчивостью. А когда взялась за ручку двери, чтобы вернуться в комнату, заметила небольшой клочёк бумаги, валявшейся под дверью.

Нет, в первый момент, даже подозрения не появилось, что этот клочёк зеленоватой телеграммной бумаги возвращал мне жизнь. Я только слегка удивилась и взволновалась.

Зайдя домой, я развернула телеграмму и прочла её. Ещё раз, ещё... И прислонившись спиной к стене, медленно сползла на пол. А через минуту, когда весь смысл этих простых, коротких слов окончательно и полностью дошёл до сознания, я безутешно, исступлённо расплакалась. Счастье ведь тоже бьёт, и иногда ничуть не слабее, чем горе.

Там было только три слова: "Иди сюда жду".

Едва заработало сознание, первым делом от него поступил приказ осведомиться о времени — только половина второго. Тогда оно успокоилось и подняло меня с пола. Я взяла пакетик сухого супового концентрата, кастрюлю и пошла на кухню. Там набрала в неё воды и поставила на огонь. И села на стул ждать. Мысли отсутствовали. Точнее, я думала только о еде, о том, что мне надо было обязательно поесть.

Суп сварился. Я вернулась домой, налила себе полтарелки и честно всё сжевала. Впрочем, жевать было нечего. Поэтому мы, студенты, такие супы называли "змеиными". Но появилось чувство, будто я съела целого быка. А потом я долго лежала на кровати, не двигаясь и ни о чём не думая — просто превратилась в ожидание.

Часы показали пять. Я оделась и пошла к метро. А попав под обстрел мёртвого, рвущего из тебя всё живое, ветра, прочувствовала, наконец, что шла к нему. Всей своей сущностью...

И побежала. Задыхаясь и спотыкаясь, исхлестав горло воздухом, как льдом. И даже не удивлялась, откуда у меня появилось столько сил.

Но ворвавшись в метро, я притормозила. Лишь на мгновение, только на одно мгновение, чтобы забросить пятачёк в узкий паз и пройти через пропускной автомат...

Не было сомнений, что он меня ждёт, что он уже стоит и ждёт меня на нашем месте. Откуда, как, почему появилась такая уверенность? Не знаю. Но она была, эта уверенность, и я бежала вниз по эскалатору, как сумасшедшая, расталкивая всех и вся, и рискуя поскользнуться на нетвёрдых и дрожащих от слабости ногах. Только в поезде я немного отдышалась. Но когда он доехал и двери открылись, я опять погнала.

А вот вверх по эскалатору... И тогда я стала мысленно ускорять ползучую червяком лестницу: "Быстрее, быстрее!" И снова побежала. Ни о чём мне тогда не думалось, ни одной мысли в голове не было! Только одно меня гнало вперёд, только одно — он ждёт. Он меня ждёт!

И... влетела в его объятия. Он поймал меня сразу, сходу, взявшись неизвестно откуда и как. И едва мой лоб уткнулся в его грудь, я забилась в истерике, в застоявшейся, вызревшей и давно уже гниющей во мне истерике...

— Не делай мне больше больно... никогда не делай мне больше так больно.. я умоляю тебя, пожалуйста, не делай мне больше больно...

Не делай мне больно, не делай, хоть ты!
Весь мир только этим и занят! Кресты

272

В лукошке лежат, а пошла по грибы!

В лесу мы с тобою, в дремучем лесу,
Отогнутой веткой здесь бьют по лицу!
И птиц здесь не слышно, и небо во мгле,
Лишь сердце твоё мне свечою во тьме!

Не делай мне больно, не делай, молю!
Глазами оленя у своры в кругу,
Былинкой, что бьётся под камнем на свет,
Оборванной песней — певца уже нет!

Листком одиноким, молю — пожалей!
На землю летит он под лапы зверей.
Слезами живыми из мёртвых глазниц,
Полями пустыми — тоской без границ!

С отчаяньем птицы, попавшей в силки,
Я взмою над болью, над тиной тоски,
Когда же истлею в пустой вышине,
Та боль бумерангом вернётся к тебе!

Я заклинала его, стоя душой на коленях. А он, сжимая меня в объятиях, запинаясь и захлёбываясь волнением, исступлённо шептал в моё полуоглохшее ухо, повторяя и повторяя одно и то же:

— Прости, прости меня... никогда, никогда я не сделаю тебе больше больно. Всё теперь будет по-другому, всё будет так, как захочешь ты. Как захочешь ты... Прости...

Первое извержение начало иссякать. Он мягко приподнял мою голову, посмотрел в мои глаза и ещё раз повторил:

— Да. Теперь всё будет так, как захочешь ты. Поняла?

Я кивнула, но ничего не поняла. Смысл его слов до сознания не дошёл. Да я и не старалась их понять. Всё, что мне было нужно, я уже получила — его.

— Ты ела?

Радость, что могу ответить:

— Да.

— Что? И когда?

— Змеиный супчик. В обед.

Он странно посмотрел на меня, но потом улыбнулся:

— Суп из концентратов. Так. Хочешь в тот самый ресторанчик?

— К Зиночке? — первая улыбка., -- Но... мне не хочется есть, — и я почувствовала себя виноватой.

Он помолчал и вдруг спросил:

— А если ужин приготовлю я? Доверяешь?

Даже если бы он приготовил отраву, я бы с удовольствием её съела. Он обнял меня за плечи, и мы вышли из здания вокзала.

— Стой здесь и не шевелись.

Какой музыкой прозвучал этот приказ!

Но даже сидя на заднем сидении такси, я так и не смогла осознать до конца, что он — рядом. И чтобы убедиться, что это — не сон, я протянула руку и дотронулась до его плеча. Он повернулся и тихо успокоил:

— Я здесь.

И где-то внутри, глубинно-глубоко внутри, стало теплеть и оттаивать. Но медленно, слишком медленно. Как толстая глыба снега, преремешанная с грязью и галькой...

Доехали, и я узнала ту самую, нашу дачу. Такой радостью от неё повеяло, такой жизнью! До осязаемой уверенности, что всё это было не со мной, а с кем-то другим, в его чистом и безоблачном детстве.

В доме ничего не изменилось, только было удивительно тепло.

— Вчера здесь были хозяева, -- объяснил он, -- И ещё не успело остыть. Сейчас разожгу камин и приготовлю ужин. А ты отдыхай.

— Я хочу тебе помогать.

— Учитывая, что с сегодняшнего дня командуешь ты... — он улыбнулся. — А что ты хочешь на ужин?

Ответ был естественным:

— Жареную картошку!

Он занялся камином, а я прошла на кухню. Порыскав в ящиках, нашла картошку. Свалила её в раковину, пустила воду тоненькой струйкой и стала её чистить. Но... не смогла. Вернулась в зал, остановилась на пороге и, глядя на него, стала ждать, когда отпустит.

Он сидел на корточках перед уже готовым камином и поджигал дрова. Обернулся, секунду всматривался в мои глаза, а затем опять повторил:

— Я здесь.

— Да, — и я вернулась на кухню.

Но не отпускало. Я чистила картошку и напрягала все остатки моего разорванного самообладания, чтобы не вернуться к нему бегом.

Наконец, он подошёл. Молча взял сковородку, налил в неё подсолнечного масла, поставил на огонь, взял нож и начал резать картошку прямо в неё. Масло шипело и плевалось, а у меня визжало в ушах от натянутых до предела нервов. Я старалась, я всеми силами старалась не сорваться, не броситься к нему, не заорать во всю глотку умирающей от жажды, что люблю его, что так люблю, как только может любить воду выросший в пустыне цветок!

Да, Ленка, именно тогда, совершенно не отдавая себе в том отчёта, я сделала первую попытку от него оторваться. Но, победив собственное сердце, превратилась в выжатую, полумёртвую тень самой себя.

И первыми сдали ноги:

— Я пойду полежу, ладно?

И направилась вон из кухни.

Не знаю, до сих пор даже представить себе не могу, как сложилась бы моя дальнейшая судьба (да и как долга она была бы!), если бы он тогда не понял, не прочувствовал меня до самых закоулков моей души!

Он преградил мне дорогу.

— Я потерял твоё доверие?

Я растерялась. Но, как всегда, не переспросила. Только долго смотрела в пол и пыталась понять его вопрос. И поняла.

— Я... я просто не хочу... Не могу больше так мучиться... Я стала бояться вас. Люблю вас... но... нет. Мне... мне страшно, мне так страшно...

— Ты стала от меня защищаться... И стала говорить мне "Вы".

— Да.

— Мои плечи не оказались такими сильными, как ты думала?

Я подняла голову и посмотрела ему в глаза. И такой лазуревой волной любви, вины и неизречённой тоски меня обдало, что как из только что пробитой скважины, вырвался из груди стон, смешанный с любовью и ужасом пережитого...

— Я не могу больше так!

— Иди сюда.

И завыла разочарованием разрытая для нас могила — про неё забыли. Мы, живые, горячие, вновь запылавшие пламенем надежды, вливали проливным дождём поцелуев свежую, алую кровь любви в пересохшие вены, и руками выдавливали из наших тел смертельный гной неверия...

А на плите возмущалась забытая картошка и, потеряв терпение, пошла в носовую, газовую атаку.

— Подожди, подожди...

Он решительно отстранился. Глядя на меня кипящей синевой, и чуть давясь словами, объяснил:

— Картошка сгорит. А тебе надо обязательно, обязательно поесть.

Мне трудно было вернуться в действительность, а тем более к желудку.

— Не хочу картошку.... Вас хочу....

— Нет, — он уже смог улыбнуться. — Сначала поешь.

И отошёл к плите. Мешал, отдирая ото дна сковородки пригоревший ужин. А я стояла, не в силах пошевелиться. Смотрела на его родную, так мне необходимую спину, и вдруг подумала, что она и есть моя гавань.

— Чуть не сожгли. Но есть ещё можно. И даже неплохо пахнет. Садись, а я обслужу, — и мягко, но настойчиво, приказал глазами подчиниться.

Я села. Он быстро накрыл на стол, навалил в тарелки картошки, достал баночку грибов, нарезал хлеб, налил воды в стаканы, сел напротив и пожелал приятного аппетита.

— Взаимно, — ответила я, но абсолютно не представляла, как же я сейчас хоть что-нибудь буду есть.

Но он ждал, и по его взгляду было ясно, что мне не отвертеться. Тогда я взяла вилку и, к моему неописуемому удивлению, всё съела! Даже грибы. Даже хлеб! Вот уж поистине, аппетит приходит во время еды! И сразу опьянела, как волк из того мультика. Но под стол не полезла и петь не стала. А он был просто счастлив.

— Вот видишь! А то: "не хочу, не буду!" Отлично. Теперь можешь завалиться на диван, а я пока уберу.

Я благодарно посмотрела на него осоловелыми глазами, тяжело поднялась со стула, дотащилась до комнаты и свалилась на диван. Потом закрыла глаза и попыталась расслабиться.

Было слышно, как отзывалась посуда на прикосновения его рук, как умиротворённо похрюкивал сытостью огонь в камине, как шабашила за окном зима. Но пружина души не раскручивалась, только слабо поскрипывала, не подавая даже намёка на первый шаг к расслаблению. Не отпускало...

Вдруг, ясно, до реальности, зазвучал в ушах его голос, тот, который бросил меня навзничь, без всякой защиты, прямо в шипастые объятия одиночества. И снова исчезал мир, снова ужас пустоты истязал душу и снова вымирали все чувства и желания...

И тогда яркой вспышкой пришло прозрение — второго такого падения, второго подобного удара, мне уже не выдержать. Более того, даже одного, самого лёгонького толчка, если бы он произошёл от его руки или... жалости, мне с лихвой бы хватило, чтобы никогда уже больше не подняться.

И заработал рассудок. Он властно затребовал подушку, пусть маленькую, пусть размером с горошину, но первую подушечку от него. И стал побеждать — появилась трещина, та, которая зачеркнула бы нашу волну наложения в самом зародыше и проложила бы дорогу к беспросветной тьме — потере друг друга. То есть, к отречению. Но я не знала тогда, не понимала, что это отречение было бы не от него. Нет! От себя!

Ленка, я помнила нашу беседу. Всё помнила! Но не сомневалась, что его уход, а точнее, попытка ухода, далась ему легко и незаметно. Или почти. Так сказать, был не более, чем красивым и благородным порывом, которым он перевернул страницу и вернулся к своей нормальной и привычной жизни. Даже сейчас мы были вместе только потому, и в этом не было сомнений, что он опять меня пожалел.

Эта уверенность жгла унижением и наполняла обидой. Я лежала пластом на диване и усиленно выдавливала из себя всё, что было мной, даже не подозревая об этом. Лена, ведь мне не было ещё известно о том, о чём уже знаешь ты: чего на самом деле ему стоило остаться без меня.

Шаги. Замерли на несколько секунд на пороге. Мои глаза остались закрытыми, а лицо и тело — окаменевшими. Опять шаги. Послышалось довольное урчание подкормленного пламени и вновь — тишина. На целую вечность. Потом зазвучал голос, но больше не его голос, полувопросом — полуутверждением:

— Я отвезу тебя домой.

И не только сердце, но и рассудок взвыли, как от удара отточенного клинка...

— Нет!.... Нет... нет...

Он молча смотрел мне в глаза, не мигая, тяжёлым, налитым свинцом взглядом. Никогда ни до, ни после я не видела у него таких глаз — жёсткое остриё стали. И ужас потерять его начисто разметал, размозжил в ничто и мою волю, и сознание, и разум. И только что взлелеянную подушку. Меня затрясло и странно зазвенело в ушах. Потом всё поплыло, размазалось и исчезло. Всё, что его окружало. А он продолжал стоять, не двигаясь, обдавая меня холодом, не отводя глаза, готовый мгновенно всё зачеркнуть. И я знала, что теперь это уже было бы навсегда. По моему на то желанию!

И я, разбившись об эту ледяную стену его воли, раздавленная и уничтоженная, ставшая лишь агонизирующей оболочкой той, которую он полюбил, забилась в полубреду, почти в беспамятстве, умоляя и заклиная его о пощаде...

— Не надо... не надо.... не надо....

Я признала поражение и остановила часы. И никогда больше не бросала вызов его воле. А он никогда больше не показывал свою силу. Никогда. В этом не было больше нужды...

Миг — и его губы уже залечивали рану, только что им нанесённую. Рану хирурга, которую он должен был нанести. Чтобы я смогла жить дальше.

— Прости. Прости ещё раз. Последний. Я сделал тебе больно. Знаю. Но так надо было. Иначе ты перестала бы быть самой собой -- перестала бы жить.

Я растворялась в его объятиях и чувствовала, как отступает и испаряется страх, и вновь чистой прозрачностью начинает блестеть моё озеро. А та пружина, что никак не хотела распрямляться, легко поддалась его бирюзовому теплу, и мотыльком зареагировала на самое малейшее дуновение наших сердец.

И произошло чудо. Слова вырвались из меня сами, без предбанника, прямо из сердца:

— Я люблю тебя.

Он замер, закрыв глаза, потом открыл их и сказал:

— Помнишь одну старую песню? Там есть такие строчки: "Какие старые слова, а как кружится голова, а как кружится голова..." Помнишь? Так вот. Я нкогда не верил, что голова может действительно кружиться. Думал, что это — просто поэзия. А вот сейчас... От твоего "ты" у меня голова пошла кругом, как у мальчишки.

Я уже смогла даже улыбнуться:

— От "ты", а не от того, что стоит с ним рядом?

— То, что стоит с ним рядом, раньше стояло с чужим Вы.

— Больше не будет...

Продолжая сжимать меня сильными руками, близко-близко наклонившись, почти касаясь губ и не отрываясь от моих глаз, он тихо произнёс:

— Какой же я болван... если не хуже.

На мой вопросительный взгляд, ответил:

— Я должен тебе всё рассказать. Как на исповеди. Потому что, если не поймёшь меня, никогда не сможешь простить.

Он лёг рядом и отрезанным голосом рассказал всё, что ты уже знаешь. А я молча слушала, и всё больше и больше ненавидела Толика и его Машу. И проклинала их дружбу. Такую дружбу.

И... всё больше и глубже вростала в него, каждой клеточкой моей сущности. Но уже не сопротивлялась этому, не боролась и не пугалась, а принимала, как свою, нет, как нашу судьбу.

Но... где-то очень глубоко, пока недосягаемо далеко от разума, появилось и что-то новое, то, чего раньше не было. Я попыталась ухватить его и выдернуть на поверхность, чтобы рассмотреть и понять, что оно из себя представляло, но не смогла. Ускользало и не давалось в руки. И, как всегда в таких случаях, прекратила всяческие попытки — не созрело. Да, только позже я поняла, что это было, это новое, появившееся во мне. А тогда только слушала, вновь переживая весь ужас, которым заплатила за его неверие в собственное сердце.

— Когда ты там, на вокзале, просила меня не делать тебе больше больно, я впервые в своей жизни почувствовал себя самым настоящим, полноценным, без каких-либо смягчений, подонком... Не дай бог мне ещё хоть раз это испытать.

Он замолчал. А я лежала, переваривая услышанное, и всё чётче чувствовала, как растёт во мне это что-то, чего я никак не могла понять. И всё больше, до головокружения, хотела его, буквально умирая от жажды. Моим родником был он.

— И ты стала от меня защищаться. Но ценой себя. И я должен был остановить это самоубийство. Ты выжигала в себе всё, чем ты есть. Вот почему я только что опять сделал тебе больно. Ты понимаешь меня?

— Да. Теперь да. Я выковыривала из себя мои глаза египетских цариц.

Он приподнялся и удивлённо посмотрел на меня.

— Откуда это?

— От моей Ленки. И ещё она сказала, что поэтому, вернее, за них, вернее... в общем, — и я окончательно запуталась. Говорить о его чувствах у меня не хватило духу.

Некоторое время он смотрел мне в глаза, но уже каким-то другим, странным взглядом, будто впервые меня видел. А потом воскликнул:

— Да она же просто золото, твоя Ленка! Какое же у неё должно быть сердце, чтобы так чувствовать?! А я? Я просто болван, самый настоящий болван. Всё пытался найти ответ и не находил. А он был рядом, совсем рядом! Твои глаза! Она права! Она тысячу раз права. Сохрани их, слышишь? Любой ценой сохрани свои глаза египетских цариц!

— Она тоже просила меня об этом. Но я... я отдала их тебе. И... без тебя они... они слепнут. И...

Горло свело судорогой. И я с трудом протащила через него последнее:

— Я хочу заснуть с тобой. Не гони меня больше.

Долгий, прямой взгляд и ответ:

— Хорошо.

— Сейчас.

— Хорошо.

Его взгляд гулял по моей душе:

— Всё будет так, как захочешь ты.

Я встала и, шатаясь от только что пережитого и от опьяняющего волнения обещанной близости, медленно прошла в ванную.

Да, я ждала, я неистово ждала этой близости. Задыхалась без неё! Но... не той близости. О той мыслей не было. Меня просто сжигала жажда, а живым родником, повторяю, был он. И я хотела напиться им, впитать в себя всё его тепло, всю его силу, чтобы вдоволь напоить им каждый истёртый нерв моего полумёртвого тела. Лишь тогда могло произойти моё полное воссоединение с собой. А я не могла больше жить без себя!

Под горячим душем стало легче и чище. А моё озеро напоминало цветущий белый одуванчик.

Когда, завернувшись в полотенце, я зашла в спальню, там никого не было. Слабо горел ночник, а кровать белела снегом. Я юркнула под одеяло и, замирая от каждого шороха, слушала его шаги в зале, возню в камине. Потом щелкнул выключатель и послышался весёлый шум душа.

Тело нежилось в постели, а глаза безотрывно смотрели на дверь. Ожидание сбивало дыхание, а сердце пыталось выскочить из клетки. Но всё равно, она открылась совершенно неожиданно, и я опять защитилась ресницами от сладкого удара.

Да, красота бьёт не менее, чем уродство. Только по разному. От уродства отворачиваешься, спасая душу от страха, а от красоты не можешь оторваться, ибо она есть гармония Вселенной, её дыхание, её суть. Она вдохновляет и очищает душу, неудержимо-щедро заполняя её своей энергией. А если эта энергия — любовь, то ты просто слепнешь. Нет, не только зрением. Уходят, бросая свои позиции, абсолютно все чувства. Все, кроме любви.

Он был в одних черных спортивных брюках. Влажное тело в полумраке комнаты казалось сюрреальным, а блеск его озёр жёг нервы. Он постоял возле двери. Подошёл, сел рядом и прошептал:

— Я соскучился... Очень. Но всё будет так, как захочешь ты.

Я ничего не ответила. Горло продолжало забастовку. Поэтому лишь молча откинула угол одеяла с другой стороны и глазами договорила то, что сказали руки. Он встал, обошёл кровать и уже готов был лечь, как я остановила его. На сей раз голосовые связки сработали:

— Нет. Не хочу штаны. Хочу тебя.

Его глаза заглянули на самое дно моей души. Там было ясно и спокойно. И остатки сомнения полетели прочь. Он быстро сбросил с себя всё чужое и инородное, и через секунду мы слились в единую, выплеснувшуюся из двух сердец волну ласки, без веса, без притяжения, без малейшей связи с землёй. Она парила так высоко, что даже солнце там было другим — выжгло и превратило в пепел всё, что могло лечь на её пути. Даже страсть. Мы просто окунули друг друга в ласку, как в океан, тёплый, безмерный, живой.

И я опять заплакала, но эти слёзы лечили и освящали нашу любовь, мою веру и забытую способность радоваться. Я касалась его тела губами, мокрыми и солёными, как касается умирающий от голода подаренного ему судьбой куска хлеба. Он уже обессилен, он уже не может рвать его зубами, а потому благодарно вкушает, медленно насыщаясь, размягчая его возвращающейся жизнью. А он губами осушал мои слёзы, и тихо, безостановочно повторял:

— Я здесь.... Я здесь... Я с тобой....

Но я... я никак не могла насытиться. Чем больше оживало моё сердце, чем больше получало влаги от его губ, тем больше оно мучилось от жажды. Это становилось настоящей мукой, а голод по нём, жажда по его роднику такими пытками, что у меня уже не было сомнений, что я просто сошла с ума. И чем больше возвращалась жизнь, тем сильнее становилась эта уверенность. И я не выдержала...

— Я больше не могу так! Не могу! Я схожу с ума... Я... я не могу... я хочу набыться с тобой...

Он оторвался от моих ключиц и открыл глаза. В полумраке до краёв заполненной нами комнаты они светились странным, сильным огнём.

— Не торопись отвечать. Подумай прежде, чем ответить. Помни, будет так, как ты захочешь. Ты... ты в самом деле этого хочешь?

Помню, как встряхнул меня этот вопрос. Настолько сильно, насколько неожиданно. Как исподтишка. И тут же проскочила тень. Тень!

Ленка, как я ей поразилась! Он протягивал мне долговымученный, чистый сосуд с хрустальной, родниковой водой, а я? Что делала я? Я чувствовала тень?! Но она была, эта тень. Была! И я хорошо её чувствовала. И у меня не стало другого пути. Я отдалась своему сердцу.

Но не думай, что я хоть что-то тогда поняла. Нет! Я просто послушно наступила на свою душу, раздавливая её в хрип и корчась от собственной жестокости.

Я отвела глаза...

Секунду он молчал, а потом спокойно-уверенно сказал:

— Я знал, что ты так ответишь.

Меня колыхнуло. Раз он знает, я тоже хочу знать!

— Хочешь сказать, что ты не знаешь, почему сделала такой выбор?, -- и голос его затвердел, -- Значит, у тебя хорошо развиты рефлексы.

— Какие рефлексы? Пожалуйста, не надо меня мучить. Я ничего не понимаю!

Долгий, внимательный взгляд. И его лицо вновь расслабилось:

—Хорошо, объясню. Это был рефлекс. Или, если хочешь, инстинкт самосохранения. Ты побоялась разрушить свой последний мост к отступлению.

Сначала его слова были приняты, как аксиома. Я уже привыкла, что он видел меня насквозь. Но эта тень снова появилась, чем-то очень похожая на фальшивую нотку. Там же, в сердце. И сразу:

— Нет. Не поэтому.

Теперь очередь изумиться была его.

— Да! Не поэтому! Но не могу понять почему. Но точно знаю, что не поэтому!

Тогда-то и выскочило на поверхность то самое, новое, что уже обратило на себя моё внимание, и что я никак не могла осознать. Это было чувство ответственности. Ответственности за него. Впервые и навсегда.

Помню, как меня это поразило. И ничего, ничего не стало от этого открытия яснее. Я? За него? Я, превратившаяся без его "рядом" в измочаленную, изнурённую до полного опустошения вещь, хотела взять на свои плечи тяжесть ответственности за него? Это было выше моих сил — понять, как же это возможно? Но это было так — я не могла взвалить на него ещё и это! Я жалела его!

И растерявшись, сбившись окончательно с ясности этим откровением, этим открытием, я почему-то вспомнила и Маленького принца. И сдалась:

— Я поняла. Поняла почему... Я... пожалела тебя.

А вот теперь на лопатках лежал он. У него просто отнялся дар речи! Никогда больше я не видела у него такого лица — лица, потерявшего своего хозяина. Полностью! Да, он был сбит с толку на все сто процентов. И долго, очень долго, не отрываясь, искал в моих глазах объяснения.

Наконец, к нему вернулась речь:

— Ты? Ты? Меня пожалела?

Я просто кивнула. Знала, что всё это звучит ужасно умалишённо и заранее смирялась со всем, что за этим последует.

Он откинулся на подушку и долго, очень долго молчал. Он был рядом, но как на другой планете.

А за окном гуляла свадебным пиром зима, равнодушно тикали на столике часы, и ныло, изнывая, моё сердце. Оно требовало воды, в которой ему отказали. А время шло, и тишина выметала из меня последние крохи самообладания.

Наконец я услышала его голос, опять его:

— Ты не захотела взвалить на мои плечи полную ответственность за тебя. Так?

— Да. Я не могу свалить на тебя ещё и это. А потом что? Сидеть и смотреть, как ты будешь выкручиваться? Так, что ли?!

— Но почему же ты раньше так не думала? Не жалела меня?

На слове "жалела" он сделал ударение. Нехорошее ударение. Очень нехорошее. И я взорвалась, потеряв уже всяческий контроль над собой.

— Потому что раньше, значит, не любила! Не до конца любила! Ленка права! Любить — это значит жалеть! Сама испытала! Вот. И вы меня не любили. Нет! Иначе бы никогда меня так не ударили! Как тогда, по телефону. А теперь можете делать всё, что угодно.

Мне правда стало всё безразлично. Я сказала правду. И если он меня не поймёт... Поедем домой.

Опять он долго молчал. А я застыла на взлёте, ожидая приказа-маршрута куда лететь. В чьи объятия: его или одиночества?

— Твоя Лена — настоящий самородок. Береги её. Она только что открыла мне такую истину, за которую я всю жизнь ей буду благодарен.

Ко мне вернулось дыхание и сладко отлегло от сердца. До головокружения.

— Никогда не думал... Да... Это не жалость. Ты меня любишь.

Он приподнялся и, наклонившись надо мной, уже другим, лёгким тоном, будто перевёртывая тёмную страницу нашего первого взаимонепонимания, сказал:

— И потом, я и тебя должен благодарить. Ведь ты избавила меня от безвыходной ситуации.

Опять удивление, но обдумывать его слова уже не было никаких сил. У меня всё расплывалось перед глазами от жажды.

— Какой?

— Я дал два слова. Первое, что всё будет так, как захочешь ты. Второе, что никогда больше не сделаю тебе больно. Если бы ты сказала "да", то я оказался бы в тупике.

Я всё ещё ничего не понимала. И он закончил мысль, уже вовсю улыбаясь:

— Выполни я одно, нарушил бы другое. Ведь первый раз всегда больно. И очень.

А вот тогда уже до меня дошло! Ещё бы! И я вмиг ожила! И... и... если бы ты знала, как мне стало стыдно! Одно дело — в порыве, на волне невесомости, без мыслей и разума, но совсем другое обсуждать это, находясь в почти полном сознании! Да ещё с кем?! С твоим любимым мужчиной! Кошмар! И я тут же с головой зарылась под одеяло. И наотрез отказалась из-под него вылезать. И ужасно захотелось провалиться под землю! А он смеялся, как мальчишка, подшутивший над своей строгой, но любимой учительницей.

— Нет. Надо быть в самом деле из железа... как ты тогда сказала? куском айсберга, чтобы тебя выдержать.

Слова шутили, но голос знакомо и сильно завибрировал. У меня остановилось сердце, а он, вдруг оказавшись под одеялом, жадно прильнул к моему телу и, давясь словами, оглушил и ошпарил меня страстью:

— Я схожу от тебя с ума...

И его губы прервали моё дыхание. Ими владела страсть. Та самая, уже хорошо мне знакомая, та, от которой просто испаряешься. На её призыв мгновенно откликнулись и измученное, голодное тело, и пересохшее сердце — мы рисковали задохнуться друг без друга. И последним всплеском сознания прозвучали переломанные чувством слова, которые смешались с хрипом удушья:

— Я сделаю так, чтобы ты набылась со мной. А я — с тобой. Но без этого. И не надо нам никаких книжек...

Я не поняла его. Не успела. Исчезла. А время остановилось, замерев на квинтэссенции всех человеческих чувств...

Когда вернулось сонание, он ещё тихо ласкал мои губы. А я удивилась тишине и прозрачности моего озера. Оно убаюканно плескалось где-то возле сердца, а тело казалось заснувшим от блаженной и щедрой сытости. Почему-то я показалась себе бескрайним летним полем — тот же благодарственный и тёплый покой. Ещё несколько секунд потребовалось, чтобы я окончательно осознала то, что только что произошло.

— Это так... так бывает? Значит, это — так?

— Да. Пока — так.

— Как... как после бури. Такой штиль... Как в гавани. Ты — моя гавань.

— Я...

И остановился. А меня вновь обдало тёплой волной. Я поняла, что он хотел сказать и не смог.

— Скажи.

— Я никогда не произносил этих слов.

Произнеси: люблю!
И каждая из букв
Живой водой из губ
На рану упадут.
Произнеси: люблю!
И оживи звезду,
Упавшую в стерню —
Засохшую мечту.
Произнеси: люблю!
И в высь верни меня!
Я небом рождена
И ползая — умру.
Произнеси: люблю!
Смирись с своей судьбой —
Стать сыном звёзд, но жить
В трагедии земной!

Мы вновь тонули в глазах друг друга, и так радостно было это погружение!

— Не надо. Не говори. Скажешь, когда сами из тебя выскочат, без удержу.

Тень удивления. И ответ:

— Я не могу разорвать последнюю, пусть такую ненадёжную и тоненькую, пусть сделанную из ниток, но всё-таки лестницу, ведущую на землю. Ту, по которой нам придётся пройти. Всё равно придётся пройти.

— Но у нас же есть ещё одна лестница. Та, которую ты только что не разорвал. Ты же не... почему ты, всё-таки, меня не... ну...

— Потому, что... жалею тебя. Для тебя сказать мне "нет", означало пожалеть меня, а для меня — тебя. Мы жалеем друг друга... И потом, это — не лестница, а парашют. Но только твой. На одну тебя. И я не хочу его уничтожать.

— Что? Почему на одного? Разве для тебя это не имеет больше значения?

—Нет. Уже — нет. Потому что та ответственность, о которой ты так беспокоишься, уже и так на моих плечах. Полностью. Всей своей тяжестью. И понял я это только сегодня, когда ты передала мне слова

Лены. Поэтому, с этим или без этого, уже не имеет никакого значения. Как там в "Маленьком принце"? Навсегда в ответе. Вот она какая, правда.

Голос у него был успокоенный смирением. Он принял свою судьбу...

— А сказать эти слова, впервые в жизни их произнести — это разорвать мою лестницу. Да, больше мою, чем твою. Ведь мне не 18 лет... У нас нет будущего. И надо сохранить эти лестницы, чтобы не разбиться в кровь.

Мне стало дурно. Я поняла его.

Но вдруг сами собой полились из меня слова, которые меня же и удивили. Я не знала тогда, не понимала, что моими устами заговорило сердце. Оно сжалилось над нами и вынесло свой приговор — приговор Вселенной, ибо именно она говорит его устами. И в этом не было ничего удивительного, ничего сверхестественного. Я знаю теперь, что она всегда в нас есть, всегда готова помочь, всегда наш судья и охранник. Но... но, конечно, если наше озеро такое же чистое и незатянутое мутью, как и она. Как и её звёзды-глаза. И надо только уметь её услышать, уметь прислушаться к собственному сердцу.

Но тогда мы этого не умели. Ни я, ни он. А в том приговоре, каким бы страшным он ни был, был указан наш путь, путь, которым мы должны были пройти, чтобы получить наше счастье. Но, повторяю, ни я, ни он этого пути не увидели...

— Нет, неправда. Не разобьёмся, пока мы есть друг для друга. Даже если будем далеко. Очень далеко. И очень надолго. Ведь ты — моя гавань. И я буду приходить к тебе, как приходят в свою гавань корабли, всегда возвращаясь к ней после долгого и тяжёлого плавания в открытом море, израненные и усталые. И ты будешь меня лечить. А я — давать смысл твоему существованию. Ведь бухта без кораблей — бессмыслица. Дикая, ужасная бессмыслица... И я опять буду уходить в море. И пока не исчезнет бухта, не разобьюсь. А пока у тебя будут корабли — тебя не съедят волны, и ты не уйдёшь под море.

И тогда он уничтожил последнюю дорожку назад. Свою. Вздрогнул и выдохнул:

— Я люблю тебя.

На лезвии судьбы
Два тела, две души
Посмели стать детьми
И матерью звезды.
И взорван мягкий склон,
И заревом объят,
Вселенский приговор —
Им нет пути назад!

Меня так ударило этими словами, вернее, зарядом биополя в них, что мгновенно пропала, как по волшебству, реальность и полностью отключилось сознание. Так может ударить только волна любви, впитавшая в себя энергию от только что родившейся звезды...

— Возьми меня. Возьми. Я не хочу парашюта. Не хочу...Так нечестно. Так не...

Его губы, дрожа пережитым всплеском, слились с моими, и я окончательно уверовала, что сошла с ума. Вновь, как на катапульте, меня выбросило куда-то ввысь, в беспредельность, в отсутствие, к ярким, обжигающим лучам звёзд. И только его дыхание, жаркое и ненасытное, связывало с действительностью...

Вернувшись из другого измерения, я почувствовала его губы на моих, но больше не ощутила своего тела. Ни тела, ни сердца. Я лежала в его объятиях, слышала его ещё неровное, громкое дыхание, но продолжала парить в невесомости. Его голос с трудом пробился сквозь вакуум полёта:

— Тебе хорошо?

Я даже не знала, что ответить. Меня просто не было. Был только он. Но он ждал, и я с огромным трудом оживила губы:

— Всё равно... так — нечестно.

— Ты не ответила.

Тогда я призналась:

— Да. Очень. Я всё ещё парю. Тихо и спокойно.

— Вот и я хочу, чтобы у меня на душе было так же тихо и спокойно. Поэтому, если ты... жалеешь меня, не заставляй его выбрасывать, твой парашют. Хорошо?

Я открыла глаза, окунулась в его бирюзу и сдалась.

Он ещё раз поцеловал меня и ушёл в ванную. А я не могла даже пошевелиться. Равнодушно глянула на часы и ахнула — было уже два часа ночи. И подумала, что ему надо спать. Ему. О себе мыслей не было.

— А ты? Не хочешь?

Он уже вернулся. Свежий и влажный. И мягко обнял меня.

— Не могу. Всё тело, как из намоченной ваты. Это всегда так бывает?

— Нет. Ты просто устала. Зато теперь — спокойна.

—А когда совсем, ну, полностью, по-настоящему, тогда как? Ещё больше устаёшь?

— Давай лучше ты сама мне это расскажешь, когда...

Он не договорил. И я поняла почему. Он не знал, с кем это будет, по-настоящему.

— Если это будет, то только с тобой. Тогда и расскажу.

Я прильнула к нему всем телом. Потом зарылась в его подмышку, и всё-таки спросила, умирая от стыда, но спросила. Этот вопрос не давал мне покоя:

— А тебе... тебе было хорошо со мной?

— Как никогда и ни с кем раньше, — он вытащил меня на поверхность, заглянул в глаза и улыбнулся, — Успокоилась?

— Да. Теперь, да. Тебе надо спать.

— Тебе тоже.

Мы пожелали друг другу спокойной ночи и я мгновенно заснула, как провалилась.

Утром меня разбудил поцелуй и запах кофе. Я улыбнулась, потянулась и открыла глаза.

— Доброе утро. Завтрак подан.

— Доброе утро. Но ты подписал себе приговор.

— Какой?

—Если ты хоть один раз в наше утро не принесёшь мне кофе в постель, я подумаю, что ты меня разлюбил. Вот.

Сначала он опешил от такой логики, а потом весело рассмеялся:

— Всё время забываю, что имею дело с почти кандидатом в мастера спорта по шахматам. Поймала! Сдаюсь. Но в следующий раз буду повнимательней в своих инициативах. А то глядишь, опять на всю жизнь...

И осёкся. Мне тоже стало не по себе — у нас не было "на всю жизнь". Но в этот раз я первая смогла сменить тему:

— А ты завтракал?

— Да. Ешь, а я пойду одеваться. Кстати, когда у тебя начинается сессия?

Я ответила и тогда же сказала, что вовсе к ней не готова. Он услышал. Остановился в дверях, вернулся и сказал:

— Ты должна её сдать. Если уж не ради себя, то ради нас. Иначе уже через месяц отсюда уедешь.

Меня тряхнуло. Я так испугалась, что поперхнулась и раскашлялась.

— Отлично. Вижу, что за твою сессию могу быть спокойным.

Постучал меня по спине, чмокнул в щёчку и вышел.

Через полчаса мы были готовы. Уселись в зале, болтая обо всём и ни о чём, и всё было так мирно и спокойно, будто мы расставались только до вечера. Ждали такси, которое должно было приехать минут через пятнадцать.

— Пошли сегодня в "Эрмитаж". Ты была там?

— Давно, мне было лет тринадцать. Мы приезжали в гости к моей родне. А сейчас — нет. Одной неохота, а кого ни позову — всем некогда.

— Тогда предлагаю сходить сегодня. А потом поедем сюда. Хорошо?

От неожиданности я почти потеряла дар речи:

— Как сюда? Сюда? А как же твоя... ну...

Его голос стал жёстким.

— Не имеет значения. Это мои проблемы. Тебя они не касаются.

Я изумлённо уставилась на него. Как хотелось сказать "да"! Как хотелось ещё раз заснуть рядом с ним! Удавкой перехватило дыхание и качнулось подо мной кресло...

Но что-то тонко потянуло и заскоблило по сердцу. И не отпускало. Я попыталась понять, что же оно такое, но, как всегда, пока не дозрело...

Но ослушаться своего сердца? Нет, мне по загривок хватило одного раза, чтобы запомнить этот урок на всю жизнь. И я пошла против его воли, против его приказа, применив запретное оружие — под дых:

— Ты обещал, что теперь всегда будет так, как я хочу. Да?

Он пристально посмотрел на меня и медленно кивнул головой.

Лена, мне было трудно, неимоверно трудно это сказать. Я практически давила из себя эти слова, вытягивая их по буквам скрученным канатом воли. Но я должна была их сказать. И сказала. Не зная даже, что этим спасала нашу любовь.

— Я хочу, чтобы ты вернулся в свою семью... Сегодня.

Он вскочил. Долго стоял, сверля меня жёстким, фиолетовым излучением своих, вдруг ставших такими холодными, глаз. Но я не отводила взгляда. У меня не было выбора. Я должна была так поступить. Египетские глаза...

Да, Лена. Это трудно, очень трудно их сохранить. Особенно, когда их жизнь зависит от другого, так сильно тобой любимого человека. И я продолжала смотреть ему в глаза, моля Вселенную, чтобы он меня понял. И не ударил. Целая вечность на краю пропасти...

И стала возвращаться лазурь. А вместе с ней -- тепло. Да какое! Он подошёл, поднял меня с кресла и грудью сказал:

— Я люблю тебя... Люблю. И восхищаюсь тобой. Будет так, как ты хочешь.

Вмиг отпустило, исчезла пропасть, и я счастливо-горько расплакалась. Он губами ловил мои слёзы и тихо, ласково шутил:

— Опять в Египте наводнение. Опять я наемся соли. А ты знаешь, что говорит статистика? Что средний европейский человек съедает минимум в 15 раз больше соли, чем ему нужно. А меня ты ею уже так накормила, что я бью не только европейские, но и мировые рекорды. Скоро на поверхность вылезет. А соль, как и сахар — белая смерть. Так ты хочешь моей смерти?

Я смогла улыбнуться. И послышался требовательный клаксон такси.

Мы возвращались в Ленинград. И я чувствовала, как благодушно и умиротворённо играло лучами Вселенной моё озеро.

— Но в Эрмитаж мы пойдём. Там же, в 17.30. Договорились?

The chosen mission of the IGRULITA Press is to become an essential base of support and a platform for creativity and intelligence in the literary and related arts as well as a bridge between the creators and receivers of a creation.
We endeavour to accomplish the latter part via a modern network of cultural nodes such as libraries, universities, cultural organizations, research centers.
We invite you to join our activity based on your interests, capacity and aspirations.
We can be reached at
igrulita@vfxsystems.com

Project team:
Supervision:Eugene Manel   *Cover design*: Olanga Jay
Art Director: Mary Benson
Setting: Jason Campbell

IGRULITA Press, Berkshires, USA
Contact: igrulita@vfxsystems.com
ISBN 978-1-936916-04-7

www.ingramcontent.com/pod-product-compliance
Lightning Source LLC
Chambersburg PA
CBHW051816090426
42736CB00011B/1497